NEW ERA,HAPPY CHANGQING
INNOVATIVE PRACTICE IN THE STANDARDIZATION
OF SHENZHEN'S ELDERLY EDUCATION SYSTEM

新时代 乐长青

深圳老年教育体系标准化建设创新实践

深圳市长青老龄大学　主编

社会科学文献出版社
SOCIAL SCIENCES ACADEMIC PRESS (CHINA)

Preface 1

Dear friends from Shenzhen U3A,

As President of the International Association of the Universities of Third Age (AIUTA) I would like to congratulate your initiative to publish this new book entitled "*New Era, Happy Changqing: Innovative Practice in the Standardization of Shenzhen's Elderly Education System*".

This collection of cases of various innovations in Shenzhen's education for the aged will be a great contribution to help universities of third age all around the world to innovate on life-long learning and education for the aged.

The diversified contents will be a very relevant support for our missions. The theme on education for the aged is a good contribution to propose a new way to promote the social participation of the elderly. The theme of system standardization is very important to reach new requirement for the development of universities for the elderly and the theme of integration of educational resources for the aged will help create a new atmosphere for lifelong learning.

Shenzhen U3A will be a new flag for the innovative Shenzhen area to build a bridge between young and old generations. This book published in Shenzhen is a strong testimony on what will be our future based on the integration of new technology and innovation for all.

AIUTA will be the drive belt to internationally disseminate these new ideas and concepts. I hope this book will help us bring together more and more seniors in China with the great work done by the CAUA (China Association of the Universities For The Aged) and in all AIUTA countries.

Thank you for your contribution to put our future brighter.

Professor François Vellas

President AIUTA

序　一

亲爱的深圳市长青老龄大学的朋友们：

非常高兴看到《新时代　乐长青——深圳老年教育体系标准化建设创新实践》一书的出版发行，我谨以国际老年大学协会主席的身份向你们表示衷心的祝贺。书中收录的深圳老年教育创新系列案例，将帮助世界各地的老年大学创新推进终身学习和老年教育事业的发展。

本书内容丰富、主题鲜明，与我们协会的远景目标不谋而合。书中关于老年教育的论述为老年群体再社会化提供了新思路，老年大学体系标准化建设为老年大学发展提出了新要求，老年教育资源的共建共享也十分有助于营造终身学习的浓厚氛围。深圳市长青老龄大学将成为城市创新发展的一面新旗帜，描绘出面向未来科技创新融合发展的老年教育事业的蓝图。

国际老年大学协会将广泛宣传贵校的新理念、新思想，希望国际老年大学协会各会员国和中国老年大学协会的共同努力，也希望这本书有助于更多老年人团结凝聚。

最后，衷心感谢你们的付出，令老年教育的未来更加光明。

弗朗索瓦·维拉斯教授

国际老年大学协会主席

序　二

老年教育：深圳的创新气质

深圳，是一座总能创造奇迹的城市。老年教育在深圳这个年轻的城市，用短短两年时间，从一个设想开始，以"闯"的精神、"创"的劲头、"干"的作风，践行"学习是最好的养老"理念，以长青老龄大学体系标准化建设为抓手，开创了老干部工作引领老年教育工作新局面，打造了老年教育全市四级体系标准建设的"深圳样板"，令人欣喜。

本书将一个个真实生动的老年教育创新案例呈现案头，让人能感受到深圳这座创新城市的脉搏，体会年轻的深圳全面贯彻积极应对人口老龄化国家战略的宏大视野。深圳推动老年教育标准化建设的路径颇有这个城市的创新气质。

一是顶层谋划全面推开。提出"一网两库三类四级"的发展目标，构建了"市—区—街—社"四级长青老龄大学覆盖网络，10个区（新区）全面推进，一统到底，以老年服务需求为导向，建设老年人"家门口"的老年大学，老年人无论身份、无论户籍，都可以共享城市发展成果，体现了深圳这座移民城市、创新城市的包容。

二是试点先行精准服务。深圳是我国改革开放最早试点地区，从"先行先试"到"先行示范"，经历了40余年的探索与实践，才有今日之辉煌成就。这个城市改革、创新、发展的基因是刻在骨子里的，也刻进了老年教育事业。深圳在推进长青老龄教育标准的过程中，从2020年开始，以三年为期，各区拿出街道、社区试点先行，不搞"一刀切"，鼓励街道、社区结合实际，创新实践，这也是深圳这座城市成功的法宝。

三是创新实践精彩纷呈。创新的实践更多在基层，本书中，既有宝安区"老宝安"文化讲师团，也有南山区"一中心多站点"办学破解中心城区空间不足的办学实践和福田区采用智能技术让大学"聪明"起来的实践，还有光明区"指尖上的长青校园"，以及市直（驻深）单位中的法院长青老龄大学、海关长青老龄大学、公安长青老龄大学结合行业特点的创新，让人耳目一新。新思想、新观念、新技术、新模式，深圳老年教育新意不断。

党的十九届五中全会再次强调实施积极应对人口老龄化国家战略，党中央、国务院赋予深圳建设"老有颐养"民生幸福标杆城市的神圣使命，在这样的时代节点上，深圳市长青老龄大学体系标准化建设无论是在内容上还是实践上，都真正践行了积极应对人口老龄化的理念，并结合深圳城市特点，创新了积极应对人口老龄化的实践，在某种程度上回应了"老有颐养"民生幸福标杆城市建设的路径，形成了老干部工作引领老年教育工作的机制创新、与地方高校合作的运作模式创新、以分类培养体系促进研学并举的内涵创新、以科技之光照亮智慧教学建设的技术创新、以城市基因融入精品课程建设的文化创新、以老年教育推动基层社会治理的路径创新的老年教育创新格局。

深圳市长青老龄大学构建老年教育创新格局，印证了中国老年教育是党政主导的关系人民群众切身利益、关系千家万户、关系社会和谐稳定的重大民生事业，展示了老年教育"中国模式"蕴藏的蓬勃生机和无限活力。

在"十四五"的开局之年，深圳市长青老龄大学体系标准化建设创新案例为中国老年教育带来了清新的春风，既有点的突破，又有面的布局，我们期待这样的创新探索能够为中国老年教育创新局、探新路带来启示。

张晓林教授

《求是》杂志社原总编辑

中国老年大学协会会长

目录
CONTENTS

指引篇　老年教育的兴起与嬗变

实践篇　以区域特色打造老年教育"深圳样板"

指引篇　老年教育的兴起与嬗变

第一章
积极老龄化下的老年教育

一 我国迈入人口老龄化新阶段

（一）老龄化的现状与趋势

自 20 世纪 70 年代开始，欧、美、日等发达国家开始步入老龄化社会。进入 21 世纪，全球老年人口加速膨胀，世界向老龄化社会。根据联合国发布的《2019 年世界人口展望》（*The 2019 Revision of World Population Prospect*）报告，2019～2050 年，有 201 个国家或地区的 65 岁及以上老年人占比会提高。从全球看，2019 年老龄人口占比为 9.10%，2030 年将达到 11.70%，2050 年将达到 15.90%，2100 年将达到 22.60%。

目前，所有国家都在经历老龄化。在各年龄段人口中，老年人口是增长速度最快的群体，老龄化势不可挡。2018 年，世界 65 岁及以上老年人的数量在历史上首次超过了 5 岁以下儿童的数量；到 2050 年，65 岁及以上老年人口数量会达到 5 岁以下儿童数量的两倍，超过青少年（15～24 岁）人口数量；约每 6 个人中就有一名 65 岁及以上的老人。①

① 《2030 年全球人口将达 85 亿》，中国社会科学网，https：//bai － jiahao. baidu. com/s？ id = 1636659738225358436&wfr = spider&for = pc，最后访问日期：2021 年 4 月 18 日。

人口老龄化也意味着人类长寿时代的来临。随着人类生活水平的提升和医疗卫生条件的改善，2019 年，世界人口的预期寿命为 72.6 岁，相比 1990 年，预期寿命提高了 8 年。

20 世纪 90 年代以来，我国老龄化进程不断加快，2001 年，我国 65 岁及以上人口占比超过 7%，正式进入老龄化社会。国家统计局 2019 年发布的数据显示，2018 年末，60 岁及以上人口为 24949 万人，占总人口的 17.90%；其中，65 岁及以上人口为 16658 万人，占总人口的 11.90%。[1]

中国发展研究基金会发布的《中国发展报告 2020：中国人口老龄化的发展趋势和政策》显示，预计到 2022 年，我国 65 岁及以上人口将占总人口的 14%，我国将进入深度老龄化社会；2035～2050 年将是中国人口老龄化的高峰阶段；到 2050 年左右，65 岁及以上人口将占总人口的 27.90%，达到 5 亿人，老龄化率到达峰值。[2]

（二）老龄化社会的风险与挑战

面对我国老龄化快速发展的趋势，今天，当我们谈"老龄化""老龄化社会"时，我们在谈什么？我们需要谈什么？"老龄化"是一个综合性的概念，老龄化不仅是个人或者群体特有的生理变化现象，也是社会发展与历史变迁进程中形成的概念。老龄化给世界带来的冲击与改变不亚于全球化、工业化等人类历史上任何一次伟大的经济与社会革命，几乎影响所有社会领域，尤其是影响到人生轨迹、家庭结构和代际关系。联合国前秘书长安南指出：人口老龄化是人类面临的一场无声的革命，是人类历史上前所未有的，对任何社会都是一项重大挑战。

---

[1] 《中华人民共和国 2018 年国民经济和社会发展统计公报》，国家统计局网，http://www.stats.gov.cn/tjsj/tjgb/ndtjgb/，最后访问日期：2021 年 4 月 18 日。

[2] 中国发展研究基金会：《中国发展报告 2020：中国人口老龄化的发展趋势和政策》，2020 年 6 月。

在我国，人口老龄化对经济运行全领域、社会建设各环节、社会文化诸方面乃至国家综合实力和国际竞争力都具有深远影响，最核心影响表现在以下几个方面。

第一，劳动力人口数量减少，劳动力成本提高。自新中国成立以来，我国共出现过三次人口生育高峰。随着 1962～1970 年第二次生育高峰期出生的人口逐步进入劳动力市场，中国劳动力总人口逐渐由 1980 年的 5 亿人快速增加到 2006 年的 7.8 亿人左右，其间，每年净增约 1070 万劳动力人口。然而从 2007 年开始劳动力总人口不再大幅增加，保持稳定，2010 年 0～14 岁人口占总人口比重降至 16.6%，此后，呈逐年下降趋势。根据世界银行预测，从 2019 年开始，中国劳动力总人口开始逐年减少，并会一直持续到 2050 年。劳动力人口数量持续下降将导致劳动力成本持续提高。

第二，赡养需求不断增加，政府财政支出负担加重。人口老龄化使政府和社会养老负担加重。《中国财政政策报告（2018）》中的数据显示，2012 年以来，大部分年份财政支出增长超过财政收入增长，财政赤字不断提高，到 2018 年财政赤字达到 3.75 万亿元，其中财政医疗卫生支出逐年增加。[1]

第三，人均医疗保健消费支出增加，公共卫生支出负担加重。国家统计局数据显示，2013 年我国居民人均医疗保健消费支出占居民人均消费支出的 6.90%，并逐年增长，2018 年增至 8.49%。[2] 老龄化使人们对公共医疗和社会照护服务的供给要求越来越高，然而当前医疗系统存在着"看病难，看病贵"问题。健康可持续地应对人口老龄化，满足老年群体的急救、就医以及日常看护需求，需要更加科学完善的政策设计与服务供给。

---

[1] 刘尚希主编《中国财政政策报告（2018）》，社会科学文献出版社，2018。
[2] 刘尚希主编《中国财政政策报告（2018）》，社会科学文献出版社，2018。

第四，人口老龄化考验着家庭的赡养功能。由于长期实行计划生育政策，现阶段我国的家庭结构主要是以传统的"4—2—1"家庭为主，即每个家庭四个老人、夫妻双方、一个孩子。这意味着，夫妻最终要承担赡养四个老人的义务，家庭成员养老负担加强。但是，现代社会中家庭结构、家庭观念及个人价值观的转变，不断冲击着我国传统家庭赡养观念，弱化着传统的家庭赡养功能。这种现象在农村地区尤其普遍，农村人口外出务工及城市化迁移的集体行为，对传统家庭养老模式产生了巨大冲击，使农村留守老人的赡养成为社会问题。

第五，人口老龄化考验着个人的赡养职责。新中国成立后第一次生育高峰出生的"50后"进入老年期，加之这一批老年人口的生育行为深受计划生育政策影响，大多都是"独一代"子女的父母。随着进入孕育期和抚幼期的"独一代"数量越来越多，他们的父母面临着上有高龄父母需赡养、下有孙子女需照护的境遇。

第六，人口老龄化考验着区域社会治理与正常运转。近年来，我国人口老龄化城乡倒置现象进一步加剧，农村人口老龄化程度高于城市，部分人口净流出的农村和城市，将率先遭遇人口负增长和人口急速老龄化叠加的问题。同时，部分一、二线城市中心城区将面临老年人口高度聚集、过度老龄化的问题。老龄化逐步转变为区域性、群体性及社会性问题，需要区域政策、经济、文化与社会治理等全方位及可持续的应对策略。

可以说，我国社会的现状与发展深受老龄化趋势影响，呈现不同于以往的新特征。面对新形势，需要倡导新理念、制定新战略，需要营造新格局、新局面以积极应对。

（三）老龄化社会的新认知与机遇

老龄化社会的新局面首先需要新认知：如何重新认知社会和个体"老化"，如何在深度老龄化社会中突破年龄界限、寻找新的发展机遇，已成为国际社会的共同议题。世纪之交联合国发布的《2000 年世界老龄形势前沿》① 提出，必须反思如何定义"老年""溶解年龄界限"，并提倡革命性思想变革，如"老龄化是终身现象""老龄化是全社会现象"，以及提出正确感知与传播老龄化的意义和形象。《2000 年世界老龄形势前治》指出：每个人，不论来自农村还是来自城市，不论公营还是私营部门人员身份，不论有家室还是单身，不论年轻或年老都是老龄社会的组成部分，对社会各阶层来说，都需要适应这一新的人类范式，形成老龄社会"全民型"和"整体性"的行动策略。

在老龄化社会中树立新认知，开发潜在实力、探寻发展机遇，需要全社会和全民共同参与探索和思考。在我国，学者也积极探索老龄化社会中存在的发展机遇。胡湛和彭希哲从社会、制度、文化、地理和科技等五个方面阐述了老龄社会治理的特殊性及优势。②

一是新中国成立尤其是改革开放以来积累形成的海量发展红利，为老龄社会治理提供了稳固的经济基础；二是中国特色社会主义行政体制下政府在处理事关全局和涉及长期发展的复杂问题上具有其他国家难以比拟的动员力和灵活性，是老龄社会治理中最坚强可靠的主体力量；三是以孝道为核心的家庭伦理和传统文化给中国老龄社会治理提供了特殊的治理资源，可为老龄社会治理提供强大的文化伦理和稳定的价值理念支撑；四是中国的大国优势与地区发展多样性，提高了老龄政策体系的灵活性，为老龄社会治理腾挪出宝贵的时间与空间；五是以信息网络技术和生命科学为代表的科技进步正在重塑现有的社会格局、产业结构和生产生活方式，可为老龄社会治理提供更多的创新可能与技术支撑。

总而言之，老龄浪潮到来至今，人类对于老龄化特征的认知已不仅是

---

① 《联合国老龄化议题》，https：//www.un.org/chinese/esa/ageing/challenges.htm，最后访问日期：2021 年 4 月 18 日。

② 胡湛、彭希哲：《应对中国人口老龄化的治理选择》，《中国社会科学》2018 年第 12 期。

消极的风险评估，积极探索人口老龄化和老龄化社会的意义使人们能重新识别老龄社会的新机遇与新发展。

二 积极应对人口老龄化新理念

（一）应对人口老龄化的策略变迁

在不断更新认知和判断的同时，人类社会也在积极挖掘老龄化社会治理资源，探索治理逻辑与策略。如何选择并确立老龄社会治理对策？这考验着世界各国的福利政策的制定。作为较晚步入人口老龄化的国家，我国老龄化治理策略深受国际社会老龄化治理策略的影响。

亚当·斯密（1876）曾言："一国繁荣最明确的标识，就是居民人数的增加。"[1] 在200多年的工业社会中，老年群体常常被看作负担，因此这一时期被称为"消极老龄化"时期。

伴随老龄化进程加速及对老龄化认知的转变，如何以健康积极的心态面对个体和社会的老化、寻找老年群体和老龄化社会的正面积极要素并将其视为国家和社会的宝贵财富成为国际社会的焦点议题之一。1982年7月26日，音乐之都维也纳聚集了124个国家的代表、162个联合国专门机构的人员，1000多位会议代表们，第一次全面探讨了人类社会进程中出现的老龄化问题，认为人口老龄化涉及发展问题和人道主义问题，包括人口老龄化对人类经济社会发展的影响，以及老年人在老龄化社会的命运，他们能得到什么样的尊重、支持和保护。这两个命题给予世界各国和社会的启示是：追求和谐、持续的老龄化社会发展，需要提供必要的人文关怀和社会保障。由此，会议通过了《老龄问题国际行动计划》，其内容包括保障老年人的保健和营养、消费、住房、生活环境、家庭、社会福利、收入保障、

---

[1] 亚当·斯密：《国富论》，商务印书馆，2019。

就业以及教育等在内的 62 项决议。

之后 20 年，面对持续的老龄化，国际社会提出了"成功老龄化""健康老龄化""积极老龄化"等老龄化发展主题。

1. 成功老龄化

成功老龄化（successful aging），在我国通常也被翻译为"老有所为"或者"有生产性的老龄化"。最早由美国学者在 20 世纪 50 年代提出，1998年，约翰和卡恩进一步将"成功"扩展为三个含义——没有疾病和残疾、身体和心理机能正常、积极参与社会生活。成功老龄化强调给岁月以生命，给生命以精彩，老年人需要摆脱无用感。倡导追求老年生活精神上的欢愉，安养、乐活、善终是幸福老龄化的三大主题；发挥老年正能量，进一步做到老有所求、老有所进、老有所用、老有所立、老有所成；肯定老年价值、激发老年热情、提升老年境界、挖掘老年力量，实现快乐老化和活跃老化，使个体老化和人口老龄化能够产生正能量，减少老化负面影响。

2. 健康老龄化

"健康老龄化"（healthy aging）被看作对"成功老龄化"的修正，"成功"一词具有价值判断的功利性色彩。因此，1987 年 5 月世界卫生大会首次提出了"健康老龄化"的概念，致力于维护老年人口的基本健康和提高生活质量，具有积极的社会意义。健康老龄化意味着制定相关策略，使老年人得以经常锻炼身体、健康饮食、参与有意义的活动、促进老年群体身心健康。

3. 积极老龄化

1999 年，世界卫生组织（World Health Organization，WHO）提出了"积极老龄化"（active aging），提出要尽可能增加健康、参与和保障机会的过程，以提高人们老年时的生活质量。"积极"一词不仅是指参与体力劳动，也包括持续地参与经济、文化、社会治理及市民活动等多项事务。世界卫生组织认为，老年人的潜力是未来社会发展强有力的基础，是家庭、社区与社会发展的重要资源；老年人不论年龄大小都应保持独立，并激发自身潜力。

1992年，联合国大会决定1999年为国际老人年，宣传主题为"不分年龄人人共享的社会"。1995年在哥本哈根举行的联合国社会发展问题世界首脑会议上，通过了《社会发展问题世界首脑会议行动纲领》，成员国探讨了"不分年龄人人共享的社会"的内涵。作为社会融合的基本目标，"不分年龄人人共享的社会"是指社会中每位享有权利和责任的成员，都能积极发挥作用。通过把"不分年龄"的概念加入"人人共享的社会"，并在互惠、公平的原则指导下，各代人互相投资，互相受益。对此，联合国前秘书长科菲·安南（Kofi Atta Annan，1938～2018）认为"不分年龄人人共享的社会"不再把老年人看作领退休金的人，而是作为社会发展进步的主体和受益人。

2002年，在西班牙马德里举行的第二次老龄问题世界大会评估了1982年版《老龄问题国际行动计划》的落实困境，通过了《2002年老龄问题国际行动计划》。《2002年老龄问题国际行动计划》又称"马德里政治宣言"，致力于在国家和国际层面，针对"老年人与发展"、"提高老龄健康和福祉"和"确保有利和支助性的环境"三个方向继续采取行动。

21世纪全球不仅迎来人口老龄化浪潮，而且进入应对老龄化深度发展的重要阶段，世界各国对老龄化的应对理念、策略及行动都有全新的共识。直到今天，"积极老龄化"的思想依然是国际最主流的老龄观念，特别是开发老年人力资源、确保为老年人的生命健康和社会参与提供支持与保障等理念，深刻影响着全球老龄社会治理策略和行动原则。

（二）积极应对人口老龄化的中国阐释

国际老龄社会治理观，深刻地影响着我国老龄社会治理策略及老龄事业发展。2002年我国参加了在马德里举行的第二次老龄问题世界大会，带回"积极老龄化"的相关政策建议，《积极老龄化政策框架》文本已被翻译出版。2006年，《中国老龄事业的发展》白皮书发布，指出中国老龄事业的发展目标是"老有所养、老有所医、老有所教、老有所学、老有所为、老有所乐"。

2019年，中共中央、国务院印发了《国家积极应对人口老龄化中长期规划》，积极应对人口老龄化。人口学、老年学者邬沧萍指出，"积极应对人口老龄化"与"积极老龄化"虽仅有四字之差，却在客观上体现出"积极老龄化"的中国特色和本土演进，显示了发展中人口大国的东方智慧，是对"积极老龄化"的理论创新，也是其中国化的体现。①

2020年，党的十九届五中全会通过的《中共中央关于制定国民经济和社会发展第十四个五年规划和二〇三五年远景目标的建议》提出"实施积极应对人口老龄化"的国家战略。实施积极应对人口老龄化国家战略，关键在"积极应对"，这是一项战略性、全局性、综合性的宏大系统工程，要坚持积极老龄化观念，牢牢掌握应对人口老龄化战略先机和主动权。首先，全社会要积极看待老龄化、老年人和老年生活，以积极的态度、积极的策略、积极的行动应对人口老龄化；老年人不是"负担""包袱""问题"的代名词，老年人可以继续尽自己所能，为社会做贡献；要重视老年人力资本的开发和利用。

其次，政府要加强前瞻性思考、全局性谋划、战略性布局、整体性推进，统筹涉及生育养育、教育培训、社会保障、收入分配、产品服务等的政策和制度，满足广大老年人的各项需求，最大限度防范化解人口老龄化风险，最大限度把握老龄化机遇；要坚持调动各方主体的积极性，打造"共建共治共享"的老龄社会治理共同体，形成政府主导、市场为主体和社会力量广泛参与、家庭承担基本赡养功能的共治格局。

① 邬沧萍：《积极应对人口老龄化理论阐释》，《老龄科学研究》2013年第1期。

积极老龄化也涵盖建设继承传统美德、具有丰富时代特征的孝亲敬老社会的要求以及构建老年友好型社会等课题。

可以说，积极应对人口老龄化国家战略对今天中国的政策设计、养老事业产业发展、老龄社会氛围营造等提出了全新的要求，也为涵盖政府、市场、社会、个人（也包括老年人自身）在内的社会各主体应对老龄化的思想和行动，提供了理念基调和战略指引。

（三）积极应对人口老龄化的策略选择

我国在积极应对人口老龄化方面做出了许多努力，尤其注重老年服务质量，全方位构建老年服务体系，主要体现在以下方面。

第一，健全基本养老服务体系，发展多层次、多支柱的养老保险体系。我国已经确立要建立以居家为基础、社区为依托、机构为补充的养老服务体系。近年来，政府在强调家庭赡养功能的同时，也在不断加大居家养老支持服务体系建设力度，扶持居家养老服务机构和企业，开发上门服务产品及服务形式，推广实施长期护理保险，健全完善基本养老服务体系。

第二，提高养老服务质量，推动养老模式向现代化、专业化方面发展。面对老年群体多样化、多层次、个性化的养老服务需求，需从以下几个方面着手：不断完善养老服务的供给模式和运营机制；加强养老服务标准制定和人才队伍建设，提高养老服务质量；提倡"健康中国""适老化改造""医养康养"等养老服务理念，以及"时间银行""老年游学"等新型养老方式，创新发展养老服务事业和养老服务产业。

第三，贯彻积极老龄化理念，积极开发老龄人力资源。可参照发达国家经验，渐进式延迟法定退休年龄；鼓励老年群体参加志愿服务，完善相关政策、法规，加强相关平台建设，推动志愿组织及志愿服务的专业化和规范化发展。

总之，满足老年人需求是积极应对人口老龄化国家战略的出发点。其中，老有所学是老年人的重要需求，也是开发老龄人力资源的主要途径。随着经济社会发展，我国老年人整体素质不断提高，学习需求日趋多元，对教育的种类和品质都提出了更高要求。因此，发展高质量老年教育，回应老年人教育需求已成为新时期积极应对老龄化国家战略的重要课题。

三 以老年教育开创积极应对人口老龄化的新格局

（一）人口老龄化背景下老年教育个体需求

我国社会老年学将个体老化分为五个阶段：退休过渡期、老年活跃期、失能障碍期、重病卧床期和生命临终期。不同的老化阶段有不同的主题和需要解决的问题：缩短过渡期，顺应老化；延长活跃期，健康老化；利用活跃期，活跃老化；应对失能期，尊严老化；善待临终期，告别老化。[①]

其中，对于"退休过渡期"，英国社会学家彼得·拉斯里特（Peter Laslett）在其著作《生命新图——第三年龄的出现》（*A Fresh Map of Life：The Emergence of the Third Age*）[②] 中同样提出了"第三年龄"的概念。拉斯里特认为人在第三年龄段，大约60岁以后，一方面具有丰富的知识和经验，另一方面拥有可以自己安排的足够时间，可以按照自己的意愿发挥自己的潜力，以达到自我实现的境界。而第三年龄之后的第四年龄，大约75岁以后，则代表着老年人进入失能障碍期，是依赖他人照料直至死亡的阶段，我们需要尽可能延长人们的第三年龄，缩短第四年龄，即帮助老年人延长活跃期。退休期或者第三年龄段老人的生活主题还包括如何顺应老化，顺利度过退休之初的适应期，即积极应对"离退休综合征"。"离退休综合征"是

---

① 邬沧萍：《社会老年学》，中国人民大学出版社，1990。

② Laslett, P., *A Fresh Map of Life：The Emergence of the Third Age*（Cambridge, MA：Harvard University Press, 1990）.

指一个人在退休前后一段时间中所产生的各种心理不适应症状。它直接损害退休人的身心健康，并且会在以后的生活中持续产生负面的影响，加速衰老过程。

拉斯里特在书中提出老年教育是解决问题的最佳途径之一，我们需要探寻与传统教育模型相对应的新途径，帮助老年人获得终身学习体验。老龄化的挑战也包括来自心态的老化，老年人需要创建属于自己的"阳光心学"。同时，随着经济社会发展，老年人整体素质不断提高，自我表现和社会参与的欲望也愈加强烈，从而使"老有所学"成为老年人的重要需求之一。因此，从个体层面讲，老年教育以科学合理的教育方式、丰富多样的课程内容、灵活弹性的学习形式、民主和谐的教学氛围、自由平等的人际交往，可以尽可能地满足老年人的学习需求，丰富老年人的内心世界。

然而，生命周期延长和老龄社会的到来，使开发老年人力资源成为经济与社会发展的重要课题，也对老年教育的种类和品质提出了更高要求。老年教育能为老年人提供活动与交流的机会，使他们丰富晚年生活，及时了解社会发展的现实状况，正确把握社会发展对老年群体的要求，从而使他们可以更好地参与社会，继续融入社会发展，实现个体的再社会化。

（二）积极应对人口老龄化国家战略下老年教育的时代意义

今天的中国，特别是在积极应对老龄化国家战略的指引下，老年教育被赋予更新的时代意义，主要体现在老年教育的教育属性和社会福利属性两个层面。

由于本身的教育属性和功能，老年教育是成人教育的正常顶点，是构建终身教育体系的重要环节。老年教育的诞生和发展完善了终身教育体系结构，丰富了终身教育最末端的内容。2019 年，中共中央、国务院印发《国家积极应对人口老龄化中长期规划》，提出"构建老有所学的终身学习体系"、"加快终身学习立法进程"和"创新发展老年教育，实施发展老年大学行动计划，到 2022 年全国县级以上城市至少建有 1 所老年大学"。同年，《中国教育现代化 2035 远景目标》提出了十大战略任务，其中包括"构建服务全民的终身学习体系"的战略任务。

由于本身的社会福利属性和功能，老年教育也是老年福利及积极应对人口老龄化国家战略下养教融合模式的重要组成部分。人人都会老，因此老年教育不仅是为老年人提供的教育服务，也是面向所有社会成员提供的公共服务。此外，不仅政府是教育资源的提供者，企业、社会团体、个人都可为老年教育实践提供所需的场地、人力及经费等资源。另外，老年教育的发展可以在一定程度上推动整个社会福利体系建设，提升社会福利的供给水平。可以说，发展高质量老年教育，是提升不同群体生活品质和福利水平的重要途径，是促进社会整体可持续发展的重要要求，在新时期积极应对老龄化国家战略背景下具有划时代意义。

（三）老年教育推动老龄社会治理现代化

发展老年教育除了有利于老年人个体发展、推动教育发展之外，也有利于推动整个社会治理与文化繁荣，增强社会凝聚力。2014 年 5 月"老年教育三十年：实践、创新、可持续发展中国老年教育发展高峰论坛在浙江省乌镇举行，会议达成共识：老年教育是构建和谐社会的重要因素，是社会建设的重要内容，是建设文化强国的重要内涵。老年教育与老年大学的社会功能是不可低估的。

第一，老年教育是社会治理和经济发展的重要因素。老年教育可帮助老年人更新知识，提高社会参与能力并提供社会交往机会，帮助老年人融入时代浪潮，继续为家庭和谐与社会建设发挥热量。推动老年人力资源的开发和利用，将有效提升社会治理水平和增强经济社会发展动能。

第二，老年教育有利于维护良好的代际关系、促进社会和谐运转。老年群体从来不是一个孤立的群体，它与社会有着广泛而密切的联系。每个老年人都关联着一个甚至几个家庭，关联着周围的人群，老年人的精神状况和生存状态对社会特别是对下一代有深远的影响。适当的教育活动可培养造就一批身心健康、与时俱进的老年人，可不断提高他们的思想素质，使他们保持良好的精神状态。这不仅涉及老年人的幸福生活，也涉及社会的安定与发展。

第三，老年教育对政府部门职责提出了全新要求。基于老年教育的社会属性及功能，全社会应加大重视力度，深度参与老年教育事业发展，政府应加强对各级各类老年教育机构的指导，吸引更多更优质的社会资源参与办学全过程，这需要政府各部门加强合作，共同努力。因此，围绕老年教育展开的政策设计和实施需要行政机制及社会机制的变革与创新。

第二章
老年教育的国际经验

一 第三年龄大学的兴起与潮流

（一）老年人权运动与第三年龄大学诞生

各国实施老年教育的机构的名称不尽相同，但普遍使用第三年龄大学（University of Third Age，U3A）的名称。它源于法国老年学之父彼得·拉斯里特（Peter Laslett）提出的"第三年龄"概念，即人所处生命周期的 60 岁以后。

第三年龄大学诞生的背景之一即"终身教育"与"年龄歧视"概念的提出。二战后，随着经济社会发展，受教育权也成为各国政府和国际社会运动关注的重要议题，1948 年联合国颁布的《世界人权宣言》指出"人人都享有受教育的权力"，但此时老年人的受教育权并未被明确提及。1965 年，法国职工教育活动家和成人教育家保罗·朗格让（Paul Lengrand）在联合国教科文组织召开的促进成人教育国际会议上提出了"终身教育"（Permanent Education & Lifelong Education）的概念，自此，终身教育开始受到各个国家的关注，并成为联合国推动世界教育发展的基本理念，老年人的受教育权开始受到关注。1968 年，美国教育家罗伯特·赫钦斯（Robert M.

Hutchins，1899—1977）的《学习型社会》首次出版。1970 年保罗·朗格让的《终身教育导论》出版，终身教育和终身学习理念在全球范围内发展起来。

1969 年，美国老年学家罗伯特·尼尔·巴特勒（Robert Neil Butler，1927—2010）提出了"年龄歧视"（ageism）的概念：根据年龄上的差别对人的能力和地位做出的贬低评价，或者说是以年龄为依据对人做出的负面价值判断，包括政策和行为等的不公正对待；主要针对老年人，并在雇用和教育这两方面尤为突出。巴特勒将年龄歧视与性别歧视、种族歧视置于同等位置，极大地推动了发达国家法律政策的进步。1975 年美国颁布了《禁止老年人歧视法》，致力于解决年龄歧视和虐待老年人问题，维护老年人社会平等的权利。

在老年人受教育权和社会平等权愈加受到关注的趋势下，1968 年法国爆发了学生罢课、工人罢工的群众运动"五月风暴"，这次运动提出的一个诉求是将教育机会与教育资源开发给大众。同年 11 月新修订的《高等教育法》要求教育资源应当面向所有阶层开放及必须提供更多的社区教育机会，这为第三年龄大学的诞生创立了客观条件。1973 年，法国图卢兹大学社会科学院专门为当地退休人员开设了老年教育课程。这是世界第一所第三年龄大学，建立之初是为老年人提供符合他们年龄、需要和愿望的活动方案，满足他们生理和心理的需求，丰富他们的退休生活。第一所第三年龄大学建立不久，法国多所大学相继开设了面向老年人的课程。当时的法国，老年大学发展速度最快，其数量每年递增。

（二）国际"老年人原则"确立与第三年龄大学

第三年龄大学潮流席卷法国后，很快便在其他国家开始发展起来，依次是比利时、西班牙、瑞士、波兰、加拿大、瑞典、意大利、美国、英国、德国，最后发展到拉丁美洲、非洲、亚洲，世界各地相继建立了老年大学。

第三年龄大学发展伴随着国际老龄化趋势和老龄社会应对政策的变迁。21 世纪初，国际社会达成了"积极老龄化"的共识，其中，老年人的生存与发展成为人类社会关注的热点。在应对人口老龄化的同时，国际社会也共同思索探讨如何认知、接纳与正确对待庞大的老年群体。1991 年，联合国大会通过了《联合国老年人原则》，提出了"独立"、"参与"、"照顾"、"自我充实"和"尊严"的原则，为全球老龄化趋势下，老年人的生存标准和处事原则提供了参考。

联合国老年人原则①

联合国大会于 1991 年 12 月 16 日通过《联合国老年人原则》（第 46/91 号决议）。大会鼓励各国政府尽可能将这些原则纳入本国国家方案。原则概要如下。

独立

老年人应能通过提供收入、家庭和社会支助以及自助，享有足够的食物、水、住房、衣着和保健；

老年人应有工作机会或其他创造收入机会；

老年人应能参与决定退出劳动力队伍的时间和节奏；

老年人应能参加适当的教育和培训方案；

老年人应能生活在安全且适合个人选择和能力变化的环境；

老年人应能尽可能长期在家居住。

参与

老年人应始终融合于社会，积极参与制定和执行直接影响其福祉的政策，并将其知识和技能传给子孙后辈；

老年人应能寻求和发展为社会服务的机会，并以志愿工作者身份担任与其兴趣和能力相称的职务；

老年人应能组织老年人运动或协会。

照顾

老年人应按照每个社会的文化价值体系，享有家庭和社区的照顾和保护；

老年人应享有保健服务，以帮助他们保持或恢复身体、智力和情绪的最佳水平并预防或延缓疾病的发生；

老年人应享有各种社会和法律服务，以提高其自主能力并使他们得到更好的保护和照顾；

老年人居住在任何住所、安养院或治疗所时，均应能享有人权和基本自由，包括充分尊重他们的尊严、信仰、需要和隐私，并尊重他们对自己的照顾和生活品质做抉择的权利。

---

① 《联合国老龄化议题》，https：//www. un. org/chinese/esa/ageing/challenges. htm，最后访问日期：2021 年 4 月 18 日。

自我充实
老年人应能追寻充分发挥自己潜力的机会；
老年人应能享用社会的教育、文化、精神和文娱资源。
尊严
老年人的生活应有尊严、有保障，且不受剥削和身心虐待；
老年人不论其年龄、性别、种族或族裔背景、残疾或其他状况，均应受到公平对待，而且不论其经济贡献大小均应受到尊重。

《联合国老年人原则》从政策支持角度，鼓励世界各国政府遵循各项原则，充分保障老年人权利，在老年人退休制度、工作机会、婚姻家庭和娱乐活动等社会选择方面给予权益的保障，让老年人有更多选择。因此，支持老龄化社会中老年人生存与发展的策略选择成为第三年龄大学发展探索的重要课题。

1981年，英国第一所第三年龄大学——剑桥老龄大学成立，彼得·拉斯里特教授起草了《老年大学的目标和指导原则》，规定了英国在成立老年大学时必须满足三个原则：一是对所有老年人开放；二是在广泛意义上体现教育性；三是以民主方式运营。

随之各国纷纷确立了本国老年大学的运作原则及老年教育学理念。1985年西班牙成立"老年人大学项目"（Older Adult University Profects，OAUPs），该项目在20世纪90年代后兴起，与欧洲"终身教育"理念融合，关注并致力于"教育创新"、"老年大学教学实践"和"推动老年人自我适应数字化社会的新能力"，务求为老年人提供更成熟、更有效、更适应社会需求的学习和培训机会。

波兰第三年龄大学建立的以老龄化和老年教育为研究主题的大学研究中心（MCBC），通过对"老化""老龄化"等概念的深入研究和国际间对话交流，不断更新第三年龄大学的办学理念与教育思想，使第三年龄大学的发展更加贴合老年人及老龄化社会的实际需求。

（三） AIUTA 成立与国际老年教育交流合作

第三年龄大学的潮流与发展主题，还包括老年教育的国际合作与交流。20 世纪 70 年代法国兴起老年大学运动后，创始者皮埃尔·维拉斯（Pierre Veras）教授随后创立了国际老年大学协会（AIUTA）。该协会作为老年大学的联盟致力于促进世界各地老年大学间的国际交流与合作，提供一个分享经验和研究成果的国际平台。直到今天，各国老年大学之间在创办经历、办学模式、办学理念、经营管理、教学方法、课程设置、学员参与等一系列课题上进行交流研讨、互通资源、分享教学与研究经验，建立多样创新的合作模式，以实现终身学习的共同理念。

按照《国际老年大学协会章程》，AIUTA 理事会每年举行两次主题明确的国际研讨会，其主题既包含老年大学的内涵特色与模式机制，也与国际老龄化社会现今的热门议题紧密相连（见表 2-1）。

表 2-1　近年来国际老年大学协会国际研讨会及其主题

时　间	地　点	主　题
2012 年	葡萄牙里斯本	老年人，大学和旅游
	英国伦敦	老年大学，现在和未来
2013 年	中国广州	老年大学创新发展、老年人融入社会、开拓银发旅游
	瑞典乌普拉萨	老年公民机会平等
2014 年	法国图卢兹	老年大学和国际合作
	巴西伊瓜苏	老年大学和代际合作
2015 年	西班牙阿利坎特	公民、社会凝聚力和老年大学
	波兰卢布林	第三龄学员：新一代的学生
2016 年	法国兰斯	老年大学在世界上的历史和发展
	日本大阪	老年大学：健康和积极的老龄化
2017 年	斯洛伐克　布拉迪斯拉发	老年人平等的学习机会
	哥伦比亚波哥大	机构在老年大学发展中的作用

续表

时　间	地　点	主　题
2018 年	西班牙巴塞罗那	老年大学的教育标准
	毛里求斯路易港	多元文化和老年大学
2019 年	中国湖北武汉	一带一路与老年教育
	黎巴嫩比布鲁斯	文化与老年大学
2020 年	网络视频会议	新技术与老年大学

2013 年，在中国广州召开的第 92 届国际老年大学协会理事会通过了《国际老年大学协会宪章》，成为国际社会在老年大学建设与老年教育理念形成的共识结晶，也是世界老年大学发展史的一个重要里程碑。

《国际老年大学协会宪章》细则

1. 目标：在大学之间传递文化与知识。
2. 使命：促进文化的交流，提高老年人的社会地位与福利水平。
3. 公开：面向所有老年人，没有年龄、学历或收入的差异。
4. 地位：能进行一定的学术活动。大多数老年大学附属于普通高校或与普通高校建立联系，一部分老年大学为独立的教育机构。
5. 教学：提供同普通高校相同的课程、讲座、研讨会，并增加当地的特色主题。
6. 健康：通过对老年人的身体活动、脑力活动、社会活动进行创新，来提高老年人的健康水平。
7. 文化：帮助老年人更好地理解社会的变迁。
8. 伦理：帮助老年人减少年龄、性别和地域等因素所带来的负面情绪。
9. 国际化：老年大学是增强世界各地老年人之间文化交流与学术合作的重要载体。
10. 未来：通过改善老年人的身体条件与智力条件，达到延长老年人的平均寿命的目的。

二　世界老年教育的国别特色

（一）政校合作型老年教育的法国模式

国际老年教育发展至今，不同的国家形成了不同的老年教育模式，主要有法国模式、英国模式及中国模式①三大代表模式。作为老年教育与第三

---

① 有关中国模式的相关内容将在后文介绍。

年龄大学的起源之地，法国模式的主要特点表现为政府的政策保障体系和高等教育体系的紧密合作。

法国老年教育是一种自上而下模式：法国政府制定老年教育政策法规，并提供必要的活动资金及配套服务；成立法国老年大学协会，组织专家研究团队制定老年教育实践方案。此外，老年大学协会的职责也包括协调公共权利，帮助成员组织即老年大学获得官方认可。

1968 年，法国《高等教育法》修正案明确规定法国大学应当面向所有阶层开放。法国明确高等院校开展终身教育的责任和义务，形成了老年教育与高校融合的运行模式：老年教育可以共享高等院校的师资、课程及人才资源；老年教育发展模式、教学水平和管理水平与高等学校保持一致，从而为法国老年教育学术研究的高质量发展营造了适宜的环境、培育了丰富的土壤。

可见，法国更注重老年教育促进老年人社会生活融入的作用，以及专业化和科学化发展。法国老年大学的载体，为老年人提供丰富的学习、社交场所，促进老年人与不同年龄层人群接触，增进代际融合。[①]

（二）自助运作式老年教育的英国模式

与法国第三年龄大学"自上而下模式"不同，英国没有专门涉及老年大学的相关法律，公立大学也没有资助老年教育的义务，其主要模式是鼓励多元办学，并由政府无偿提供公共场地，例如社区活动中心等。

英国第三年龄大学运动自 1981 年以来，秉承自治自助理念，提倡自助模式，这是一种类似于老年人自我组织、独立运营的市民团体。英国老年大学也可依托老年大学信托基金管理，例如，1983 年成立的英国第三年龄信托基金（The Third Age Trust），是由 12 个地区代表组成的慈善团体，主

---

① 钱源伟：《老年教育教学论》，人民教育出版社，2016，第 22～24 页。

要为全英国数百所分支第三年龄大学提供多种支持服务，包括法律援助、课程内容、教学资源、经验交流等。

自助教学模式下，英国第三年龄大学虽以"大学"的名称命名，但扩展了"教育"与"学习"的概念：倡导在非正式、合作式、交流式的氛围中开展教学活动；不设立入学资格限制，不需要任何资格证书，也不授予资格证书，以学为乐。成员既可以作为某个团体的导师或组长，向其他成员分享自身的知识和技能，也可以在其他团体中扮演学生的角色。

进入21世纪，英国通过使用互联网等信息技术来拓展虚拟学习课程，旨在为居住偏远、身患疾病或行动不便的老年人提供帮助，并逐步发展成虚拟网络上的"第三年龄大学"。英国的老年教育教学更加聚焦于整合强大的民间力量，鼓励民间组织、企业团体等社会多元力量参与老年教育。①

可见，老年教育的法国模式是以普通高校办老年大学为主；英国模式是以自主、自助、独立办老年大学为主。世界老年教育形式是丰富多彩的，但上述模式深刻影响其他各国老年教育模式。

（三）人力资源开发导向下的日本老年教育

作为全球老龄化最严重的国家之一，日本政府非常重视老年教育。第二次世界大战后至今，日本老年教育发展经历了从"构建福祉属性的终身教育和社会教育"到"作为社会教育开发人力资源"的策略变化。

二战后，日本社会从战争状态转向发展经济、构建社会福祉。"福祉教育"的概念最早由日本学者阪野酉提出，提倡追求幸福的社会教育，通过认知理解、态度养成与实践行动三方面，达成各学习阶段的教育目标；相较于"福利"，福祉更强调"幸福感"与"获得感"。"福祉教育"成为20世纪50年代初期日本发展老年教育的理念。当时，日本老年教育的主要形

① 　钱源伟：《老年教育教学论》，人民教育出版社，2016，第22～24页。

式是政府设立或者民间自行组成的"老年俱乐部"。1959 年，鹿岛县社会福利协会创办了第一所真正意义上的老年大学，所开设课程涉及文学、宗教、绘画、保健等内容。1965 年，日本文教部要求各都道府县选择具有代表性的城市和乡村陆续开办"老人学校"；1971 年召开的日本社会教育审议会认为：日本在今后应该根据人生各个时期的不同需要进行切实的教育，同时强调老年期的教育作为"终身教育"和"社会教育"的重要环节必须强化发展。1971～1972 年，文部省对一些地区的老年社会教育事业进行了调查研究，提出了对老年教育工作的改进建议。

20 世纪 70 年代以后日本进入老龄化社会，加之 70 年代的石油危机，日本经济呈负增长，为了促进老年人能力的活用，1979 年，日本老年人能力活用推进协议会开始为老人就业设置免费职业培训和介绍机构。1991 年，日本颁布了《高龄者能力开发情报中心运营事业》。1993 年，各都道府县开始对"长寿学园事业"给予补助，市镇村开始对"高龄者生活意识综合促进事业"给予补助，把老年教育正式纳入政府事务管辖范围。1999 年，日本颁布了《为了促进高龄者的生存意义的就业支援事业等》，继续强调开发老年人就业潜力、促进再就业的重要性。

直到今天，日本处于深度老龄化社会，面对日益严重的少子化、高龄化问题，日本政府继续推广实施"终身工作社会"活动，政府、企业和社会以培训等多种方式展开了诸多开发老年人力资源的实践。

日本的老年教育教学主要目的在于提升老年人生命意义，强调与社会发展的结合和社会参与，在提升老年人参与度的同时，增进老年人人际关系，促进老年人独立学习能力的培养，这是老年人持续参与社会生活和工作的动力。同时，日本老年教育的人力资源开发使日本老年教育形成了企业、民间组织及社会福利机构等主体广泛参与的格局。①

---

① 钱源伟：《老年教育教学论》，人民教育出版社，2016，第 22～24 页。

（四）"积极教育"原则下的美国老年教育

美国早期老年福利主要以提供经济生活保障与医疗看护服务系统为重点，被称为"消极福利"时代。这一阶段的老年教育基本上是提供协助老年人维持基本生活知识技能等课程。

伴随老龄化的发展，美国转变老年福利思想，改变消极原则，出台了《老年人法案》（1965 年）、《成人教育法案》（1966 年）、《禁止歧视老年人法案》（1975 年）、《终身教育法》（1976 年）等相关政策和法律，防止歧视老年人，监督保障老年人受教育权利，取消老年人入学年龄限制，形成"积极教育"的老年教育政策原则。

"积极教育"原则强调老年人的学习能力，希望通过教育、培训和学习提升老年人的素质，让老年人具备规划晚年生活的能力，并使老年人为国家社会提供正面效益。

美国老年教育不以正规学校或专门学院为主。社区是老年教育的重要场所，地方政府会在社区成立老年人中心和社区学院，并为老年人减免学费。非营利组织也是主要推力，包括"老龄寄宿所"、"退休学习学会"、"老年人服务与咨询中心"、"老年人网站"、"慈善中心"和"老年人社区服务与教育中心"等正式或非正式的学习组织。

此外，"积极教育"原则导向下的美国老年教育采用市场及社会多元参与方式运行。地方政府或公立机构主要是制定宏观政策、提供资助或补贴。除了地方政府和联邦政府给予经费资助之外，美国老年教育经费来源还包括大学校友会、医院、基金会、投资公司、工会等的资助以及学员学费。

第三章
老年教育的中国实践

一 中国老年教育的政策演变

(一) 干部制度改革下老年大学兴起

老年教育在我国起步较晚，早期由于教育部门资金缺乏，教育行政部门并不管辖和投资老年教育，主要是由文化部门指导，各级地方政府、各类国有企业、事业单位有关部门具体实施。1983 年，我国第一所老年大学——山东省红十字老年大学成立。这标志着我国开始出现正规的老年教育。之后，全国各地的老年大学和老年学校如雨后春笋般相继创建。哈尔滨、南京、辽宁、济南、北京、广州等相继创办了老年大学。到 1985 年，全国已经有 61 所老年大学，学员近 4 万余人。

当时这些老年大学由于没有统一的领导机构，发展中遇到各种问题。为了更好地发展老年教育事业，方便各地交流经验和沟通信息，1988 年 12 月，经国务院有关部门批准，中国老年大学协会在武汉成立并召开全国代表大会，标志着我国老年教育开始进入兴起和推进阶段。中国老年大学协会充分发挥了学校与学校之间和学校与政府之间的桥梁和导向作用。到 1993 年底，全国老年大学已发展到 5331 所，在校学员达 47 万人。

（二）"学习型社会"建设明确老年教育定位

伴随着各地老年大学的兴起和规模不断壮大，"老年教育"也开始出现在国家政策和法律条文之中，"老有所学""终身教育""老年人受教育权"等老年教育发展理念开始为老龄工作者所接受。

1994年，《中国老龄工作七年发展纲要（1994~2000年)》出台，提出了实现"老有所学"的老年教育目标；指出老年大学是实施老年教育的主要方式，各界要创造条件举办老年大学（学校），保障老年人的受教育权，通过教育提高老年人口素质。

1995年，《中华人民共和国教育法》颁布，分别在第十一、第二十、第四十二条中明确规定"健全终身教育体系""国家鼓励发展多种形式的继续教育，推动全民终身学习""为公民接受继续教育创造条件"；包括老年教育在内的继续教育的推进和终身教育体系的健全第一次被正式纳入国家法律。

1996年，《中华人民共和国老年人权益保障法》颁布，"老年教育""老年学校"的概念首次出现在法律文本中，老年人"老有所学"和"国家发展老年教育"首次以法律形式确定下来；同时明确国家发展老年教育，要求各级人民政府加强对老年教育的领导和规划，并鼓励社会办老年学校。

进入21世纪，党中央、国务院将"发展成人教育和其他继续教育""建设学习型社会"写入国民经济和社会发展"十五"计划、"十一五"规划和"十二五"规划和"十三五"规划中。此后，有关老年教育的政策法规的制定处于快速发展时期，相继出台的一系列教育、老龄事业、养老服务体系建设、社区治理等与老年教育相关的规划和政策性文件中，都对发展老年教育提出了明确要求。老年教育开始进入系统化、完善化发展阶段。

2001年6月，中组部等五部委联合印发《关于做好老年教育工作的通知》，提出了"在本世纪前十年建立健全具有中国特色的老年教育事业体系"的目标。

2004 年，教育部颁布《关于推进社区教育工作的若干意见》，将老年人的社会文化活动纳入社区教育的培训活动。

2006 年 9 月，国务院发布《中国老龄事业发展"十一五"规划》，提出了"到 2010 年，老年大学和老年学校在现有基础上增加 1 万所"的任务目标，还提出了"办好老年电视大学、老年网上学校，倡导社区办学，重视对老年农民的培训"等丰富老年教育办学形式与内容的措施。

2006 年 12 月，国务院新闻办公室发布《中国老龄事业的发展》白皮书，介绍了前期老年教育事业的发展成果，并表明中国已将发展老年教育列入政府议事日程。

2007 年 5 月，教育部印发《国家教育事业发展"十一五"规划纲要》，首次将老年教育列入国家教育整体规划。

2011 年 9 月，国务院印发《中国老龄事业发展"十二五"规划》，单列"老年教育"一节，要求创新老年教育体制机制，探索老年教育新模式，丰富教学内容；充分发挥党支部、基层自治组织和老年群众组织的作用，做好新形势下老年思想教育工作。

2012 年 12 月全国人大常委会发布修订的《老年人权益保障法》第 72 条写入"老年人有继续接受教育的权利"。"国家发展老年教育，把老年教育纳入终身教育和社区教育体系，鼓励社会办好各类老年学校"。

（三）老年教育纳入国家顶层设计

2016 年以来，特别是《老年教育发展规划（2016～2020 年）》颁布以后，老年教育纳入国家顶层政策设计，对老年教育的概念界定不断明晰、老年教育的发展目标逐步明确、老年教育的管理机制逐步理顺、老年教育的推进措施逐步细化。

2016 年 7 月，教育部等九部门联合印发《关于进一步推进社区教育发展的意见》，提出大力发展老年教育，要"将老年教育作为社区教育的重点任务，结合多层次养老服务体系建设，改善基层社区老年人的学习环境，完善老年人社区学习网络。建设一批在本区域发挥示范作用的乡镇（街道）老年人学习场所和老年大学。努力提高老年教育的参与率和满意度"，并对社区教育协同治理的体制和运行机制做出了具体规定。

2016年10月，《老年教育发展规划（2016~2020年）》颁布，提出"老年教育是我国教育事业和老龄事业的重要组成部分。发展老年教育，是积极应对人口老龄化、实现教育现代化、建设学习型社会的重要举措，是满足老年人多样化学习需求、提升老年人生活品质、促进社会和谐的必然要求"；在总结我国老年教育发展成果和存在问题的基础上，进一步明确了未来5年我国老年教育发展的战略目标、主要任务、重点推进计划和保障措施。

2018年12月29日，第十三届全国人大常委会第七次会议通过了《全国人民代表大学常务委员会关于修改〈中华人民共和国劳动法〉等七部法律的决定》，其中包括修订《中华人民共和国老年人权益保障法》，增加了"地方各级人民政府加强对本行政区域养老机构管理工作的领导，建立养老机构综合监管制度"等内容。

2019年3月，《国务院办公厅关于推进养老服务发展的意见》出台，提出了优先发展社区老年教育、建立健全县级及以下三级社区老年教育办学网络等具体要求，并就如何"建立全国老年教育公共服务平台"、如何"推进老年教育资源、课程、师资共享"、如何"探索养教结合新模式"等提出了新举措。

2019年11月，中共中央、国务院印发的《国家积极应对人口老龄化中长期规划》提出，"构建老有所学的终身学习体系，推行终身职业技能培训制度，加快终身学习立法进程，建立健全社区教育办学网络，创新发展老年教育，实施发展老年大学行动计划，到2022年全国县级以上城市至少建有1所老年大学"。

至此，中国老年教育的基本理念已经成熟，主要表现在以下三个方面：①终身学习理念融入政策设计，老年教育发展理念得以确认；②探索多类型教育模式，老年教育框架体系得以规范；③创新专业化教育机制，老年教育管理体制、运行机制和法规制度得以完善。

二 中国老年教育的发展成效

（一） 老年教育载体与内涵不断丰富

世界各国老年教育发展呈现多层次、多元化的复杂形态。自改革开放以来，我国老年教育发展过程中，全国各地纷纷以多种形式开展老年教育，诸如社区老年大学、网络老年大学、老年社团等如雨后春笋般涌现并发挥作用。①

老年大学是发展老年教育的主要形式。作为为老年人设立的正规教育机构，政府从法律政策、资金投入、设施建设等方面全方位探索老年大学建校办学模式。2011年，《国务院关于印发中国老龄事业发展"十二五"规划的通知》要求"加大对老年大学建设的财政投入，积极支持社会力量参与发展老年教育，扩大各级各类老年大学办学规模"。同时，国家积极鼓励社会力量参与老年大学建设。《中华人民共和国宪法》第十九条指出"国家鼓励集体经济组织、国家企业事业组织和其他社会力量依照法律规定举办各种教育事业"。伴随社会、市场及志愿团体等多元力量的参与，老年大学正在形成新的办学模式。

社区老年教育是普及老年教育的重要平台。我国社区老年教育源于社区教育的蓬勃发展。2004年，《关于推进社区教育工作的若干意见》指出"要通过社区教育，进一步构建和完善终身教育体系"，并将开展"老年人

---

① 黄燕东：《老年教育与老年福利》，浙江工商大学出版社，2016。

群社会文化活动"作为社区教育培训活动的重要内容。社区老年教育具有的便捷性、成本低、归属感强、参与性高等优势，通过社区老年教育可以实现老年教育由"精英教育"到"大众教育"的有效转型。[①] 此外，通过老年人参与社区老年教育，能促使老年教育活动融入并带动基层社会自治，推动形成特色区域文化与市民活动。我国社区老年教育的基本场所包括社区老年学校、社区老年活动中心和社区老年娱乐室等。

远程老年教育是现代化老年教育发展的必经途径。远程老年教育是指利用广播、电视、互联网、微型移动设备等现代信息化传媒技术，通过远距离的课程教学，满足老年人学习需求，不断提高老年人生活质量以及老年人社会参与能力的一种教育活动。远程老年教育突破了传统教育的时空界限，开创了自主教育、自主学习的崭新领域。2020 年初，新冠肺炎疫情中断了老年大学的课堂教学活动之后，远程老年教育机制迅速承担了所有老年教育教学活动，其后，线上、线下教学相辅相成，构成老年教育生机勃勃的新生态。同时，全国电大系统自上而下正式更名，加挂"老年开放大学"牌子进行正规老年教学活动，远程老年教育进入新阶段。

老年教育多样化载体和实践活动深入开展，老年教育研究呈现良好形态，国家社科基金与全国教育科学规划课题立项数量逐年增多；各地成人教育与终身教育机构开展专题研究，并推出系列研究成果。

老年教育研究包含教育学、心理学、管理学、社会学、经济学等多学科视角，涉及学术体系、学科体系、话语体系、应用体系等多方面。老年教育研究主题涉及社会背景（老龄化）、理念支持（终身教育、积极老龄化、学习型社会、文化养老、终身学习）、实施途径（老年大学、成人教育、社区老年教育、开放大学、老年学校）、聚集场域（社区、农村）、实

---

① 胡庆莲、宋晚生：《终身教育视阈下我国老年教育发展模式探究》，《山西广播电视大学学报》2016 年第 12 期。

施过程（对策、发展、现状、问题、策略、课程设置）、老年个体（学习需求、老年人力资源、社会参与）等多个侧面。①

（二）老年教育国际交流日益频繁和深化

中国老年教育发展至今，政策不断完善，实践探索逐步推进，形成了独特的发展模式。自 20 世纪 90 年代以来，我国老年教育积极参与国际老年教育交流与合作。1994 年，中国老年大学协会经民政部、外交部、财政部批准加入国际老年大学协会。在每年举行的 AIUTA 理事会和国际研讨会中积极发出中国声音，讲述老年教育的"中国故事"。

特别是近年来我国实施国际议题、国内研究的"1+1"研讨模式，推动老年教育理论和应用研究与国际接轨，宣传中国老年教育政策和实践经验。

2013 年，中国向世界发出"一带一路"倡议；同年，AIUTA 广州会议开启了我国老年教育国际交流新格局。2016 年教育部印发《推进共建"一带一路"教育行动》，提出我国老年教育重要命题，即利用老年教育平台，以"政策沟通""民心相通""文化融通""人才培养"等方面工作促进国际合作的深度广度，追求合作交流的质量与效益，构建"一带一路"老年教育共同体，形成中国老年教育国际发展战略。②

2019 年 5 月 21 日，来自 20 多个国家和地区的 AIUTA 成员聚集中国武汉，举行了"一带一路与老年教育"国际研讨会，会议达成《武汉共识》③，倡导"共商、共建、共享"核心理念，不断发展在 AIUTA 框架下的国际合作，把老年教育的国际交流合作融入共建"一带一路"大格局并在

① 田诗晴：《近十年我国老年教育研究述评》，《西北成人教育学院学报》2019 年第 7 期。

② 叶忠海：《中国当代老年教育发展研究》，华东师范大学出版社，2018。

③ 本次会议由中外专家研究通过了《武汉共识》，决定：将 AIUTA 平台与中国"一带一路"倡议对接，使世界老年大学都关注和研究中国"一带一路"倡议。

探索中向前推进。老年人及老年教育参与"一带一路"建设，不仅代表着历史的记忆，还是世界和平的力量，更可以预示人类社会的未来。换言之，共建"一带一路"赋予了中国老年教育国际交流全新的时代使命。

（三）老年教育中国模式为世界认可

在国际交流与研究合作中，由于中国老年教育成就震惊世界，中国老年教育的发展模式广受认可。国内外专家学者通过交流与对话，总结中国老年教育的探索历程，凝练确立了"老年教育中国模式"这一概念。

今天，老年教育中国模式是与法国模式、英国模式并列的世界三大模式之一。对其的解读，包括老年教育中国模式的内涵和老年教育中国模式的起源、进程、文化基因、动力、具体形态、价值和发展趋势等。老年教育中国模式的内涵是指由党和政府牵头主办，主导规划各级老年大学的建校布局。换言之，老年教育是党和政府积极应对人口老龄化所采取的国家政策。老年教育中国模式始于中国改革开放，特别是离退休干部制度的改革；中国模式的理论依据是马克思主义中国化的理论；中国模式有深厚的民族文化底蕴；中国模式实现的具体形态是多元办学；中国模式的动力是各级政府提供公共服务，满足人民日益增长的精神文化需求；中国模式具有重大社会价值和历史价值；中国模式仍然在发展完善，展现强大的生机活力。

近年来，老年教育中国模式被广泛借鉴引用，例如，在保加利亚、乌克兰、蒙古国、立陶宛、尼日利亚、卡塔尔等国家，政府调动、启用各种教育资源，举办直管型老年大学，任用原高等院校的知名教授学者、校长或教育部门官员为管理者。[①] 今天，老年教育中国模式正在持续探索如何打造特色品牌、提升现代化建设水平，扩大国际影响力、发挥示范带头作用。

---

① 林元和、王友农：《中国老年教育：理论研究与国际对接》，广东高等教育出版社，2018，第81~90页。

回眸篇　深圳老年教育发展变迁

20 世纪 70 年代末，在改革开放的大潮之下，深圳特区人摸着石头过河，开始了各项工作的改革建设之路，为深圳今日的成就奠定了基础。深圳在政府机构设置、干部人事制度、住房制度、土地管理体制、劳动用工制度、价格体制、企业体制等方面进行改革，老年教育也在这个过程中逐渐被关注、被重视，细雨润物般改变着老年人的生活方式。

回首深圳的改革发展历史，可以发现，其是"自上而下"的高瞻远瞩与"自下而上"的勇于探索相结合的过程，既有积极的自主办学，也有政府主导的体系化统筹办学，但实事求是都贯穿始终。深圳老年教育在近 40 年的发展历程中，是深圳老年教育人不断求索，让老年教育这一新生事物逐渐成长，直至作为终身教育的重要组成部分，渐渐受到社会的广泛关注与广大老年人的钟爱。

今天，老年教育已成为深圳市各级党委、政府高度重视的一项工作，其发展已成为党委和政府的议事日程，并纳入地区发展总体规划，相应扶持政策和保障措施不断完善，老年教育工作机制和运行机制不断健全。《深圳市国民经济和社会发展第十三个五年规划纲要》提出，要"加快完善公共服务体系，重点增强教育等民生领域薄弱环节的服务能力"和"加快学习型城市建设，加强终身教育和老年教育，建成市、区、街道、社区四级'立体化、全覆盖'的社区教育网络"。《深圳市构建高水平"1336"养老服务体系实施方案（2020～2025 年)》提到要"加强老年教育、老年文化、老年休闲娱乐等方面的服务供给，丰富活力老人精神文化生活。发挥老年人的经验优势和专业特长，提升老年人社会参与度"。

自长青老龄大学体系标准化建设推进以来，深圳全面推进长青老龄教育品牌的体系化、品牌化发展。回望深圳老年教育近 40 年的发展，深圳老年教育人用勤劳、智慧和勇气获取了这份成绩，积淀了丰硕的成果，由此，我们更加自信，也更加坚定，更会以新的姿态走向老年教育发展的光明未来。

第四章
老年教育之历史变迁

一 离退休制度下深圳老年教育的兴起（1979~1987 年）

（一）"南下深圳"与"老干部之家"设立

1979 年，中国境内首个允许外商投资的地方——深圳蛇口工业区，破土而出。蛇口的一声炮响震动全国，深圳变成了当时全国最为繁忙的城市之一，这声炮响更是震动了神州大地，渴望改变命运的人们从全国各地奔赴深圳，投入到建设深圳的时代浪潮之中。一时间，工厂大量兴建，高楼如雨后春笋般拔地而起，经济飞速发展，创造了"深圳速度"。改革开放之初，奔赴深圳的队伍中还包括一支核心力量——党员干部。这批党员干部带着党和国家的重托，来到深圳这片土地，誓将这里建设成人民生活的乐土。他们听从党的号召，不辱使命，毅然决然来到深圳，在这片土地上挥洒汗水、贡献力量。此外，在新中国成立之初就扎根在深圳的党员干部，也为地区的建设与发展贡献了重要力量。

党员干部是党和国家的宝贵财富，为中国革命和社会主义建设事业做出了历史性的重要贡献，对推动改革开放与维护社会稳定发挥了不可替代的作用。为促进新老干部间的合作与交替，保证党的事业薪火相传，1982

年 4 月，国务院印发的《关于老干部离职休养制度的几项规定》提出，新中国成立以前参加中国共产党所领导的革命战争，脱产享受供给制待遇的和从事地下革命工作的老干部，达到离职休养年龄的，实行离职休养制度。对离退休的老干部，实行基本的政治待遇不变、生活待遇按参加工作时间分别略为从优的政策。这标志着我国干部离退休制度的正式建立，拉开了干部制度改革的序幕，成为党和国家领导制度改革的一个重要成果，是党的历史上具有里程碑意义的事件。

在此背景下，自 20 世纪 80 年代起，深圳市就高度重视老干部工作。1984 年 10 月"老干部之家"正式成立。1985 年 6 月 11 日深圳市老干部工作经验交流会在九龙海关（后改为深圳海关）召开。当年，全市共有 578 名离休干部，年龄最大者为 93 岁。"老干部之家"的成员后来也成为老年大学的首批学员，深圳老年教育正式拉开帷幕。

（二）建校开课与"老龄大学"定名

与国内大部分地区类似，深圳老年教育的兴起及发展，与干部离退休制度建立有密不可分的联系。老干部退休以后，党和国家为了让他们老有所养、老有所乐，度过幸福的晚年生活，除了切实抓好老干部各项生活待遇工作外，也高度重视老干部的精神需求。因此，老干部教育工作成为老干部工作的重要组成部分。

1986 年 3 月 18 日，经深圳市委组织部老干处和离退休干部组织筹办，深圳成立了"深圳市老龄大学（筹）"，并且开始借用深圳市青少年活动中心教室试上课。深圳市老龄大学建校时，以让老同志幸福安度晚年为目标，开设了一些与之相关的课程，有文学书法班、公共医疗保健班、歌舞体操班以及插花兴趣班等，第一批学员共有 79 人。在这一阶段，教学内容主要以兴趣班为主，缺乏系统的课程设置。深圳市老龄大学建校开课标志着深圳老年教育的兴起。

二 校董会负责制下的老干部教育自治实践（1988～1995 年）

（一）在探索中坚定前行

20 世纪 80 年代，老年教育在我国还是一种新生事物，从中央到地方都尚未针对老年教育出台相关政策，因此，老年大学的建设与管理一直处于各地自主探索的状态。在此背景下，深圳市老龄大学虽已开课，但并未形成正式的建制。深圳市老龄大学筹备组多次向深圳市委相关领导反映，深圳市委组织部也于 1988 年 5 月联名向深圳市委提交报告，请求正式成立老龄大学，但均未获批。

最后，在深圳市老龄大学筹备组提出"不要求政府给编制，不要求政府拨款，不要求政府另建校舍"的情况下，深圳市委同意其继续办学，但不提供编制、经费和校舍。经有关领导协调，挂牌后的深圳市长青老龄大学嵌入深圳市老干部活动中心，得到了场地支持。

（二）"长青"元素正式融入老年教育

1988 年 6 月，深圳市委组织部、深圳市教委联合向深圳市委报送《关于成立市老龄大学的请示》，10 月 11 日深圳市委办公厅印发《关于市老龄大学定名问题的批复》（深办函〔1988〕30 号），同意深圳市老龄大学定名为"深圳市长青老龄大学"。由此开始，"长青"元素正式融入深圳老年教育发展的历史过程，并逐渐形成了今天的深圳"长青"老年教育文化。

（三）校董会领导下的自主办学实践

1988 年 11 月 21 日，深圳市长青老龄大学成立校董会，设立"教育基金管理委员会"（以下简称"长青教育基金会"），并通过了《深圳市长青老龄大学董事会教育基金管理委员会章程》。长青教育基金会依法筹集、管理办学资金，保证专款专用，办好长青老龄大学。深圳老年教育走出了一条校董会领导下的自主办学之路。

此后十余年间，深圳市长青老龄大学的学校管理采取自助形式，主要由离休干部及部分老干部门负责人组成校董会经营，实行"自愿上学、自筹经费、自我管理"。截至1995年，在校学员接近500人。

可以看出，深圳在建市之初，在全市人口还非常"年轻"的阶段，就坚定支持老年教育发展。由深圳市委组织部牵头成立的深圳市长青老龄大学，积极探索独立性与自主性强的现代化运营管理模式，将"创新"与"探索"的种子埋入"长青"文化中。

三　老年教育课程化与社区化发展的探索（1996～2016年）

（一）深圳市长青老龄大学探索内部专业化管理

1996年后，校董会由于多方面因素难以维持办学，深圳市老干部活动中心正式接手深圳市长青老龄大学的运营管理工作，通过调剂活动经费、补齐办学经费缺口，深圳市长青老龄大学日常运转得到了一定保障。在此过程中，市级长青老龄大学推出"校—系—班"三级管理模式，形成了较为完整的规范化、专业化教学管理体系。

校级管理以学校领导为决策层，负责学校工作的总体规划和决策导向，教务科负责统筹全校的教学教务工作，其他科室协助做好行政及后勤工作；系级管理按专业将班级分为七个大系，由一名教务科工作人员担任系主任，负责学校各项工作在本系的贯彻落实以及对本系教学情况的跟踪掌握；班级管理实行班主任管理和学员自我管理相结合的模式，由班干部义务担任班主任助理，承担相关工作，班主任带领各班班委，以各项规章制度为依托做好班务工作。

学校还坚持民主管理，定期召开教师、班委、学员座谈会，引导广大教师和学员针对学校的办学、发展及管理工作积极建言献策。

为充分调动学员服务班级、服务学校的积极性，学校推出积分入学制度。学员参加志愿服务均可获得积分，并可凭积分优先入学，由此形成了良性的学位竞争机制。学校定期开展教师、学员、服务人员的评优评先活动，激励广大师生和工作人员创先争优。

（二）以课程为主的老年教育发展阶段

1996年8月，《中华人民共和国老年人权益保障法》颁布，指出国家大力发展老年教育。另外，广东省也强调老干部大学应坚持增长知识、丰富生活、陶冶情操、促进健康、服务社会，构建和谐社会和"老有所学、老有所乐、老有所为"的目标，提高老年人的生活质量和生命质量。同时，改革开放以来，深圳市的老年人口也在增加，这些增加的老年人口包括改革开放初期来深的奋斗者和深圳本地老年人。虽然这部分人口在整个深圳人口中所占的比重不高，但是他们的教育需求比前一阶段有了大幅增加。

课程是教学建设的核心内容，也是提高教育水平和教育质量的基线。因此，20世纪90年代后期，深圳老年教育开始重视课程设置以及课程内容建设，进入以规范和提升课程质量为主的老年教育发展阶段。改变过去的"兴趣班"教学模式，设立涵盖书法、电脑、外语、乐器、舞蹈等多个文化类及生活类教养课程。

进入21世纪之后，深圳开始大力推动远程老年教育发展。深圳作为一个科技创新之城，科技的力量不断注入到老年教育的发展过程之中。随着深圳老年人口的不断增多，老年教育资源已经不能满足众多老年人的教育需求。深圳市充分利用作为经济特区的经济优势与科技资源，大力发展网络远程教育，让老年人足不出户，就能享用教育资源。

2001 年，《深圳市老龄事业发展"十五"规划和 2015 年远景目标纲要》首次将老年教育列入地区发展规划，提出建设市、区、镇（街）、社区（村）四级老年教育体系的目标；同时，响应国家号召提出发展远程多媒体老年教育；在教育内容方面，提出要在传统艺术和休闲娱乐课程的基础上，以多种形式开展政治、道德教育，帮助老年人开阔眼界、更新观念、增长知识、与时俱进。

（三）"学习型社区"与社区老年大学兴起

深圳在社区治理的探索一直走在全国前列。老年教育作为公共服务进社区，能够让老年人在家门口接受教育，是深圳市缓解老年教育供需矛盾的重要形式之一。老年人是社区服务的主要对象之一，也是社区活动的重要参与者。因此，建设"学习型社区"是进一步推动老年教育发展的重要举措。

2004 年，《中共深圳市委 深圳市人民政府关于加快推进教育现代化的决定》（深发〔2004〕8 号）印发，提出 80% 以上的社区应建有标准化文化教育中心。此外，还鼓励多渠道创办社区学院，建立以现有成人教育体系为龙头、社区和企业学院为主干、各类成教机构为补充、计算机远程教育为手段的成教网络，满足市民多样化学习需求，创建全民学习、终身学习的学习型城市。

2008 年，《深圳市老龄事业发展"十一五"规划》发布，提出应重视出台老年教育鼓励政策，充分利用现有社会资源和信息网络技术发展老年教育；要扩大现有网点规模，争取建立更多街道、社区网点，"十一五"结束时的网点资源应基本满足市内老年教育需求。在这些政策的驱动下，深圳市各区均成立了老年大学，街道、社区网点也大量增加，深圳市老年教育网点达到 191 个。

自 2011 年起，深圳开始推动社区服务向专业化方向发展，提出每个社区至少建立一个社区党群服务中心，在社区党委的领导下，整合各方面的力量开展社区服务。党群服务中心密切联系社区居民，真正将居民的居住小区打造成为一个暖心、有温度的社区。在此基础上，2012 年 8 月，《深圳市中长期教育改革和发展规划纲要（2010~2020 年）》（征求意见稿）、《深圳市教育发展"十二五"规划》先后发布，提出积极发展老年教育，推进学习型社区建设，加强国家级社区教育示范区建设，打造学习型社区。此后，社区老年大学成为学习型社区的重要组成部分和社区老年人学习的重要载体。

四　体系标准化建设与老年教育高质量发展（2017 年至今）

（一）成立深圳市委老干部局，深圳老年教育走向规范化发展

2017 年深圳市委老干部局成立，2019 年升格为正局级市委工作机构，深圳市长青老龄大学纳入深圳市委老干部局相关处室管理。

2019 年以后，深圳市长青老龄大学继续紧抓思想政治教育，遵循党员"全周期管理"理念，持续推进全市老党员干部思想政治工作，发挥老党员干部银发先锋的积极作用，推动全市老年教育向纵深发展。同时，深圳各级老干部工作部门不断推动改善长青老龄大学的办学环境，扩大办学规模，提升办学质量，共同将深圳老年教育工作推入规范化发展快车道。

（二）推进体系标准化，深圳老年教育走向高质量发展

2020 年，深圳市委组织部与深圳市委老干部局联合印发《关于推进长青老龄大学体系标准化建设的通知》（以下简称《通知》），深圳市长青老龄大学体系标准化建设正式拉开帷幕。《通知》从思想政治建设、阵地建设、教学管理、课程设置、教育研究、师资队伍等方面制定了 18 个项目、

40 条标准化建设指引，为全市各级长青老龄大学提供了基本规范，由此，深圳老年教育进入了全新发展阶段。主要表现在以下几个方面。

党建引领，全方位开展思想政治教育。思想政治教育是中国特色社会主义教育体系中不可或缺的重要组成部分，也是老年人思想政治教育建设的重要途径，能使老年同志"思想常新、理想永存"。长青老龄大学加强政治理论宣传，通过开设政治课，举办专题讲座、报告会，开展班组、社团活动和办好学校媒体宣传等形式弘扬正气，营造良好的舆论氛围。

建设四级教学阵地。深圳市长青老龄大学体系标准化建设确立了"市级立标准、区级作示范、街社强服务"的发展思路，致力于办好家门口的老年大学，打通老年教育"最后一公里"。当前，深圳市区级长青老龄大学覆盖率达 100%，街道级长青老龄大学覆盖率超过 60%，社区级长青老龄大学覆盖率超过 50%，计划在 2022 年实现全覆盖。

建立现代化管理制度。规章制度建设是老年大学实现规范化、示范化、现代化的基本条件。长青老龄大学规章制度设计按照系统化、多样化原则，确立了教务管理、学员管理、教师及工作人员管理、校园内部及校外线上管理等多层次、全方位的制度体系。

建设智慧化教学管理平台和精品课程库。在课程的选择上，充分听取和满足附近居民的上课诉求，以点带面，将人数较多且质量较高的课程纳入精品课程库。

建设"云课堂"。疫情期间，深圳市长青老龄大学积极寻求学员诉求最大公约数，不断探索网上教学的新模式。在"互联网＋"教学的趋势下，邀请专业老师录制课程视频，根据学员需求，开设特色课程，将课程搬上网络，让各位学员足不出户即可学习，网络远程教学增强了老年大学的吸引力和受众面，为老年学员在疫情期间提供了更加灵活便利的学习机会。

加强课程建设和教师队伍建设。深圳市长青老龄大学制定了《长青老龄大学兼职教师管理办法（试行）》，明确教师聘用准则和教师职责。区级长青老龄大学也会协助市级长青老龄大学或独自建立区级师资库,开展师资遴选、培训、评估与管理工作。

深圳改革开放以来持之以恒的实践探索,为全市老年教育实践、为深圳老年教育的发展打下了坚实的基础,形成了"老干中心 + 老年大学"双推进机制以及多元参与的社区老年教育发展格局。

第五章
深圳老年教育迎来新发展机遇

一　深圳老年教育的主要成就和基本经验

（一）形成"老干中心＋老年大学"的双推进机制

深圳老年教育的发展与我国老年教育发展基本同步。我国老年教育实际上是党委主导、多元力量参与的办学模式。老干部活动中心，作为老干部教育的核心阵地，积累了丰富的教学经验，拥有扎实的办学基础。深圳市建立起了由各级"老干中心＋老年大学"共同推进老年教育发展的格局，是深圳市牢固树立为广大老年人服务、为社会发展服务的办学理念，是深圳市紧扣时代脉搏和深圳市委、市政府中心工作的有力回音。目前，深圳市长青老龄大学，10 个区（新区）长青老龄大学和深圳市 3 所市直属长青老龄大学均以老干部活动中心为依托，合理利用其场地及教学资源，办校开课，不断丰富老年大学内涵，推动老年教育高质量发展。

深圳市老干部活动中心为市级长青老龄大学提供优良的教学场地资源。在此基础上，深圳市长青老龄大学秉持按需施教、科学引导的理念，为满足老同志的潜在需求，共设 12 个学科门类、21 个专业、40 门课程。此外，学校设有 18 间专业教室、5 间普通教室，各教室配备相应媒体设备和专业器材，有效满足了各专业的教学需求。

福田区作为深圳市的"中心城区""首善之区"，除经济建设成就以外，更加注重人民群众的幸福感受。福田区老干部活动中心的场地于2000年9月正式投入使用，隶属福田区委组织部。同年，在该场地成立福田区长青老龄大学。2016年，在深圳市委老干部局和深圳市长青老龄大学的大力支持下，福田区长青老龄大学正式挂牌，到今天已发展成为一所多学科、多层次的综合性老年大学。

南山区是深圳科研、教育及体育中心，深圳大学、深圳大学城、深圳市高新技术产业园、深圳湾体育中心等皆坐落于此，都市的繁华、科技的创新、教育的底蕴以及多种民俗文化在此交融，承载了厚重的人文记忆与文化积淀。南山区老干部大学创办于1994年，2015年12月设立蛇口教学点，现有教室、活动室20个，开设8个专业70个教学班，就读学员900余人。2020年，南山区在老干部活动中心大楼挂牌成立南山区长青老龄大学。此后，南山区长青老龄大学依托良好的场地资源开展日常教学活动。

深圳市海关长青老龄大学在市直单位长青老龄大学中具有一定的代表性，各类教育教学活动内容丰富，学习氛围浓厚。2013年，深圳市海关长青老龄大学在深圳市海关老干部活动中心场地挂牌，建筑面积4800多平方米，现设有20个教学班，在读学员1000多人次。学校以"增长知识，陶冶性情，丰富生活，促进健康，服务社会"为办学宗旨，坚持文化养老的办学方向，在不断丰富离退休干部精神文化生活的基础上，探索营造海关老年教育的特色内涵与氛围。

（二）形成多元参与的社区老年教育发展格局

深圳在实践自主办学的同时，积极引入各级职能部门、社会、市场及志愿者的力量，使老年教育呈现多元化的发展格局。例如，在职能部门参与老年教育办学方面，龙岗区充分依托各级党群服务中心、老干部活动中心、"夕阳红"项目等阵地、平台，于 2014 年在全区的街道和社区层面建成老年大学。同时，龙岗区还积极协调和利用本区老干、教育、民政、卫健等涉老部门的资源，推动老干部教育的网络化全覆盖发展。在社会力量参与层面，福田区依托辖区内的华强职校，于 2005 年共同创办社区学院，免费为老年人开设钢琴、模特、合唱、声乐等课程，深受学员欢迎。2013 年 3 月创办的华龄老年大学位于莲花北社区，由深圳市华龄老年服务中心运营，专门为老年朋友提供文化学习和艺术培训等服务，每学期有近千名老年人来此学习、交友。

同时，老年大学在师资队伍建设和教学管理层面也采用多元参与形式，例如，龙岗区布吉街道老年大学除了专业师资力量外，还招募志愿者和有资历的老学员不定期担任教师。志愿者教师是布吉街道老年大学教师队伍的重要来源，而老年学员在经历一定时段的学习之后，具有一定的专业水平，也成为教学工作的重要力量。这种多元化的教师队伍来源有助于提高老年人的学习积极性，能保障老年大学长期有效运行。在教学管理工作中，老年大学也会邀请有资历的老学员与教师共同组建工作小组，开展课程监督、学员管理及师资评价等工作。

二 深圳老年教育发展的特点与时代机遇

（一）深圳老年教育发展的现状及存在的问题

2020 年 10 月，深圳市长青老龄大学面向全市 10 个区（新区）的老年人开展了教育需求调查，共收到 12614 份有效问卷。这些问卷在反映深圳市老年人教育需求的同时，也有助于进一步挖掘深圳老年教育的内生动力、探索深圳老年教育发展的优化模式。

1. **供给结构较不均衡，亟须规模化发展**

优质教育资源分布不均衡。从调查结果来看，深圳市各级长青老龄大学能够提供的教学资源和每日往返距离是影响老年人选择就读学校类型的重要因素。一般来说，在市级校和其他三级校距离相近的情况下，老年人首选市级校。深圳各区（新区）老年人就读老年大学的类型如图 5 - 1 所示。

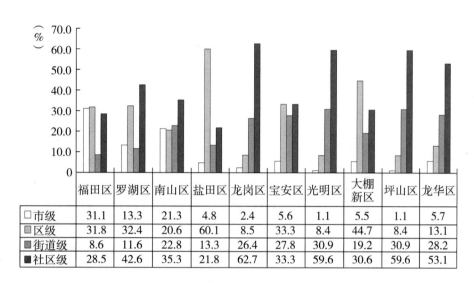

	福田区	罗湖区	南山区	盐田区	龙岗区	宝安区	光明区	大棚新区	坪山区	龙华区
□市级	31.1	13.3	21.3	4.8	2.4	5.6	1.1	5.5	1.1	5.7
区级	31.8	32.4	20.6	60.1	8.5	33.3	8.4	44.7	8.4	13.1
街道级	8.6	11.6	22.8	13.3	26.4	27.8	30.9	19.2	30.9	28.2
■社区级	28.5	42.6	35.3	21.8	62.7	33.3	59.6	30.6	59.6	53.1

图 5 - 1 深圳各区（新区）老年人就读老年大学的类型

因此，优越的地理位置和优良的教学条件，成为老年人就读老年大学最看重的因素之一。当前，老年人更加注重精神生活，希望在闲暇时间进行自我提升、丰富精神生活。综合对照老年大学建设的相关国家规范标准，住房和城乡建设部在 2018 年发布的《城市居住区规划设计标准》中有关老年人设施配置的规定也提到，在 15 分钟生活圈内，应配建老年人活动中心和老年大学。因此，深圳市建立的全面覆盖的四级长青老龄大学网络，形成了规模化发展，有效解决了此问题。

如图 5 - 2 所示，深圳户籍老年人和非深户籍老年人在四级学校就读的比例存在差异，在社区级长青老龄大学就读的非深户籍老年人比重高于户籍老年人，而在市级、区级和街道级长青老龄大学就读的非深户籍老年人比重均低于深圳户籍老年人。通过分析深圳户籍老年人和非深户籍老年人在四级学校就读的比重，我们可以做出初步判断，相较于非深户籍老年人，深圳户籍老年人更容易获得优质教育资源。在四级长青老龄大学体系中，市级长青老龄大学能够提供最优质的教学资源，一般来说教学资源随着层级向基层延伸而变少，但深圳市的街道级长青老龄大学的教学资源仅次于市级长青老龄大学，另外，在社区又是另一番景象，社区级长青老龄大学所能够提供的教学资源最少。在市级长青老龄大学就读的户籍老年人比重比非深户籍老年人高 7.2 个百分点，就读于区级学校的户籍老年人比重比非深户籍老年人高 9.7 个百分点。

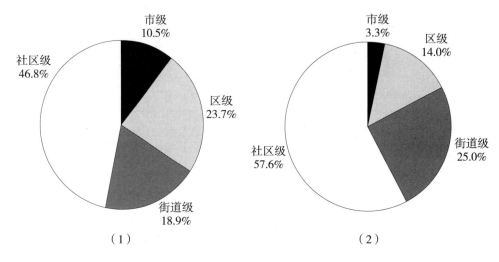

图 5-2　深圳市户籍老年人（1）与非户籍老年人（2）就读的学校类型

随着我国进入老龄化社会，老年教育供需矛盾日益突出，许多地方出现了老年大学"一座难求"的现象，深圳也不例外。

老年大学提供的教育资源有限。深圳老年人参与老年教育的类型包括长青老龄大学课程、社区学院课程、社区讲座和企业举办的健康活动。

相较于其他老年教育机构，长青老龄大学规模大、课程体系性强、教学内容丰富、管理和课程组织较为规范，是老年人的第一选择，但市级、区级长青老龄大学招生名额有限、覆盖面不广，仅能满足少量老年人的需求；社区学院的课程以兴趣班为主，方便社区居住的老年人学习，但课程相对单一、体系性不强；社区讲座主要以健康养生讲座为主，聚焦老年人关心关注的问题，与老年人生活息息相关，受到老年人的欢迎，但因讲座内容不宜重复，举办次数受限。

从图5-3、图5-4可以看出，深圳户籍老年人和非深户籍老年人都有超过96%的老年人以不同的形式参与老年教育，仅有2.78%的深圳户籍老年人从未参加过老年教育，仅有3.29%的非深户籍老年人从未参加过老年教育。但是两个群体参与长青老龄大学课程的比重都不高，分别是31.87%和29.39%。

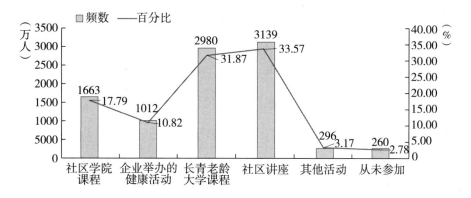

图5-3　深圳户籍老年人参与老年教育的类型

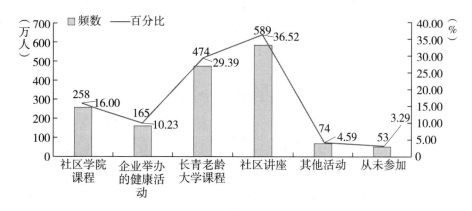

图5-4　非深圳户籍老年人参与老年教育的类型

深圳户籍老年人和非深户籍老年人参与老年教育的类型基本一致，他们选择老年教育的顺序依次为社区讲座、长青老龄大学课程、社区学院课程、企业举办的健康活动和其他活动。

无论是深圳户籍老年人还是非深户籍老年人，社区讲座都是他们参与老年教育的首选，占比分别为 33.57% 和 36.52%，分别有 31.87% 和 29.39% 的深圳户籍老年人和非深圳户籍老年人参加长青老龄大学课程，社区学院课程在老年教育方式选择中的排名为第三，深圳户籍老年人和非深圳户籍老年人的占比分别为 17.79% 和 16.00%，三者的总比重在深圳户籍老年人和非深户籍老年人参与老年教育的选项中均超过 80%。与之相对的是，分别只有 10.82% 的深圳户籍老年人和 10.23% 的非深户籍老年人参加过由企业举办的健康活动。

从调查结果可以看出，大多数老年人更加倾向于参与由政府或社区提供的老年教育，只有一少部分老年人有意愿参加企业活动。

从图 5-5、图 5-6 中可以看出，学历水平影响深圳户籍老年人和非深户籍老年人选择老年教育的类型。随着学历水平的提升，深圳户籍老年人参与社区讲座和社区学院课程的比重呈下降趋势，而参加长青老龄大学课程的比重呈上升趋势。深圳户籍老年人中，硕士研究生及以上学历的老年人参与企业举动的健康活动的比例最高；非深户籍老年人中，初中学历的老年人参与企业举办的健康活动的比例最高。

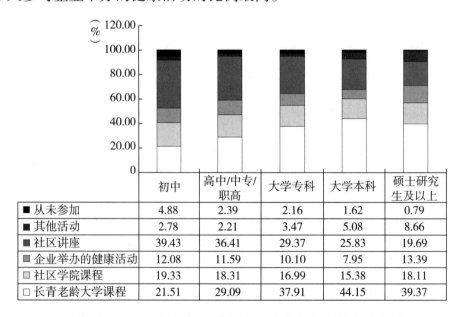

	初中	高中/中专/职高	大学专科	大学本科	硕士研究生及以上
■ 从未参加	4.88	2.39	2.16	1.62	0.79
■ 其他活动	2.78	2.21	3.47	5.08	8.66
■ 社区讲座	39.43	36.41	29.37	25.83	19.69
■ 企业举办的健康活动	12.08	11.59	10.10	7.95	13.39
□ 社区学院课程	19.33	18.31	16.99	15.38	18.11
□ 长青老龄大学课程	21.51	29.09	37.91	44.15	39.37

图 5-5　不同学历的深圳户籍老年人参与老年教育的类型

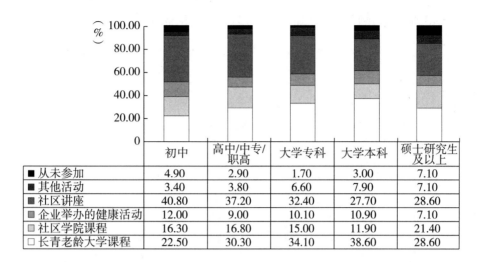

	初中	高中/中专/职高	大学专科	大学本科	硕士研究生及以上
■ 从未参加	4.90	2.90	1.70	3.00	7.10
■ 其他活动	3.40	3.80	6.60	7.90	7.10
■ 社区讲座	40.80	37.20	32.40	27.70	28.60
■ 企业举办的健康活动	12.00	9.00	10.10	10.90	7.10
■ 社区学院课程	16.30	16.80	15.00	11.90	21.40
□ 长青老龄大学课程	22.50	30.30	34.10	38.60	28.60

图5-6 不同学历的非深圳户籍老年人参与老年教育的类型

退休前的职业类型显著影响深圳户籍老年人选择老年教育的方式。如图5-7所示，在深圳户籍老年人中，退休之前为机关单位人员和行政事业单位人员的都将长青老龄大学课程作为老年教育的首选，占比分别为45.8%和39.7%，而在退休前分别为企业人员、自由职业者和无职业者参加长青老龄大学课程的比重分别为31.1%、21.9%和20.6%（见图5-7）。

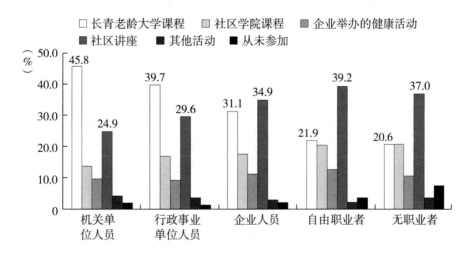

图5-7 退休前不同职业深圳户籍老年人参与老年教育的比重

如图5-8所示，退休前的职业对非深圳户籍老年人非深户籍老年人老年教育方式选择的影响不显著。对于这五类职业的非深圳户籍老年人来说，选择社区讲座的比例都是最高的。另外，退休前为机关单位人员、行政事业单位人员和企业人员选择长青老龄大学的比例相似，分别为 32.8%、33.2% 和 30.8%。

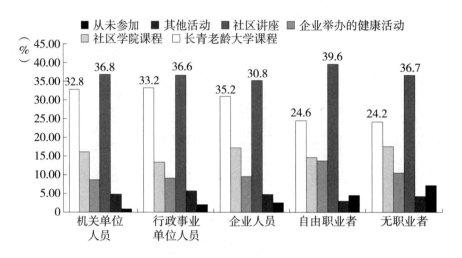

图5-8 退休前不同职业非深圳户籍老年人参与老年教育的比重

2. 供给内容质量较低，亟须高质量发展

课程单一与多样学习需求不匹配。低龄活力老年人的学习和精神需求层次不断提高，需要通过不断接受具备现代社会元素和信息的老年教育，来达到融入、适应和参与现代社会生活、体现人生价值的目的。目前，深圳老年教育的课程内容较为基础，教育内容不够丰富，服务覆盖面较小，课程设置同质化，仅有部分长青老龄大学在书法、音乐、绘画等课程设置上有"初级"、"中级"和"高级"等层次的划分，可满足不同基础老年人的学习需求。

机制不畅与多级网络构建不匹配。课程设置有待细化，需要充分根据学员的基础进行分层教学。区级、街道级、社区级三级网络定位不明确，学制不清晰，存在老学员多年只上一门课"永不毕业"、新学员"挤破门槛"无法入学现象。师资队伍不足、尚无老年教育理论研究团队，学校运营、课程设置、教师教学等均缺乏理论指导。街道级、社区级长青老龄大学基本上是各自独立运作，缺乏有效的联动与交流。

教育意识不强与社区教育趋势不匹配。街道和社区层面对老年教育缺乏必要的认识，主要还停留在搞活动、组织兴趣社团，尚未意识到老年教育是终身教育的重要组成，老年教育课程应是体系化、标准化的。认识缺乏导致行动不力，社区教育以青少年教育活动为主，社区老年教育活动多为自发组织、自行开展。

课程标准建设与课程体系构建尚待完善。由于缺乏明确的理论指导，尚未建立科学统一的课程标准。大部分课程建设或以部分或多数老年人的学习需求为主或以能引用的师资力量为依据开发校本课程，缺少合理的规划设计和科学的老年教育理念。此外，由于没有科学规范的课程建设标准，各老龄大学课程体系划分存在差异，甚至同一门课程，各个学校在课程名称、内容设置、评价考核等方面相差甚远。各个社区老年教育发展不平衡，有的社区老年教育活动开办得丰富多彩，活动人数多，活动时间充足，开办历史悠久，还能发挥辐射带动作用，有的社区没有开展专门的老年教育活动，仅凭老年人兴趣团队即兴开课。

学术性不强与老年教育教学发展不匹配。老年教育的"学术性"是指通过专门知识的系统教学和应用，提升老年人综合能力素质，使其积极应对生命过程中遇到的问题，妥善处理自己与他人、社会、自然之间的关系，实现个体生命的价值和意义。由此看来，老年教育的学术性更重视结合老年人的身心与认知特点开展分层分类教育。[1] 当前，老年教育课程设置缺乏规范性，教材不足，课程以兴趣实践为主，教材多以教师多年教学经验为基础进行编写，缺少系统性的知识以及对老年人需求的把握，老年教育专业化发展能力不足。

---

[1] 董勇：《老年学术性继续教育：高校老年教育的目标定位和发展路径》，《高教论坛》2020年第6期。

因此，在新阶段，深圳老年教育在扩大供给规模、合理配置资源的同时，也亟须探索高质量规范化发展路径，以满足广大老年人的需求。

（二）深圳市老年人口特点对老年教育发展提出更高要求

深圳是一座人口人均年龄仅 30 多岁的年轻城市，预计在 3~5 年后方步入老龄化社会，同时，深圳市经济发展一直保持在稳步增长的合理区间，这为有效应对人口老龄化提供了难得的机遇期。深圳市从"十三五"开始，老年人口增长进入快车道，近年来已进入老年人口的加速增长期。有调查显示，自 2015 年开始，第一批来深建设者陆续步入 60 岁，成批的来深建设者同期奔老，老龄人口呈"机械性"增长；另外，深圳作为移民城市，大量随迁老人以及随子女来深居住的养老人员大幅增加，常住老年人口也呈同步增加趋势，出现"断崖式"养老压力。民政部门的一项统计数据显示，深圳市老年人口增长率是常住人口增长率的 8.4 倍，老年人口短期内迅速增加。[①] 加之非户籍老年人因为季节性迁移带来的数量波动，"候鸟式养老"特点为老龄工作增加了挑战。

据深圳市历年国民经济和社会发展统计公报数据测算，2015 年底，深圳市 60 周岁以上户籍老年人为 23 万多人，占户籍总人口的 6.5%；2017 年底，全市 60 周岁以上户籍老年人为 28.87 万人，占户籍总人口的 6.6%；2019 年底，全市 60 周岁以上户籍老年人为 33.76 万人，占户籍总人口的 6.92%；截至 2020 年底，全市户籍老年人口为 35.9 万人，户籍人口老龄化率约为 7%，实际上需服务管理的老年人超百万人。深圳老年人口呈现低龄活力老人占比高、户籍与非户籍老年人口规模严重倒挂、老年人口分布密度高、"候鸟式"波动等特点。[②]

---

① 刘晓玲：《深圳建设老有颐养标杆城市的路径分析》，《就业与保障》2021 年第 2 期。
② 廖远飞：《聚焦"老有颐养"打造积极应对人口老龄化的"深圳样本"》，《中国民政》2020 年第 24 期。

深圳老年人口年龄相对较低。深圳市统计局及电子政务资源中心数据显示，深圳常住老年人中低龄（60～69岁）占七成，从第四次中国城乡老年人生活状况抽样调查来看，较2015年全国低龄老人占比（56.10%）高出15.78个百分点，老年人结构相对年轻，老年人身体较健康且社会参与度高，社会学习能力较强，对"老有所学"的愿望强烈。

深圳老年人口素质较高。深圳老年人口中，受教育程度为"大专及以上"的占比为21.64%，比第四次中国城乡老年人生活状况抽样调查结果中的全国水平（3.10%）高19.54个百分点。另外，老年人口收入水平较高。深圳64.07%的老年人的平均月收入在2000元以上，大部分老年人的收入集中在2000～3999元。根据第四次中国城乡老年人生活状况抽样调查数据，2014年全国城镇老年人的人均收入每月约2000元。相比全国城镇老年人收入水平，深圳老年人口整体收入水平较高。较高的学历和稳定的收入为深圳老年人追求更优质的教育资源及精神满足提供了必备的条件，也对老年教育提出了更高要求。因此，发展高质量老年教育对于深圳来说刻不容缓。

（三）高品质发展被提上日程，推动老年教育先行示范

为贯彻落实积极应对人口老龄化国家战略和"中国特色社会主义先行示范区"建设要求，深圳正积极建设，努力成为"老有颐养"民生幸福标杆城市。发展高质量老年教育是深圳成为老有颐养先行示范城市的重要工作及评价标准之一。

在线教育先行先试，服务老人规模不扩大。深圳市在老年教育信息化上先行先试，市级长青老龄大学大力发展网络教学，各区级长青老龄大学在市校的引导下，也大力发展网络教学，特别是在疫情期间发挥了巨大作用，受到老年朋友们的称赞。深圳老年人对网络教育的接受程度较高。

盐田区充分利用网络技术，让更多有志于学的老年人能够进入区级学校学习，选择在盐田区级学校就读的老年人比重为60.10%。盐田区长青老

龄大学共开设课程 16 门，有 28 个班级，可提供 1000 个学位。为了进一步缓解学位紧张的状况，盐田区长青老龄大学采用线上教务系统，在"盐田长青"微信公众号链接"网上老年大学"，形成"线下 + 线上"的教学模式，丰富和完善了长青老龄大学课程内容和形式。由于距离远，盐田区就读市级长青老龄大学的老年人比重低，而区级学校的教学资源丰富，并采取线上教学模式，打破了地域限制，因此吸引的区内老年人最多。

2020 年新冠肺炎疫情暴发后，面对线下教学无法开课的情况，深圳市各级长青老龄大学积极推动线上教育活动。如图 5-9、图 5-10 所示，无论是深圳户籍老年人还是非深圳户籍老年人，都有接近 50% 的老年人愿意接受在线教育。老年人在防疫期间通过在线教育，可以在家学习，也能够随时复习，因而在线教育广受老年人欢迎。

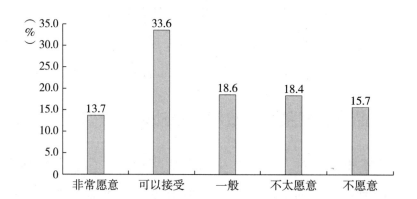

图 5-9　深圳户籍老年人对在线教育的态度

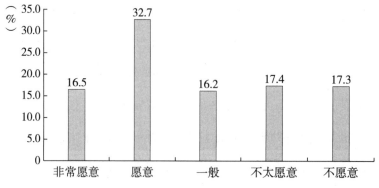

图 5-10　非深圳户籍老年人对在线教育的态度

其中，光明区长青老龄大学有效落实"停课不停教、停课不停学"，依托本校人力资源和现代化设施设备，结合光明区老年教育发展的实际情况，积极搭建网络教学平台。在2020年上半年开发出面向光明区辖区内老年人施教的老年大学网课平台——"乐龄云课堂"教学平台，7月开始邀请辖区内专业讲师、全市范围内优秀制作团队开展相关工作，9月开始正式上线微课堂，从而在疫情期间为老年人提供了方便快捷、种类丰富的教学资源。

"乐龄云课堂"以生动亲切的教学方式、精心的音像制作、新颖别致的教学内容，受到校内外数万名老年朋友的欢迎和赞誉，获得了良好的口碑和教学效果，为持续推进老年教育升级转型打下了良好的基础。

当前，老年教育已受到各级政府的重视，以时代为导向采取一系列有力措施——拓宽老年教育的新领域、增添新内容，如通过讲座、老年大学、个别辅导等多种形式，开展营养与保健、音乐与手工、职业技能训练及康复护理等多方面的老年教育内容。同时，政府有关部门从实际出发，重点在课程设置、师资建设、教材建设、教学管理等方面加强研讨，吸收和借鉴外地先进经验和优秀成果，以此来推动老年教育工作更上一层楼，确保经济和社会稳定发展。

从调研样本来看，老年人最感兴趣的也是地方特色文化课程，其次是国内思想政治教育类课程。老党员相比其他群体，更愿意参与党史与新思想课程。

文艺义演与便民服务是老年人最愿意参加的志愿活动。相对于其他学校学员，市级学校学员更愿意参与扶贫帮困、校务管理、心理帮扶、校外党员学习、校务管理；区级学校学员更愿意参与文艺义演、兴趣艺术团、学习成果展演、赛会服务；街道与社区级学校学员更倾向参与便民服务、关爱育人、社区调解、政策宣讲、建言献策。

"活到老、学到老"，继续受教育，是老年人的需求，更是老年人的权利。老年教育是深圳老年人关切的"身边小事",解决深圳老年教育"一座难求"问题也是老年人关心的"急事"和"难事"。从深圳市长青老龄大学教育需求调研情况来看,随着老龄化程度不断加深,老龄群体学习需求将向多元化、个性化、深层次发展,长青老龄大学的建设发展需要满足不同出身、不同阶层以及不同文化习惯与生活阅历的老年人。

因此,开展体系标准化建设,落实思想建设、阵地建设、制度建设、教学建设、队伍建设、文化建设,实现老年教育资源优化配置,推动老年教育高质量发展是关系老年群体切身利益、关系社会和谐稳定、全面建成小康社会和打造"老有颐养"民生幸福标杆城市的重大民生问题。

创新篇 以标准引领推动老年教育『先行示范』

2019年2月，《粤港澳大湾区发展规划纲要》正式出台，同年8月，《中共中央 国务院关于支持深圳建设中国特色社会主义先行示范区的意见》发布，国家赋予深圳重大历史使命，对深圳提出了更高要求。深圳老年教育事业肩负先行先试及创新示范的双重使命，构筑深圳市老年教育发展新格局的重大契机已经显现，对发展策略选择与质量成效提高等提出了更高要求。

2020年6月15日，深圳市委组织部和深圳市委老干部局联合印发《关于推进长青老龄大学体系标准化建设的通知》（以下简称《通知》），正式拉开了深圳老年教育标准化办学的帷幕，此举为有效推动深圳市老年教育事业发展按下"快进键"，竭力在新时代老年教育发展的新阶段砥砺奋进。2020年6~8月，长青老龄大学体系标准化建设课题组赴深圳市10个区调研，旨在了解标准化建设工作推进过程中的问题，提供有针对性的指导；2020年8月12日，南山区召开"区－街道－社区"三级长青老龄大学体系标准化建设工作部署会；2020年8月13日，深圳市委老干部局召开长青老龄大学体系标准化建设工作调度会；2020年8月24日，坪山区、大鹏新区分别召开推进长青老龄大学体系标准化建设调研会；2020年9月1日，市长青老龄大学与深圳职业技术学院签署共建协议，合作共建市长青老龄大学，在深圳职业技术学院成立内设二级单位"长青老龄教育学院"；市长青老龄大学与市委党校、市科协、深圳大学、深圳职业技术学院、深圳广播电视大学等共同打造的MOOC课程资源共享平台——"银智e学堂"正式启用，并建立长效机制，引进线上课程186门；举办市长青老龄大学新学年"开学第一课"，邀请深圳市原副市长、哈尔滨工业大学（深圳）经管学院教授唐杰授课，线上收看超110万人次；2020年9月11日，龙岗区召开长青老龄大学体系标准化建设推进会；2020年9月16日，市管退休干部精品培训课程班第一期开班（共开发7门市管退休干部精品培训课程）；2020年9月18日，《关于长青老龄大学分校更名的通知》发布，市长青老龄大学10所分校进行统一更名；长青老龄大学统一校徽、校牌设计稿发布；2020

年9月21日，南山区举行第一批街道、社区长青老龄大学揭牌暨校长培训班开班仪式；2020年9月22日，宝安区召开长青老龄大学体系标准化建设推进会，此后，各区先后举办长青老龄大学揭牌仪式。

短短一年时间，长青老龄大学体系标准化建设已取得一定成果：全市已基本形成"市－区－街－社"四级教学网络，将优质老年教育资源的触角延伸到社区基层，目前全市已完成488所长青老龄大学挂牌，年均累计提供学位5万余个；打造"银智e学堂"MOOC课程资源共享平台1个，入库课程186门；搭建深圳老干部（老年）教育展示平台"同乐舞台"，参与学员近3000人次；运用全景观展技术推出"致敬岁月·逐梦先行"线上书画摄影展，点击量近3万次；举办第三届深圳长青老年钢琴交流活动，吸引粤港澳大湾区9市400位老年选手"云端竞技"，点击量逾150万次。

在深圳市长青老龄大学体系标准化建设推进过程中，各区街社校结合自身资源的"禀赋"及办学的"底子"，在职干部、老党员及热心老同志秉持对老年教育的理想、激情及实干的精神，依托长青老龄大学体系标准化的定位和美好蓝图，在祖国的南海之滨留下了一段段老年教育先行示范创新的佳话。

第六章
机制创新：老干部教育引领老年教育

人口老龄化是当前我国面临的一个重大社会问题，老干部工作与老龄事业发展密切相关。老干部是在我国特殊历史条件下形成的特殊群体，广大老同志为我国革命和建设做出了巨大贡献。今天，他们仍然是推动中华民族伟大复兴历史进程的重要力量。老干部工作是党的组织工作、干部工作的重要组成部分，也是全社会老龄事业的重要组成部分。中共中央办公厅、国务院办公厅发布的《关于进一步加强和改进离退休干部工作的意见》明确要求"顺应老龄事业发展趋势，坚持社会化管理服务方向，积极、稳妥、协调相关工作"。

"以老干部教育引领老年教育"，聚焦的是老干部教育的标杆力量和高质量发展趋势，以及其对老年教育发展的引领作用。在我国当前人口老龄化的背景下，老干部教育已成为老年教育的重要组成部分，各地政府部门、行业企业、高校等开办的老年大学都已采取多种形式，逐步从服务本单位、本系统离退休职工向服务全社会老年人转变。[①] 但在当前历史阶段，如何充分利用好、发挥好老干部教育的优势与力量，如何在新形势下统筹好两个方面，实现老干部教育与老年教育科学融合，是当前和今后老年教育发展

---

① 《广东省人民政府办公厅关于大力推动老年教育发展的实施意见》，http://www.gd.gov.cn/gkmlpt/content/0/146/post_146125.html#7，最后访问日期：2021 年 4 月 18 日。

中的一个重大命题。

深圳一直把老干部教育作为一切老年教育工作的基础性和先导性工作来抓，经过 30 余年的发展，深圳市老干部教育的教学底蕴浓厚，已初步形成规范化办学格局。深圳坚持以老干部教育为"切入口"，围绕"老有颐养"目标，依托老干部教育的发展成果，通过老干部工作充分调动广大老同志的积极性，引导老同志利用自身政治和经验优势在新时代的建设工作中发挥作用，同时搭载全市若干个老干部教育学习阵地，将老干部教育作为"主引擎"，有效促进老干部教育与老年教育深度融合，将老干部教育的内涵惠及老年教育的方方面面。

以老干部教育推动全市老年教育发展，这既是深圳市构筑高质量"老有颐养"民生幸福城市的迫切需要，也是在新时代用老干部工作扛起老龄事业重大责任的要求。我市力争以创新示范开拓新视野、以老干部工作增强新动能，打造深圳市老年教育事业的发力点。

一　党建引领，凝聚统筹发展新合力

以习近平新时代中国特色社会主义思想为指导，紧紧围绕"双区"建设这个最大的大局、最中心的工作，立足"先行示范"目标。深圳市老干部教育把握新发展阶段、贯彻新发展理念、构建新发展格局、推动高质量发展，坚持"夕阳对象、朝阳事业"的追求，牢固树立全领域理念，构建"党委统筹、各方参与"的工作格局，探索与老龄事业发展趋势相适应、相衔接、相协调的工作机制，充分发挥示范引领作用，将党建引领贯穿标准化办学的方方面面。

（一）党建是老年教育发展的"红色动能"

40 多年来，深圳逐步变为一座现代化国际化创新型大都市。习近平总书记指出，深圳的发展，是中国改革开放的一个代表作，是一个中国奇迹，也是一个世界奇迹。铸造这一奇迹的正是中国共产党。40多年来，深圳始终坚持和加强党的领导，把抓好党建作为最大政绩，与时俱进、勇于创新，不断强化城市基层党建工作，努力提高党的建设质量，夯实党在城市中的执政基础，让城市发展充满"红色动能""别样澎湃"，打造彰显中国共产党先进性、纯洁性的"精彩样板"，为深圳城市发展提供了坚实组织保障。

我国老干部教育自改革开放起开始蓬勃发展，各地老干部大学主要由老干部局牵头开办。老干部大学是党和政府联系广大老同志的重要桥梁和纽带，同时其作为政治机关，要旗帜鲜明讲政治，政治属性始终是老干部大学的第一属性，党建工作即是贯穿老干部教育的一条主线。

（二）"临时党支部"夯实党建组织架构

在长青老龄大学体系标准化建设推进过程中，长青老龄大学以党建工作为统领，着力构建"大党建"工作格局。为主动与老党员所在党组织建立"双向联系、双向沟通、双向反馈"的互动衔接机制，全市各级长青老龄大学以校、院、系、班为单位，分级组建临时党支部或临时党小组。以系为单位成立临时党支部，在各个教学班、活动组织设立党小组，每个教学班正式党员人数超过3人就可以成立1个临时党支部，临时党支部书记由批准临时党支部成立的党组织指定。其中，在市长青老龄大学，各系和教师队伍成立了9个临时党支部，各教学班、活动组织组建了148个党小组，不断强化教学班级党组织建设。疫情防控工作开展以来，长青老龄大学充分发挥党组织战斗堡垒和党员先锋模范作用，做到党员带头宣传、带头落实、带头引导。

老干部大学是离退休干部政治建设、思想建设、党组织建设的重要阵地，老干部教育工作把思想政治建设放在突出位置，而且贯穿始终，让老同志在愉快学习、健康活动中凝聚和释放正能量，将学到的知识和获取的正能量传播给社会，这对于弘扬良好风尚、构建和谐社会起着不可忽视的引领作用。

（三）"两课一堂"创新党建教育形式

"创新"，意味着走前人没有走过的路，或者在前人道路的基础上挖掘出新的特色亮点。市长青老龄大学坚持办好开学第一课、思想政治公共课和长青讲堂，坚持把政治要求贯穿课程设置、师资选配、课堂教学全过程。

一是依托智慧化平台开发党建学习模块，以党建引领教学，建立"横向到边、纵向到底"的学习组织架构，构建"有组织、有管理、有指导、有服务"的学习模式，推动思想政治教育覆盖全体学员、贯穿老干部教育工作各个环节。

二是利用线上线下相结合的形式开展授课，引导老同志不断增强"四个意识"，坚定"四个自信"，做到"两个维护"。共开设线上公开课16次，参与老同志共计6万余人次。

二 纵向四级联动，推动全域化办学

深圳作为一座年轻的城市，经过40余年高速发展，外来人口持续涌入，截至2020年底，全市60周岁以上户籍老年人口约35万人，户籍人口老龄化率约为7%，虽暂未达到人口老龄化标准，但深圳老年人对高质量精神文化的需求在不断增长，如何更好地将优质的老年教育资源惠及更广大老年人、更好地满足广大老年人的需求，对深圳建设"老有颐养"的民生幸福标杆城市至关重要。

市长青老龄大学坚持全生命周期理念，积极贯彻全链条理念，打造家门口的老年大学，打通老年教育"最后一公里"；按照"市级立标准、区级做示范、街社强服务"的思路，建立健全"市－区－街－社"四级办学网络，强化标准化建设的各项任务落实，持续提高办学成效。

（一）党委统筹，建立四级办学网络

近年来，随着人口老龄化的进程加快与老年人对"老有颐养"的美好期待，深圳市老年教育进入快速发展阶段，在机制建设方面进行了一些探索。一是坚持全生命周期理念，倡导"学习是最好的养老"，推动打造终身学习型城市，建立"市－区－街－社"四级办学网络。同时，深圳市委老干部局建立了"党委统筹、多方联动"的协同推进机制，由各级组织部门牵头抓总，教育、民政、卫健等相关职能部门积极参与，建立长青老龄大学校长联席会议制度，加强市、区、街道、社区四级老年大学工作联动协同，共同推动资源共享，形成工作合力。二是旗帜鲜明地把握正确的办学方向。各级长青老龄大学以体系标准化建设为抓手，以党委统筹，推动本校品质化与品牌化发展。三是进一步加强各级长青老龄大学校领导班子建设。在市委的高度重视和关心下，经市委组织部部务会研究决定，由市政协原主席戴北方接任市长青老龄大学校长。

（二）区校主导，带动街社积极参与

全面联动，提高参与率。自体系标准化建设工作开展以来，各区坚持以区级长青老龄大学为主导，区、街道、社区三级联动，布局社区长青老龄大学建设，推动优质老年教育从区上集中建设向社区分散布局转型；以社区为依托，以社区现有的活动场地，共建共享社区长青老龄大学；根据社区老年居民需求开设课程、开展活动，办成广受辖区内老年人欢迎的"家门口的老年大学"，使老年人就近就便就能到社区老年学校上课学习、参加各类活动，这缓解了原来老年教育教学活动场所少、学员多、报名难的问题。探索街社积极参与老年教育的路径，构建社区老年教育体系，成为提高老年教育参与率的基本策略和发展走向。

按需设课，提升满意度。自《通知》发布以来，深圳市长青老龄大学开展了老年人学习需求调研，由各级老干部工作部门牵头，各长青老龄大学积极动员，在线发布"深圳市长青老龄大学体系标准化建设2020年工作开展情况调查问卷"，截至2020年12月31日，全市共回收问卷12014份，其中，非户籍老年人的问卷数量占比为17.1%。从问卷结果来看，深圳市参与老年大学学习的群体主要以中老年为主，50~79岁的中老年人群占到总报读人数的94.3%，低龄老年人（60~69岁）作为老年大学受教育群体中的主要参与力量，占学员总数接近五成（49.6%）。由此深圳市老年教育的发展目标得以确定，即着重针对低龄老年人群的教学内容设计，打造"银智乐学、乐为"的新时代老年人。

（三）标准贯穿，自上而下有序覆盖

坚持规划先行。习近平总书记多次强调，规划科学是最大的效益，规划失误是最大的浪费，规划折腾是最大的忌讳。深圳着力推动老干部教育一盘棋发展，将规划意识提前。长青老龄大学体系标准化建设建立健全市、区、街道、社区四个层级，加强各层级上下联动、统筹兼顾，发挥四级办学网络辐射、支撑功能，织密全面覆盖、纵横协同的老干部教育网络。按照"市级做标准、区级做示范、街社做服务"的思路，将体系标准化建设工作分为三个阶段推进：2020年，夯基础，推动阵地及基础设施建设，完善制度体系，初步建立标准化格局；2021年，做示范，细化教育、队伍、文化领域的工作措施，不断做深标准化内涵；2022年，树品牌，全面提升教育公信力、品牌传播力、示范引导力。

坚持科学规划。科学规划，重在因地制宜、精准规划。"百里不同风，十里不同俗"，深圳市各区人口老龄化程度不同、经济发展水平不一、城区建设规划存在差异，不同区域的老年群众对老年教育的需求及期待各有侧重。因此，《通知》作为标准化建设基线，从思想政治建设、阵地建设、教

学管理、课程设置、教育研究、师资队伍等方面制定了 18 个项目、40 条标准化建设指引，为全市四级老干部大学提供了基本规范，由各区把握区域优势，结合区域特色，尊重地方文化差异，开展各具特色的四级体系标准化建设工作。至 2020 年底，全市实现区级长青老龄大学全覆盖、街道不低于 50%、社区不低于 30% 的覆盖率，力争到 2021 年街道长青老龄大学覆盖率不低于 80%、社区不低于 60%，2022 年实现四级长青老龄大学全覆盖。

三 横向齐抓共管，提高全社会关注度

2020 年 4 月，广东省人民政府办公厅印发《广东省人民政府办公厅关于建立广东省养老服务部门间联席会议制度的通知》，该文件是贯彻落实省委、省政府关于加快发展养老服务的决策部署，旨在协调相关重大事项和解决重大问题，督促指导各地、各有关部门抓好工作任务落实。为进一步扩大老年教育资源有效供给，创新老年教育发展机制，共同建立健全老年教育服务网络体系，深圳市建立了老干部工作部门与相关职能部门定期联席工作机制，共同推动老年教育可持续发展。

（一）党委抓总，形成一盘棋工作机制

高位推动工作。在人口老龄化进程较快的省、区、市，老年教育早已开始规模化发展、体系化运作，各地均在此方面形成了一定的经验。上海早在 20 世纪 90 年代初就已形成 4 所市级老年大学各有侧重点的办学格局，目前有老年人学习团队 2.3 万个，人数 64 万人；杭州老年人学习共同体蓬勃发展，多次召开社区学习共同体研讨会。

深圳市长青老龄大学于 1986 年建校，成立之初仅有不足百位老干部学员，发展至今全校注册学员达 7933 人，已累计培养 12 万人次。学校还形成了涵盖运营管理、教务管理、教学人员管理、教学设备管理等方面的几十

项管理制度体系，对照"学有优教""老有颐养"民生幸福标杆，以高度的政治责任感和使命感，在全市形成了"高位推动、高效联动"的推进格局。

大走访、大排查、大调研。区组织部门、老干部工作部门按照体系标准化建设工作推进计划，结合"大走访、大排查、大调研"，带头深入社区长青老龄大学教学一线，开展体系标准化建设工作推进调研，对各街道及相关社区的实地情况、各校工作的弱项短板、《通知》文件在基层的落实情况等进行深入调研，摸清实情、发现问题，协调各方参与解决。截至2020年底，完成体系标准化建设工作情况调研报告20余份。

创新工作机制。深圳市委老干部局绘制了全市体系标准化建设工作推进任务书、作战图和时间表，由在职干部和研究人员组成4个包片指导工作组，深入一线进行指导、协调和监督，通过工作调度会、现场调研、点对点联系等方式，推动有条件、有需求的单位早建先建、应建尽建。目前全市已建成各级长青老龄大学488所，其中2020年新建342所，超额完成街道不低于50%、社区不低于30%的组建挂牌目标。

（二）部际联动，形成老年教育协同机制

深圳推动老年教育加快发展步伐，通过整合教育、民政、文化等相关职能部门，推动各部门依据职能参与工作，形成合作办学平台，促进职能部门对老年大学办学的支持；以集约式发展为方向，促进构建区域老年教育发展共同体，推动深圳市老年教育由单一的老干部工作部门主管向多部门关注的老年教育发展格局转变，为深圳市老年教育发展带来了强大新动力。

第一，建立部门联席工作机制。深圳市为推进老年教育部门联席共建，落实《通知》的发展目标和任务，促进工作的制度化、规范化以及决策民主化、科学化，建立了市委组织部、老干部工作部门，以及教育、民政、文化等职能部门联席会议机制，及时调度、安排、研究、处理长青老龄大

学建设过程中的重大问题，及时交流和沟通，统一行动，提高工作效率，促进均衡发展、共同发展。我市长青老龄大学建立协同推进机制，按照标准化要求，由市委组织部牵头抓总，相关职能部门积极参与，协同推动资源共享。在推进全市老年大学建设过程中，通过工作调度会、现场调研、点对点指导、集中业务培训等方式，推动有条件、有需求的单位早建先建、应建尽建。南山区部分社区的老年大学开办已有10余年，虽已具备一定办学规模，但缺乏有效统筹，资源不够集聚，学校发展较为缓慢，难以形成良好的办学口碑。体系标准化建设要求各校形成办学合力，为有效凝聚社区内各类涉老资源（人、财、物），共同助力老年教育发展，南山区建立联建工作机制，由区委组织部、教育局、民政局、卫健委联合印发工作方案，各自发挥业务职能优势链接资源，指导各级长青老龄大学办学，已初步形成多元参与办学的良好局面。

第二，部门联建引领社会关切。2020年8月，南山区就全区老年教育工作发展召开第一次部门联席会议，这次会议围绕完善全区终身教育体系建设，解决街、社长青老龄大学办学实际问题，推动全区老年教育一盘棋发展。这次会议使得各部门深刻领会了《通知》的相关要求，建立了全区集中统筹、部门联动的老年教育发展新格局，推动形成衔接顺畅的工作机制和服务老年教育的强大合力。南山区教育局深入持续参与本区老年教育发展，通过调研，形成了《南山区老年教育发展三年行动计划》，以终身教育的视角切入老年教育，为全区老年教育的发展提供有力支持。

（三）多元参与，构建共建共治推进机制

第一，营造学习氛围。习近平总书记指出，老干部是党执政兴国的重要资源，是推进中国特色社会主义伟大事业的重要力量。近年来，深圳市老干部工作以"银领鹏城"计划为统领，以组织建设为核心，把加强老干部政治建设、思想建设和党组织建设放在首位，充分发挥老干部党组织的

战斗堡垒和党员的先锋模范作用，聚力新定位，坚持于润物无声中根植初心使命，通过总书记重要论述上墙、党史知识上柱、党建读物上架等形式，营造放眼可见、扫码可读、随处可感的政治理论学习氛围。

第二，强化办学管理。长青老龄大学以人为本，增强服务意识，通过校院系班四级管理模式，实行院系负责制，权力下放，职能把控，注重质量监控，加强管理人员培训，注重能力提升。不断提升离退休干部党建工作的水平，引导离退休干部发挥表率作用，使其成为老年群体中的中坚力量和主心骨，带动社会上的老年人更加主动地参与到正能量活动中来，共同铭记光荣历史，不忘革命初心，永葆政治本色，继续做全面从严治党的坚定支持者和模范践行者。如南山区长青老龄大学为全区各校校长举办培训班，围绕思政教育、老年教育教学基本介绍、特色课程体验等方面邀请专家授课，安排具备教学管理经验的校长代表现场分享，为参训校长掌握老年教育先进理念、办好长青老龄大学、开展日常教学管理提供较为完整的培训；同时开展横向交流学习，筹备校长沙龙，激发老同志的主观能动性。如粤海街道名海社区长青老龄大学常务校长崔艳燕，活学活用，积极创造条件推动办学，在2020年下半年经费暂未到位的情况下便已把长青老龄大学办起来了，且在阵地建设、学校管理、课程设置等方面做得有声有色。2020年10月，各社区长青老龄大学开始招生办学，现已整合各小区活动场地600平方米用于办学，开设9个教学班，有学员300余人。

总之，老干部教育引领老年教育创新发展，是深圳老年教育高质量发展的重要创新，是在体制机制改革方面的重要探索，是深圳老年教育跨越式发展、高质量发展的重要保障。

第七章
模式创新：多方共建助力老年教育发展

2015 年 11 月 10 日，在中央财经领导小组第十一次会议上，习近平总书记提出"供给侧结构性改革"概念，提出用改革办法，提供供给结构对需求变化的适应性和灵活性，进而提高供给质量和生产效率，更好地满足广大人民群众的需要，促进经济社会可持续发展。

加大老年教育的供给力度是解决老年教育资源不足问题的关键。这要求政府必须在老年教育改革中做好规划及顶层设计，充分调动社会、社区、市场等多方参与积极性，拓宽老年教育资源供给渠道，提升老年教育发展水平及质量，实现"从缺失到多元"的老年教育可持续发展新格局。随着人口老龄化加剧和老年教育 40 多年的发展，我国老年教育形成了多层次、多元化和多形式的办学格局，包括政府部门、企业及社会的老年教育，社区老年教育以及远程老年教育等类型。

同时，深圳市推动老年教育体系标准化建设，这是落实《中共中央 国务院关于支持深圳建设中国特色社会主义先行示范区的意见》中提出的"学有优教""老有颐养"的必然要求，是积极应对人口老龄化、实现教育现代化、提升老年人生活品质、促进社会和谐的重要举措。深圳市长青老龄大学为了实现跨越式发展、构建高质量办学格局，以四级办学网络为基础，充分整合资源，引入市委党校、地方高校及相关职能部门参与共建，推动长青老龄大学多元化、专业化和可持续发展。

一　政校共建，构建老年教育专业化运作模式

老年教育是老龄化社会的一个系统性工程，涉及政府、学校与家庭。同时，老年教育与传统学校教育相比，存在以下特点：一是受教育对象身份复杂，且大多数接受过不同程度的文化教育；二是老年教育本身为非学历教育，教学内容的侧重点有所不同；三是老年大学的课程具有选学特性，老年人以自身兴趣选择课程；四是老年大学办学以"教学相长"为理念，旨在促进老年人的全方位学习。因此，老年大学是促进老年人活到老学到老、学以致用、活学活用、与时俱进，为老年人提供再学习、全员学习、全方位学习、全过程学习、团体学习的场所，其面临的核心问题是老年大学专业化发展。整合专业力量共同推动老年教育，树立成人高等教育大众化、老龄化理念，是老年教育在新时代的重要议题。

《广东省人民政府办公厅关于大力推动老年教育发展的实施意见》要求，要增加老年教育资源供给，鼓励和支持各类高等院校提供和开发老年教育学习资源。深圳市委老干部局和深圳职业技术学院合作共建长青老龄教育学院，探索长青老龄大学教学专业化运营新模式。这是深圳市积极开展老年教育领域"政校合作"的创新型探索，以"共建"的形式推动老年大学办学的"各司其职"与"紧密配合"。以高校专业力量推动老年大学教育教学规范化管理，深圳努力推动老年大学的办学更加专业。

（一）与高校共建专业化运营平台

机构共建。深圳市长青老龄大学充分借助市内高职院校在教育、教学、管理等方面大量的优势资源和丰富的办学经验，共同推动建设标准化、系统化、多元化、现代化的老年大学。2020年9月，经深圳市委组织部批准，

由深圳市委老干部局、深圳职业技术学院共同组建成立长青老龄教育学院，学院下设教学与教研相关工作部门。院领导班子由深圳职业技术学院选派在职在编干部组建。学院职能包括承担市长青老龄大学的日常教学运营与教学研究等工作，人员编制共 10 人，含正副院长，目前已全面承接开展相关工作。深圳职业技术学院相关专业的教师也加入师资队伍，对师资队伍的建设起到积极的推动作用。同时，深圳市教育局将参与筹措专项附加经费支持学校基础设施建设。长青老龄教育学院的建立旨在探索长青老龄大学专业化教学运营新模式，推动建设国际领先的标准化老年大学教育体系。

平台共建。近年来，在深圳市委、市政府的高度重视下，深圳市委老干部局精心打造老同志学习活动阵地，以市长青老龄大学为载体，不断引入新资源、探索新方法，持续推动老年大学办学发展；遵循党员"全周期管理"理念，依托市、区两级党校的优质平台和专业资源，以市、区长青老龄大学为载体成立老干部党校，在长青老龄大学加挂"市委党校老干部分校"牌子，探索建立老党员"不忘初心、牢记使命"政治思想教育长效机制。

（二）与高校共建老年教育资源平台

吸取高校经验。市长青老龄大学融合职业教育经验，更新教育理念，按照"办学特色化、管理精细化、队伍专业化、水平优质化"的理念，转变管理理念和角色。比如，福田区华强职业技术学校社区学院（以下简称社区学院）创办于 2005 年，是学校服务社区的公益性项目，目前有钢琴、模特、合唱、声乐等专业班级数十个，学员学习免费，深受学员欢迎。社区学院挂牌沙头街道长青老龄大学后，通过资源整合，不断引入校本部优质教师资源，根据老年人需求，开设钢琴、模特、合唱、声乐、旅游英语等课程，有在读学员 1200 余人。社区学院被评为福田区"社区教育先进单位"，被广东省委宣传部、省社科联授予"先进科普教育基地"称号，连续多年被评为深圳市全民终身学习活动周优秀组织单位。2020年，学校多名学员荣获"第三届深圳长青老年钢琴交流赛"传统钢琴独奏组一等奖，这标志着学校钢琴精品课程建设再上新台阶。

联合高校共建师资库。长青老龄大学以现有兼职师资为基础，通过内引外联的方式，选拔一批学有所长的学员，吸纳一批有专业技术、专业特长的人才，建立以在职人员为骨干、离退休老干部为主体的政治强、业务精、作风正的一流老年大学师资队伍，按市、区两级，分级建设长青老龄大学师资库；建立教师分类选聘、动态管理机制，与高校合作探索建立"长青师资"认证标准。截至2020年8月，市、区两级长青老龄大学已入库教师1097名。同时，从高校持续引进一批高水平师资，充分发挥名师的引领示范作用，形成名师引领、团队参与的良好氛围，进一步促进教师专业化发展。

二　社会力量参与，构建老年教育多元化运作模式

（一）引入社会组织，运营街社长青老龄大学

第一，以标准化建设统合碎片化办学。目前，深圳市有多家民营机构在社区办起了老年大学。比如，深圳市华龄老年服务中心运营的华龄老年大学，专门为老年朋友提供文化学习和艺术培训等服务，自2013年3月创办以来，每学期有近千名的老年朋友来此学习交友。这些都是非常好的资源，但这些学校隶属关系不同，在一定程度上存在着单打独斗、各自为政的现象。福田区长青老龄大学以体系标准化建设为抓手，着力加强与周边党群服务中心、涉老场所和机构的联系，充分挖掘福田区地域文化资源，以共建共享为目标，有效打破组织机构之间的壁垒，破除各自为政的

障碍，拆除相互封闭的藩篱，在融合中共赢，在共赢中发展，全力打造特色品牌。

第二，坚持让专业的人办专业的事儿。福田区香蜜湖街道通过民生微实事项目，与深圳市华龄老年大学合作成立"香蜜湖街道华龄长青老龄大学"，承接街道级长青老龄大学日常运营等工作，依托深圳市华龄老年大学成熟的管理模式，进行专业化管理。2020 年 11 月 30 日，香蜜湖街道华龄长青老龄大学正式投入运营，首期开设舞蹈、声乐、器乐、国画、摄影、语言 6 大类课程，30 个教学班招生全部满额，深受辖区老年人欢迎。

（二）实行双校长制，创新校务管理模式

在体系标准化建设推进过程中，深圳市长青老龄大学在街社级长青老龄大学创新实行双校长制，分别由在职领导（街道组织部部长或社区党委书记）和老同志担任，推动校领导班子政治建设落地见效，最大程度发挥管理势能。比如，南山区在全市率先实行双校长制，并在街社级学校落地执行。南山区街社长青老龄大学由街道党工委委员及社区党委委员分别担任街道、社区长青老龄大学校长，负责统筹指导，协调各方资源、支持保障办学所需，并遴选一名积极的老同志担任常务校长，负责具体教学事务管理。双校长相互支持，各尽其责，对街社办校起到了很好的推动作用。落实双校长制为基层办学提供了资源整合的有效抓手，双校长依据职能分工合作、协调配合，保证校园各项工作有效运转、真抓落实。如东角头社区长青老龄大学，其党委书记、校长潘道安全面整合社区资源开展办学活动，为学员讲授开学第一课，出席老龄大学的各项会议及活动，做好后勤保障，给予常务校长李平充分信任和支持，让李平阿姨可以心无旁骛地做好教学管理工作。

深圳市老干部教育发展，既要积极应对人口老龄化，与社会养老服务

体系相衔接，又要融入终身学习教育体系，这就需要坚持"开放融合、共建共享"理念来办学，创新教育和学习方式，努力发展面向每个老年人、适合每个老年人、更加开放灵活的教育体系。近一年以来，全市充分发挥党群服务中心体系阵地优势、科技优势和产业优势，推动构建"条块结合、资源共享、优势互补、共驻共建"的开放型老年大学办学新格局。

第八章
内涵创新：推动老年教育高质量发展

老年教育一般是指以老年人对教育学习的需求为导向，从而实施的有计划、有目标的教学活动，它区别于基础教育与高等教育，是具有老龄服务特色的非正规的终身教育活动。[①] 老年教育的本质是教育，无论是老干部教育还是老年教育都要尊重教育规律，要以老年人的需求为导向，以丰富老年生活、开发和培养老年人力资源为目标，遵循老年教育的教育理念和教学原则，把课程建设好、教学组织好、文化氛围营造好，使得老干部教育在思想政治建设、课程建设、师资建设、校园文化建设等教学内涵建设方面起到引领示范作用。

以高质量教学内涵托起民生福祉。深圳在建设"老有颐养"民生幸福标杆城市的过程中，各项养老服务致力于为老年人带来更多参与感、幸福感和获得感。老年教育的发展也着力为老年人带来更多更可感的教学内容。坚持问题导向、需求导向，深圳市长青老龄大学开办多类别的文化类课程，从老年人的实际出发，考虑老年人的文化需求、知识接受类别、课程内容层次，结合社会发展的需要，将课程的内容重点放在更新观念、开阔视野、转变思维方式以及形成积极的价值观、文化观等层面上，进一步推动深圳

---

① 丁红玲、张婷：《老年教育服务体系：内涵、价值意义及构建策略》，《中国成人教育》2020年第 12 期。

市老年教育内涵式发展。

一 分类培养，引导老年人"学用并举"

老年教育的本质是教育，这就要求在长青老龄大学体系标准化建设推进过程中，必须以老年人为中心，以老年人的教育需求为导向，重视每个老年人的发展需求。以此为基础，深圳在全面推进长青老龄大学体系标准化建设的过程中，坚持以习近平新时代中国特色社会主义思想为指导，创新提出"银智赋能"分类培养体系，以老干部、老年人的需求、能力、兴趣为导向，提升老年人终身学习的自主性与创造性，激发其社会参与的活力与动力，让每位老年人的学习需求都能得到满足，让每位老年人的晚年生活都能更加精彩。

（一）突出"兴趣"，强化"银智乐活"

现代化老年教育的内涵建设表现在教学对象和区域的扩展上，我国老年教育的教学对象涵盖了所有老年人，甚至逐步扩展到临退休人员；在教学范围上，也逐渐从城市扩展到农村，从东部发达地区扩展到西部欠发达地区。将全国老年人都纳入老年教育中，体现了终身教育理念，是创建学习型社会，真正实现老有所学、老有所乐、老有所为的重要举措。

培养目标。建立以内在需求和外向成长为导向的课程培养体系。以老年人兴趣爱好为中心，提升其内在文化素养，营造积极参与氛围，拓宽回馈社会的渠道，有效发挥其自身价值。

课程设置。按照学科分类，将老年教育课程划分为思政课程、通识课程、专业课程和活动课程4类，发挥思政课程的主渠道作用、通识课程的素质教育作用、专业课程的能力提升作用、活动课程的社会参与作用，满足老年人日益增长的专业化学习需求，逐步构建标准化老年教育课程体系。

（二）突出"实践"，激发"银智乐学"

现代化老年教育的内涵建设要点在于老年人的主体地位的突出：老年教育办学宗旨的升级，凸显了老年人才的开发和培养，发挥了老年人的专长和作用；老年教育价值指向的升级，使得老年人通过课程和专业的学习，掌握了现代社会的新知识与新技能，在提高自身综合素质的同时实现了其自我价值和社会价值；老年教育培养目标的升级，使得老年人通过接受老年教育，更新、升级或重构了知识结构和情感世界，提升了其生命质量和生活质量，进而使其成为融入社会的"现代老人"①。

培养目标。建立以内涵提升和能力培育为目标的专业培养体系。以老年人学习能力为基础，加强自主学习、思考能力建设，推动理论实践融合课堂建设，有效提升其综合能力。

课程设置。实行乐学与研用分级的人才培养模式，课程设置参考常规高校高职教育的专业分类，分为基础型文科专业和应用型理科专业：文科专业强调理论学习，包括教育学、艺术学、历史学、哲学、文学、经济学等，引导老年人掌握专业知识，理解专业内涵，逐步提升专业修养，增强专业意识；理科专业强调学习实践，老年人通过深入钻研技术操作，逐步提高自身的探索精神，培养应用型思维能力。

（三）突出"学用"，塑造"银智乐为"

现代化老年教育的内涵建设重点在于丰富老年人的教学内容和教学形

---

① 李惟民：《老年大学课程、专业、系科建设一体化规划的探讨》，《当代继续教育》2017年第5期。

式。老年教育具有特殊属性，从教育属性来看，老年教育不是普通教育，而是生命教育、自由能力教育和老年人自我完善教育的集合体。我国老年教育已经从传统的"休闲教育"转变成集"养""乐""为"于一体的素质教育，其课程设置也已经从简单的娱乐、兴趣等课程扩展到融社科、体育、健康为一体的课程。此外，老年教育正在从传统的教学方式中解脱出来，不再仅仅依靠传统的课本、课堂、以教师为中心的学习方式，在讨论、座谈、旅游、活动中提高学习效率，增强其学习体验感。

培养目标。建立以理论创新和实践研用为内涵的学科培养体系。以老年人潜能天赋为依托，打造宏观视野格局、提升顶层思维能力，推动其参与学科研究与建言献策，有效提升其获得感。

课程设置。按照理论创新与实践研用相结合的人才培养模式，课程设置分类参考常规高校高职教育的学科分类，包括政治学科、法律学科、经济学科与艺术学科，旨在引导老年人参与探讨顶层学科理论，提升其研发能力、规划意识；培养其前沿信息感知能力，自主更新老年教育专业知识体系，打造老年教育科技创新平台。

二 分层建设，推动教学体系协调发展

按照"贴近时代、贴近需求、贴近老年特点"工作要求，深圳市不断优化老年教育课程设置，通过"市-区-街-社"四级联动，探索分层建设模式，市级长青老龄大学推进提升专业素养为主的重点学科建设，区级长青老龄大学推进强化知识技能为主的特色专业建设，街社级长青老龄大学推进培养兴趣爱好为主的精品课程建设，分层打造老年教育的特色。

学界一般认为，我国老年大学课程建设规划以1~2年为周期，专业建设规划以2~3年为周期，学科建设规划以3~5年为周期，一体化的总体规

划以 5 年为周期，不断循环①。深圳老年教育"课程－专业－学科"一体化建设，通过分类、分层、分步的规划和实施，未来将推动老年教育教学周期性规划和建设渐趋同步。

（一）"学科"带动，引领办学上台阶

第一，学科带动的老年教育现代化。老年教育的现代化，实际上是形成科学有效的多学科、多层次、多功能的教学研究体系，为此，各地老年大学均有相关探索。广东省潮州市早于 20 世纪初就开始探索教学理论研究，分别于 2003 年和 2006 年启动了"潮州市老年学习现状与学习指导研究""老年创新学习能力的理论与实践研究"课题。② 目前，深圳老年教育教学研究步入发展快车道，注重"教"与"研"相结合，提出适合老年人学习发展的教学体系，同时以"专业"为单位，组建教学团队研发不同阶段的课程内容，并先后参与多项课题研究，不断丰富老年教育教学的内涵。

第二，健全学科体系，助力先行示范。深圳市长青老龄大学自建校以来，秉持以人为本的发展理念，依据与深圳市地方经济发展、生活水平、文化特色等相结合的原则进行"课程－专业－学科"设置，并不断加强现代信息技术等方面的课程开发，展现了老年教育课程与时俱进的生命力；逐步形成了 7 大基本类型的课程：文化艺术类、器乐类、形体类、语言类、音乐曲艺类、医学保健类和计算机信息类。在此分类基础上建立了 8 个系别，目前学校共开设人文社科、美术、声乐等 8 个系，包括文学、书画、钢琴、舞蹈等 24 个专业 69 门课程 135 个教学班。

（二）"专业"拉动，促进教学上层次

第一，专业建设是重中之重。"课程－专业－学科"建设是老年大学的

---

① 李惟民：《老年大学课程、专业建设一体化规划的探讨》，《当代继续教育》2018 年第 35 期。
② 陈先哲：《老年教育的实践探索与理论创新》，广东教育出版社，2018，第 162 页。

必备载体和建设重点，三者既自成一体又互相联系，共同构成了老年大学的基本内涵和基本形态。老年大学专业建设尤为重要，老年大学的教学体系设置在相当长的一段时间内，以单门课程或者某一类课程的开设为主，因为各校在课程设置方面也互见优长、各呈特色。老年大学的专业设置应注重课程知识的更新迭代，同时还要体现专业内容的生命力与活力，因此专业设置是老年大学向高水平阶段发展的标志性特征之一。为了满足老年人系统学习某一领域的专门学问、技能的需求，在单一课程周围衍生相关课程的基础上设置专业是老年教育发展的必然结果。同理，为了满足老年群体系统学习不同领域的专门学问、技能的多种需求，在单一专业之外设置多个专业[①]，是老年教育向高水平阶段发展的必然要求。

第二，依据系别设置专业结构。罗湖区长青老龄大学自体系标准化建设以来，根据课程教学实际情况，以系为单位分别召开了6场课程建设研讨培训会，各系、各专业共19位教师对专业课程设置与教学计划编制进行了认真探讨和广泛讨论，初步形成了课程建设方案的讨论稿，基本完成了6个系18个专业129门课程的框架设计和初步大纲。根据系别设置专业，将现有教学班分门别类归入相应专业。一是每个系分别设1~5个专业，如声乐系将原"唱歌班"定为"演唱专业"，拟新开设"独唱专业"；器乐系开设钢琴、电子琴和古筝3个专业，拟新开设"葫芦丝专业"；书画系跳出书法和国画层级，直接开设隶书、楷书、行草、山水、花鸟等专业。二是依据专业规范班级称谓，过去直呼"唱歌一班""山水一班"，现在规定3种形式，理顺专业和班级称谓。如"专业+入学年度+班序"［计算机19级（3）班］、"专业+入学年度+班型"（古筝19级表演班）、"专业+入学年度+班型/班序"［钢琴20级提高（2）班］。三是由"课程"牵动，推进教学水平提升。

---

① 李惟民：《老年大学课程、专业建设一体化规划的探讨》，《当代继续教育》2018年第35期。

（三）"课程"驱动，推进教学有亮点

第一，兴趣导向，丰富课程种类。以老年人兴趣爱好为中心，提升其内在文化素养，营造积极参与氛围。实行内在与外向相结合的课程体系，包括休闲康养、技术操作、公共文化、社会实践等，其中以休闲康养类和公共文化类课程引导老年人内在修养提升，满足其精神需求，丰富其老年生活；以技术操作类和社会实践类课程增强老年人的实践操作能力，助力其社会参与，引导外向成长。

第二，课程研制，统一建设标准。在课程建设方面目前已形成了较丰富的课程资源，市长青老龄大学以推进体系标准化建设为切入点，按照老年教育的特点和精品课程建设规律，借鉴北京、上海、广州、南京、天津、哈尔滨等城市老年大学办学先进经验，研发老年大学教学指引、课程建设和质量评估等相关技术标准，指导全市各级长青老龄大学规范、统一开展课程建设工作。

三 分级打造，提升老年教育供给质量

（一）建立长青师资认证

老年教育的师资培育，是指为提高老年大学聘任教师的思想政治素质和业务水平而进行的一种在职培训，其主要内容包括两方面：一是帮助教师提高教学能力和水平，提高课堂执教能力；二是帮助教师了解老年教育发展的资讯与前沿成果，使其充实相关知识。深圳市当前老年教育师资队伍来源渠道较多，教师队伍缺乏对老年教育理论基础知识的掌握和对老年群体特点的了解，因此针对老年大学教师队伍的培训不可被忽视。

第一，创新培训模式，拓宽培训覆盖面。深圳市长青老龄大学针对现有兼职师资队伍开展分层、多样的常态化培训，依据教师队伍的不同需求，以集中开课和专家讲座、专题讨论、技能培训、名师观摩课等形式开展。新冠肺炎疫情期间，市长青老龄大学将面授培训与网络培训相结合，搭建网上"云"课堂，在全国老年大学中率先实现"停课不停学"，并指导各分校教师同步开展线上教学，在线学习学员逾6万人次。未来，市长青老龄大学将进一步依托开设老年人服务管理专业的市内高校共同设立老年教育师资培训中心，打造属于老年大学的师资培育基地。

第二，挖掘培训内容，促进专业化发展。老年大学的师资培训内容，应突出老年教育特色。深圳市老年大学师资培训内容包括老年教育政策、老年心理与生理、课程建设、教育技术等。培训形式主要以短期培训为主。《通知》明确了深圳老年教育注重教学教研一体化发展的方向，这一举措鼓励了老年大学教师积极参与培训学习，引导其将目光投注于老年教学的教研工作上，并在一线教学中主动思考问题、解决问题。未来深圳市将进一步制定具体细则，引导教师把科研成果和一线教学实践相互转化，积极探索老年教育教学规律，使教师担负起进行教学改革、课程建设的重任。

第三，建立长青师资认证标准。老年教育的核心是师资，老年教育的师资建设要确立现代化老年教育师资标准、树立正确的教育思想、确保教师有较强的专业能力。当前深圳市老年大学师资队伍存在诸多问题，一是人员流动性大，没有固定编制，缺乏稳定性；二是师资来源复杂多样，师资队伍素质参差不齐；三是老年大学教师岗位薪酬待遇偏低，吸引力较弱；四是老年教育师资缺乏有效的职业发展通道，知识更新迭代速度慢。基于此，长青老龄大学为教师建立教学档案，建设师资资源库，及时了解教师情况、各专业教师配比。深圳市委老干部局联合高校，坚持开发整合教师资源与凝聚拔尖创新人才相结合，探索老年教育教师教学能力水平认证制度，将教师的考核与教学评价挂钩。探索多元化的教师聘用模式，探寻相关专业高校师资共享的新思路、新方法，改变老年大学师资不稳定的现状。未来深圳市还将进一步完善、建立老年教育师资的职业成长通道。

（二） 打通课程库共享资源路径

课程建设是老年大学内涵式发展的核心要素，按照老年教育的特点和规律，深圳市进行了一些探索。一是开设精品课程研修班，面向重点领域、重点行业开发保健、国画、文学等 22 门精品课程，开设市管退休干部精品研修班 28 期，报名学员共 231 人次；二是建立教学资源共建共享机制，在市、区两级长青老龄大学建设课程库和师资库，深圳市长青老龄大学联合市委党校等，打造"银智 e 学堂" MOOC 课程资源共享平台，入库课程达 186 门。

建设精品课程资源库。精品课程是规定课程目标、实施建议的教学标准素材，是评价教学质量和进行教学管理的标杆。精品课程相比于普通课程，在课程的基本理念、课程目标、课程实施建议等几部分规定得更加详细、明确，强调了老年大学教学标准化发展的基本要求。长青老龄大学按照"引进一批、遴选一批、培育一批"的思路，从高等院校引进一批示范性适老课程资源，从现有老年大学遴选一批优质老年课程资源，指导各级长青老龄大学重点培育一批专业课程资源，打造长青老龄大学精品课程资源库。至 2020 年底，市、区两级长青老龄大学课程累计入库 1100 余门。未来，将重点建设在线课程、精品特色课程。

（三） 开展国际对话与交流

党的十九大提出构建人类命运的共同体，推动形成全面开放的新格局，使我们倍受鼓舞、倍感振奋。民心相通、文化相容、政策沟通，是我们国家在国际上一贯的提法和做法。大力参与老年教育的国际交流活动，既是老年教育自身发展的需要，与我国的战略相一致，也是公共外交的一部分，是大国崛起应有的国际姿态。① 2019 年 12 月，中国老年大学协会第十一次国际议题"1 + 1"研讨会在深圳举办，50 多名来自全国各地的专家学者围绕"数字技术、人工智能与老年大学"展开了研讨。与会学者讨论了发展数字技术、人工智能对中国老年大学在教学手段、教学内容、教学对象、教学管理、教学展示、校园文化等各个方面深层次影响的问题，认为老年大学教育与当代科学技术的井喷式发展密切联系在一起，当前我们理论工作的重要任务之一，就是要启发老年教育工作者产生运用数字技术、人工智能技术的意识。② 这次会议是为 2020 年 5 月加拿大舍布鲁克国际会议中国代表的演讲做理论准备，值此契机，中国老年大学教育也进入一个新的现代化阶段，即数字技术和人工智能阶段。

---

① 王友农：《推进中国老年教育的国际交流与合作》，《老年教育（老年大学）》2018 年第 4 期。
② 《中国老年大学协会第十一次国际议题"1 + 1"研讨会在我校召开》，https：//www. szpt. edu. cn/info/1063/8274. htm，最后访问日期：2021 年 5 月 7 日。

第九章
技术创新：科技赋能构筑智慧老年教育

深圳作为全国科技创新先锋城市，聚集了国际先进的教育科技企业，将多种科技手段应用于老年教育。深圳市长青老龄大学体系标准化建设十分注重运用互联网、物联网、5G、AR 等技术与老年教育进行融合，引领未来老年教育发展，让老年人共享科技发展成果。

一 在线教育打造没有围墙的老年大学

第一，老年教育学位供给矛盾突出。随着老龄化社会的加速到来，老年人对精神文化生活的需求越来越多，老年大学"一座难求"成为社会关注的热点。深圳市区域发展不均衡，老年教育学位分布不均匀、数量严重不足。全市当前大批量的老年教育教学机构都地处原关内四个区（从西至东分别是南山区、福田区、罗湖区、盐田区），但随着深圳人口规模急剧增长，城市扩张的步伐逐步加快，原关外六个区（从西至东分别是光明区、宝安区、龙华区、龙岗区、坪山区、大鹏新区）的老年教育需求也呈"井喷"式爆发，导致老年人"扎堆"学习。截至 2020 年底，全市现有约 35 万名户籍老人，但深圳市目前仅有老年教育学位 5 万余个，老年教育学位缺口巨大，老年大学学位供需脱节矛盾突出。

（一）线上平台建设，打造指尖上的大学

整合社会资源是长青老龄大学持续发展的必然要求，是为广大老年人办实事、做好事的有效途径。深圳市长青老龄大学坚持"开放融合、共建共享"的理念，联合市委党校、市科协、深圳大学、深圳职业技术学院、深圳广播电视大学等，搭建资源共享平台，这既是长青老龄大学全市四级办学网络集中统一的管理服务，也是授课教师的教学支持，更是广大老同志学习交流的平台。通过共同开展在线课程资源建设，开办覆盖专业、兴趣、能力提升等多维度的在线课程，全面提升在线课程的供给能力和教育服务水平，努力发展面向每个老年人、适合每个老年人、更加开放灵活的教育体系，让"活到老、学到老"真正落到实处。

（二）线上课程建设，扩大办学影响力

第一，没有围墙的老年大学。为缓解老年大学"一座难求"的问题，市长青老龄大学充分整合资源，发挥深圳的科技优势和产业优势，加强数字化学习资源跨区域、跨部门共建共享，强化科技赋能，积极探索"互联网＋"新模式，开创老年教育线上学习新场景，让卸下工作压力的老人们"老有所学、老有所乐"。"线上＋"课堂是深圳市长青老龄大学探索出的网络教学方式；以线上的形式，在疫情期间坚持办好"两课一堂"（开学第一课、思想政治公共课、长青讲堂），其中，2020年共开设线上思政公共课16次，参与老同志6万余人次；原副市长、哈尔滨工业大学（深圳）经管学院教授唐杰来校讲授"开学第一课"，直播点击量超过110万次。

第二，助力后疫情时代教学。2020年，突如其来的疫情让全市人民共同面对重大考验，老年大学的教学工作也同样面临停摆。疫情期间，老年人居家学习需求更加刚性，同时，老年群体受信息获取渠道、知识背景等因素的限制，疫情相关的科学知识成为他们第一位的需求。疫情暴发之初，

市长青老龄大学扛起政治责任，果断采取措施，积极拓展学习方式方法，全市各分校积极响应，在 2020 年 3 月初就及时推出线上学习平台及线上教学课程，通过教师与学员线上互动，缓解老年人居家隔离的焦虑情绪。

各分校积极响应落实"停课不停教、停课不停学"的精神。光明区长青老龄大学在 2020 年上半年初步开发出了面向辖区内老年人施教的老年大学网课平台——"乐龄云课堂"，在 7、8 月邀请辖区内专业讲师、全市范围内的优秀制作团队，在 9 月正式以微课堂的形式上线，"乐龄云课堂"以丰富的课程内容、生动亲切的教学方式、精心的音像制作，受到校内外数万名老年朋友的欢迎和赞誉，获得了良好的口碑和教学效果，为持续推进老年教育升级转型打下了良好的基础。

线上课堂分外精彩，背后是教师们备课时的"各显神通"。为了上好网课，各分校为教师们提供了各类培训，让教师们掌握智能设备使用技能，优化教学效果，为老年学员带来了形式多样、精彩纷呈的线上课堂。龙华区长青老龄大学开展线上课堂，学员们在家用手机等电子通信设备上课。各班级通过腾讯视频、人人讲等在线软件直播学习，老师在微信群布置作业、收集作业、批改作业、考勤汇总，班委在线上做好自治自管工作，学员有问题及建议通过线上反馈，形成"学校－老师－班委－学员"的闭环模式。2020 年 13 大课程 24 个班级共开课 768 次，招收学员 1200 余人次，提供老年教育学位近 1700 个，服务老干部、老同志 2 万余人次。

二 智慧化管理建设聪明的老年大学

强化科技赋能，建设智慧化教学管理平台，打造教学、科研、管理和校园文化相融合的数字服务体系。随着科技应用的发展，信息技术已渗透生活的方方面面，优质的教育与个性化的学习都离不开有效的信息手段的支持。

（一）智慧教学管理系统，让教学"可感"

市长青老龄大学一直高度重视智慧校园的建设，目前已建成包括教学系统、LED 显示系统、人员考勤系统、课堂交互音视频系统、灯光控制系统、通风换气系统、智慧观测系统等在内的智慧化校园网络。通过专业化的模块部署、智能化交互和集中化管理，构建智慧教室，营造全新的智慧学习环境，实现信息技术和教育教学的深度融合，促进教学模式创新，真正使课堂从以"教"为中心转变为以"学"为中心，让教师教学更简单、更智慧，让学员学习更直观、更具体验性。

（二）线上智能学习场景，让内容"可亲"

打造专属 MOOC 课程资源共享平台。深圳市长青老龄大学利用 5G、AI 等先进技术，与腾讯、超星等在线教育和在线课程制作的国内领先企业合作，适应时间碎片化、终端移动化的社会发展趋势，对现有老年教育课程进行数字化改造，打造老年人专属的 MOOC 课程资源共享平台——"银智 e 学堂"，开发适合老年人远程学习的数字化资源，鼓励老年人依托资源库自主学习，提供"10 万 +"在线老年教育学位。

三 科技企业参与建设面向未来的老年大学

疫情防控时期的老年教育面临着挑战，未来老年教育的走向如何？2020年初，新冠肺炎疫情席卷全球，老人们原本规律的学习生活节奏被打乱，部分老年人出现身心不适应等情况，对老年人的情绪产生了一些负面影响。一年后，老年大学"云端化"发展趋势势不可当，疫情促进了"线上教学"和老年大学"云端化"的发展，使得"座位"不难求，让疫情防控时期的老年教学更值得期待。

（一）国有企业领跑，当好科技融合主力军

深业健康产业投资运营（深圳）有限公司（以下简称深业健康）作为市属国有企业承担了"907"居家社区养老示范工程项目建设的重任，在推进全市居家适老化改造过程中，与市长青老龄大学强强联手，在市长青老龄大学建设老年科技产品体验与服务中心，让老年人体验科技发展带来的服务便利。

（二）科技民企并跑，共同推进"科技＋"

宝安区依托"宝安区智能装备产业公共技术服务平台"及广东省智能制造创新示范园，与大族集团全球激光智能制造产业基地、腾讯"互联网＋"未来科技城等项目深度融合，探索老年教育与科技融合的新模式。

市长青老龄大学充分发挥深圳科技企业聚集的优势，将前沿科技应用于老年教育，探索老年教育校企融合、产学融合发展的创新路子。2020 年秋季学期，市长青老龄大学"分批错时"、科学有序引导 2400 余名学员返校复课，成为全国第一所实现返校复课的老年大学。

第十章

文化创新：传承城市文化基因　赋能老年教育

为全面推进"双区"建设，立足"先行示范"目标，打造"老有颐养"民生幸福标杆，以"学习是最好的养老"为理念，市长青老龄大学多管齐下、多措并举、多点发力，探索出一条"四位一体"立体推进精品课程建设的新路子，打造一批符合老年人身心特点、体现深圳城市特质、具有科技人文精神的精品课程，为广大老干部幸福老年生活提供了优良的学习资源，推动全市老干部教育工作高质量发展。

我国老年教育事业已有40余年发展历史。在"构建终身教育体系及建设学习型社会"的政策导向下，截至2016年6月，各省（区、市）设立了逾500个省级社区教育实验区和示范区。通过此项举措，涌现出了一大批终身学习的"百姓之星"，培育了一批社区老年教育的特色品牌，从而形成了以点带面的推进策略。

一　传承城市文化，提升老年教育品位

2016年，国务院办公厅印发《老年教育发展规划（2016～2020年）》，其中提出"整合一批优秀传统文化、非物质文化遗产、地方特色老年教育资源"①，

---

① 《国务院办公厅关于印发老年教育发展规划（2016～2020年）的通知》，中国政府网，http://www.gov.cn/zhengce/content/20116-0/19/content_5121344.htm，最后访问日期：2021年4月18日。

明确了老年教育在融合传统文化等特色内涵建设方面的方向和核心要素。在深圳这片土地上，千百年来，广府人与客家人生息繁衍，并以采珠、晒盐、养蚝等为生，形成了民俗特色与地域文化。在建设"老有颐养"城市文明典范及民生幸福标杆城市的过程中，深入挖掘本土文化，将有效提升城市文化自信，打造先行示范名片。

（一）挖掘移民文化，增强老年教育包容性

深圳是一座非常典型的开放与包容的移民城市，五湖四海的人们相聚于此地，人们乐于聆听不一样的意见，善于进行讨论和头脑风暴，产生了许多新鲜的观点。在无数深圳人眼里，深圳是一片充满"创新味儿"的土地。不同于有的城市循规蹈矩的气息，深圳更加年轻与多元化，仿佛丝路上行商者的马车，各种香料、作物的气味皆散发、融汇于此。

自1978年改革开放以来，深圳一直是改革的试验田，开放的新窗口。从经济崛起到文化建设，由建设者们共同塑造的深圳新型文化也以一种新的精神面向全国、面向世界。深圳作为一座移民之城，不像同为超一线城市的北京、广州、上海那样自带历史韵味。深圳的城市背景使得多元文化能发生碰撞融合，开放性和包容性是这座城市给来到这里的人最直接的感受。新的生机焕发出的是新的文化。市长青老龄大学充分实践"来了就是深圳人"的口号，建设老年人家门口的老年大学，大力依托社区党群、星光之家、社区教育学院、老年社会团体等阵地开展形式多样、内容丰富的老年教育，努力完成移民文化下老年大学的责任和使命。

（二）融合城市创新文化，传承老年教育基因

聚焦创新不散光。老干部教育由让老同志感受到组织关怀、共享改革发展成果的理念发展而来，全国各地都在老干部工作方针上各自探索符合

城市发展要求的老干部教育。经过多年发展，其在服务理念、服务思路、服务方式方面形成了不少经验做法，搭建了不少离退休干部活动平台。深圳作为一座创新的城市，创新的基因是根植在血脉里的，深圳老干部教育一盘棋的发展也不例外。标准化建设，正是以创新的气质，推动老干部教育发展的新方式。

（三）传承本地非遗文化，增强老年教育的底蕴

非遗文化是中华民族智慧与文明的结晶，是具有重要价值的珍贵文化资源。深圳市长青老龄大学积极推动非遗文化走进老年大学，让老年学员在课堂中学习传统文化、享受非遗文化的乐趣、提高审美与欣赏水平。市长青老龄大学鼓励引导传承人建立大师工作室、传习所，开展传习活动，这是重要的非遗保护与传承方式。同时，搭建名师工作平台，引进一批"长青名师"，选派名师担任培训专家，以老年教育需求为导向，面向重点领域、重点行业开发精品培训项目，通过交流式、分享式、互动式的教学模式，为老同志带来全新的课堂体验。

老年教育的文化特色。长青老龄大学牢固树立以人民为中心的工作导向，坚持创造性转化、创新性发展，突出非遗文化在满足人民日益增长的美好生活需要方面的作用，广泛开展人民群众喜闻乐见、参与体验性强的非遗文化宣传展示活动，推动形成人人传承发展中华优秀传统文化的生动局面。深圳作为"创新之都""科技之都"，具有悠久的岭南民俗文化历史，加强创新成果与老年教育的融合，有效挖掘城市文化的根基与魅力，既是拓展"老有颐养"背景下老年教育内涵建设的有效途径，又是对于构建老年教育的"深圳范式"的一种有益探索。

老民俗，新传唱。全市各校通过链接整合辖区资源，开展系列活动，挖掘各具特色的老年教育学习活动。2015 年 7 月，国务院办公厅印发了《关于支持戏曲传承发展的若干政策》，这是我国实施地方戏曲振兴工程的

重大举措。

宝安区石岩街道的石岩客家山歌是广东省级非遗项目。石岩客家山歌有自己独有的特征，用客家话演唱，唱腔丰富，曲调多样。石岩山歌流传时代久远，据多位老人回忆，石岩客家山歌不管什么年代都起着丰富生活、凝聚人心、号召民众、鼓舞斗志、战胜困难的作用，不少老辈客家人的婚姻还是用石岩客家山歌来牵线搭桥的。石岩客家山歌具有一定的历史价值、文化价值和社会价值。南山区沙河街道、宝安区石岩街道建起了老年山歌传唱队伍，通过社区义演，带动更多人知晓石岩客家山歌。

盐田区沙头角中英街一带的非物质文化遗产——鱼灯舞也走进了老年大学课堂，街道长青老龄大学通过保护、挖掘、整理尽职履责，开展了一系列的宣传和保护鱼灯舞等项目的培训、展演，开展了村民俗博物馆展览和民间文化交流活动。

深圳市不但注重民俗文化的传续，而且注重引导老年学员走向社会，推动学员们在各自的生活圈子中参加各种活动，践行"学以致用"，展示学习成果，将文化传承的学习与教学内容紧密结合在一起。如坪山区由于历史原因，辖区内大多数老年人文化层次相对较低，精神生活质量不高，满足于棋牌喝茶，对参加老年教育及相关活动兴趣不足，本地老年人对老年教育学习活动的需求是增加与社会的接触，丰富与充实晚年生活才是其主要目的。因此坪山区针对当地老年人的特点，整合辖区资源，选取本地老年人喜闻乐见的娱乐活动项目，推举其中的优秀者成为带头人，在社区内开展流动举办的"人文行走"类课程。坪山区石井街道长青老龄大学结合当地特色，开设客家茶果课程，客家茶果在客家人的各种重大节庆场合中是必不可少的一种祭祀食物，代表着客家传统文化，可以通过开设此类课程，让老年学员更直观地感受到老年教育的内涵。

二 文化赋能课堂，提升老年教育体验

老年大学建设校外教学实践基地，将中华传统文化与老年教育理念、价值进行充分融合，这是借鉴项目驱动、翻转课堂、教学一体化、混合式教学等经验做法，将传统老年教育理念转变成"以学员为主体"的理念的具体举措，由此可以实现资源共享，保证教学质量。

（一）传统文化融入老年教育课堂

中国传统文化是反映民族特质和风貌的文化，是中华民族几千年文明的结晶。各个地方都有自己瑰丽的历史传统文化，包括方言、地方剧种、民俗、武术、工艺美术、古建筑、服饰、饮食文化等。深圳市宝安区、盐田区、龙岗区、大鹏新区等都有其地域文化特色，不同的老年大学身处特定的区域文化范围，在充分利用地域文化基础上，建立老年教育实践教学示范基地，将老年大学文化的生命力和活力扎根于地域文化的土壤中。

（二）引导现代老人树立积极老龄观

1987 年，世界卫生大会提出了健康老龄化发展战略，"健康"被定义为"一种完全享有身心健康和社会福祉的状态，而非仅仅是没有疾病和虚弱"。联合国教科文组织终身学习研究所发布的《成人学习与教育全球报告》明确指出："近几十年来，对健康的认识已经扩大到福祉的概念……教育和学习是实现幸福的一种手段，它能使人们更大程度地控制生活的质量和生命的意义。"换言之，健康老龄化发展战略与老年福祉概念相融合，使得"关注老年人健康发展"成为国际老年教育的价值追求与目标导向，这是对老年人社会平等权与教育权的补充。

基于福祉和健康理念的指导，老年教育除了聚焦老年人身心健康以外，

更强调老年人生活质量的提升、生命意义的感悟和自我价值的体验，即重视生命教育。作为生命教育的一种，老年教育要唤醒老年人对生命的记忆，关注老年人及老年期的情感与态度、价值与尊严、独立与适应、整合与参与等，让老年人在"爱"与"理解"、"关怀"和"宽容"中消解老年生命孤寂、增强老年生命体认、寻找老年生命尊严，最终追求老年生命价值的实现。深圳各级长青老龄大学在这方面努力探索，也取得了良好效果。

第十一章
路径创新：老年教育助力社区治理参与

　　老年教育是提升老年人社区治理参与度的主要方式，也是开展社区治理的有效手段。开展老年教育活动，一方面能够让老年人在退休后感受到自己依旧可以为社会贡献力量，另一方面可以促进老年人之间的交流，使其充分认识并感受到自身价值，通过建立熟人社会网络，有效应对老年人退休后产生的陌生人信任危机。①

　　党的十九届五中全会提出了"实施积极应对人口老龄化国家战略"，这是以习近平同志为核心的党中央总揽全局、审时度势做出的重大战略部署。深圳作为改革开放的先行地区，广大老同志是改革开放事业和经济特区建设的开拓者、亲历者、见证者，他们经过风雨、见过世面、受过考验、做过贡献，是一个优势突出、作用明显、值得尊敬的特殊群体，是一支宝贵的银发人才队伍。深圳市紧紧围绕服务"双区"建设，精心设计载体、搭建平台，把老干部大学打造成老同志"老有所为""服务社会"的红色阵地，让老同志干事有平台、奉献有舞台，以老年教育和服务推动老年人参与基层社区治理。

---

① 符敏妍：《护老有"法"——老年教育助力老年人有效参与社区治理模式探析》，《法制博览》2020 年第 11 期（下）。

一 搭建绽放耄年的风采展示平台

社会稳定是形成社会凝聚力的条件。"老人安，则天下安。"庞大的老年人群体对社会的和谐稳定有着举足轻重的影响。老年大学对于提高老年人综合素质，促进其重新融入社会，使老年人获得内心幸福感，形成安定祥和的社会氛围具有重要作用。

（一）银发活动展现"长者风范"

营造积极向上的校园文化。教育的本质是立德育人，根本目的在于不断提高人的素质，促进人的全面发展。在新发展理念下开展银发活动，是一种文化自觉、文化坚守、文化担当。银发活动源于老年大学的特定环境与办学理念，源于积极健康的校园氛围与人生追求。通过银发活动展现长者风范，是老年人对参与社会的再学习、再认识、再实践。深圳市长青老龄大学多年来通过多形式、多途径、多内容，凝聚了一批批新老学员，笃守和践行银发活动的内涵，深化和拓展了长青老龄大学校训——"明德至善、好学乐群"，形成了积极向上的校园文化。

正面引导和典型引路相结合。深圳市长青老龄大学在举办一系列银发活动时，注重坚持正面引导和典型引路相结合，坚持全方位渗透，坚持上下结合、干群结合、师生结合。如龙岗区长青老龄大学充分利用校刊、宣传栏、电子屏、楼层走廊等载体，传播弘扬"长者风范"。学校还开办了主题教育讲坛，通过社会主义核心价值观滋润老年人心田。

展示老人们的风采和精神。文化活动是载体，深圳市老年教育引导老同志发挥所学，营造积极向上的氛围，传播正能量。如市长青老龄大学每年举办"同乐舞台"教学展演活动，年均参与学员近3000人次；疫情以来更是首次以线上形式举办"同乐舞台"展演活动，运用全景观展技术推出

"致敬岁月·逐梦先行"线上书画摄影展，点击量近 3 万次；举办第三届深圳长青老年钢琴交流活动，吸引粤港澳大湾区 9 市 400 位老年选手"云端竞技"，点击量逾 150 万次。龙华区长青老龄大学打造老干部艺术节，通过"唱、舞、写、画、摄、展、赛"等多元形式，展示特区老干部的精神风貌。

（二）主题教育传播"红色能量"

红色教育树新风。将红色文化教育引入老年思想政治教育中，是实现"中国梦"的重要步骤。对广大老同志进行红色文化教育，让老年人重温红色记忆，承担起贯彻执行党的指导思想和执政理念的任务，是培养新时期老年人科学的世界观、人生观和价值观的主渠道。近年来，在大数据时代背景下，由于西方外来文化渗透，加上传统文化和民族文化精神的流失，社会上存在一些消极观念，部分老年人深受影响，产生了消极的思想情绪。对此，深圳老年教育的先行示范，更应弘扬社会主义核心价值观，在倡导社会良好风范方面起到示范作用。

临时党支部抓党建。确立了以红色教育促进老年教育育人的主要方向，市长青老龄大学主动与老党员所在党组织建立"双向联系、双向沟通、双向反馈"的互动衔接机制。在市级学校，以系为单位成立临时党支部，在各个教学班、活动组织成立党小组；在区级校、街社级校，以课程为单位或以学校为单位，成立临时党小组。其中市长青老龄大学成立临时党支部 9 个、党小组 148 个，进一步加强老党员教育管理，引导其发挥作用，共建幸福家园。临时党支部通过建制度、明责任、抓学习、搭平台等措施，切实把老年大学学员凝聚在支部周围，积极为社会增添正能量。

二 搭建学以致用的学用结合平台

丰富老年教育的内容和形式，提高老年人综合素养，应进一步加强老年教育资源平台建设, 整合多方资源, 建设更多学习场所, 对接更多专业学习资源, 实现社会公共教育资源与老年大学教育资源共享共用。

(一) 优化人才配置, 强化社区治理力量

聚合人才, 优化配置。加大老同志参与社会的力度, 引导老同志做擅长做的事。如市长青老龄大学注重老年学员的"学有所获、老有所为", 建设鹏城银发人才库, 精准了解、掌握老同志专业, 强化分类服务指导, 更好地对接社会需求, 已入库 400 多人。福田区长青老龄大学对现有师资队伍情况进行了梳理, 通过居民自荐推荐、下社区联系群众等方式, 重点从"五老"骨干队伍中挖掘讲政治、重学习、有敬业精神的人才, 将其作为长青老龄大学课程带头人, 同时推荐到市级师资孵化班进行培训, 根据工作实际将他们引荐到基层教学, 纳入大学师资库管理。

参与治理, 汲取智慧。通过多方联手, 挖掘老年教育的多种教育功能, 带动广大老同志积极参与脱贫攻坚、基层治理、关心教育下一代等工作, 如市长青老龄大学近三年来老干部学员被选派担任"两新"党组织第一书记的共 5 批 75 人次 (2020 年以来新选派 14 人次), 到重点行业协会、园区、商圈、商务楼宇专职开展基层党建工作, 成效显著。结合改革开放 40 周年、经济特区建立 40 年, 采取开展论坛交流、口述历史等形式, 开展"致敬拓荒牛"、与 80 后对话等系列活动, 弘扬特区精神, 传承红色基因, 为推进粤港澳大湾区和中国特色社会主义先行示范区建设贡献智慧和力量。

(二) 建设教学基地, 促进学用结合

我国高等教育历来重视培养学生的创新、实践能力和创业精神, 通过建立产学研相结合的实践基地, 实现实践教学与社会服务、社会效益与经济效益双丰收的目标。老年教育是成人终身学习的重要一环, 随着社会经

济水平的提高，我国人均预期寿命逐步提高。根据老年人力资源价值理论，老年人口中具有较高科学文化水平、较高技术操作水平的人才比例也在逐步增加。老年人不仅需要社会供养，同时其也具有很高的社会价值。依托文化内涵建立老年大学实践教学基地，将老年人口视为经验性人力资本，推动老年人成为城市文化名片的塑造者、传承人。

目前深圳市长青老龄大学借鉴高职院校重视学生实践能力培养的经验，已重点选取区域特色浓厚的街道、社区长青老龄大学，建立老年教育教学实践基地实训品牌，让学员们把所学知识应用于实践中，参与社会活动。联合深圳市博物馆、深圳市音乐厅、关山月美术馆和部分街道、社区等，深圳市长青老龄大学未来将打造一批老年教育实践教学示范基地，在办学模式示范、教学业务指导、课程资源开发等方面对老年教育发挥带动和引领作用。

三　搭建银龄参与的志愿服务平台

老年大学银发活动的实践与探索，是对老年教育内涵式发展的深化与推进，是对社会主义核心价值观的一种认知与践行。促进银发人才队伍积极参与社会实践，使他们进行创造性劳动并为社会做出贡献，是老年教育创新发展的必由之路。

（一）倡导公益性融合渠道，参与志愿服务

志愿服务暖民心。培育年老的公民是老年大学融入社会、服务社会的途径。志愿服务是衡量一个社会文明程度的重要指标，老年学员有丰富的社会经验和充裕的时间，与同龄人有共同话题，较容易沟通，培育老年志愿服务队伍是应对老龄化社会问题的重要力量。市长青老龄大学鼓励组建丰富多样的"银龄志愿"服务队伍，按照自觉自愿、量力而行原则，组织

老党员围绕红色宣讲、义务巡逻、文化惠民、健康义诊、以老助老等主题，积极开展各类志愿服务活动。其中，市长青老龄大学"银发义教"项目累计完成教学190余次，辅导幼儿5000余人次，总服务时长达1267小时。龙岗区长青老龄大学满天星"两老"志愿者服务队发展志愿者4701名，开展活动4550次。龙华区委组织部充分发挥"五老"集聚优势，组织有经验、有热情、有能力的老干部、老党员、老模范组成党史国史宣讲团。2020年以来，围绕"贯彻落实党的十九大精神"这条主线，结合实际开展"红色课堂"等主题教育活动，先后开展多次宣讲活动。

银龄学习乐民心。推动老年人参与社会活动，须从提高老年人生活、生命质量，提升老年人自信心及自尊感方面着手，让他们感觉生活有意义、晚年不寂寞。如盐田区沙头角街道长青老龄大学，组建了"银龄学社"，采取学院式管理，请来专业老师，分春秋两季开课，并发展了一批学员领袖协助工作人员管理班级事务，非常有利于服务持续发展。该项目整合辖区多方资源（包括沙头角街道文化站、盐田区人民医院、沙头角社区健康服务中心以及社区热心专业人士等），组建辖区志愿者队伍，共同帮助老年学员参与社会活动、融入社会。

表彰激励树新风。开展老年志愿服务，重要的是正面引导、及时表彰。当前老年志愿服务存在保障机制尚不健全等问题，在调研中我们发现，老年人参与志愿服务的意愿受制于其对参与志愿服务安全因素的担忧。基于此，应通过对积极参与老年志愿服务的老同志进行表彰，树立老年志愿服务的典型，凝聚力量，榜样带动；应通过实际生动的模范事例的展现，发挥示范引领作用，激励、带动更多老年学员加入老年志愿服务队伍。

（二）倡导创新型发展渠道，创造精神财富

倡导创新型发展的渠道，即开展老年教育创新活动，是老年大学与社

会融合的重要渠道、高级形式。① 老年教育领域的创新成果，包含物质领域的创新成果，也包含精神领域的创新成果。精神领域的创新成果主要体现在文化、艺术、思想、理论等方面。如盐田区海山街道长青老龄大学，以文化为载体，2020 年，以街道文化站作为文化宣传主阵地，紧跟时代脉搏开展主题鲜明的"海山战疫故事"摄影作品征集活动，广为宣传抗击疫情中涌现出来的可歌可泣的感人故事和"最美"瞬间，用影像直观、生动地反映战疫期间广大海山人民抗疫的情况及无畏的奉献精神，彰显党员干部、普通大众在危难之际所体现出来的优秀品质，通过网络投票的形式广为宣传、凝心聚力。

---

① 陈先哲：《老年教育的实践探索与理论创新》，广东教育出版社，2018，第 9 页。

实践篇 以区域特色打造老年教育『深圳样板』

"生命在于学习不停，未知点燃新的激情；

花儿绽放何愁一季，热爱让人永远年轻。"

正如深圳市长青老龄大学校歌所唱，在深圳市长青老龄大学，时刻洋溢着年轻的激情与学习的热忱。

近年来，长青老龄大学按照"市级立标准、区级做示范、街社强服务"的思路，坚持全生命周期理念，率先制定标准化建设指引，出台《关于推进长青老龄大学体系标准化建设的通知》，绘制全市标准化工作推进任务书、作战图和时间表，制定18个项目、40条标准化建设指引，"市－区－街－社"一体推进。

标准化建设推进以来，新时代的长青老龄大学迅速由条线办学转向全域办学，全市各级长青老龄大学绽放出生机勃勃的创新活力，用特色鲜明的基层实践，推动深圳朝着"学有优教""老有颐养"民生幸福标杆城市更近一步。

在本篇里，我们将透过各级长青老龄大学的办学实践，记录深圳长青老龄大学由经验积累升级为标准引领的生动过程，展示深圳老年教育不断创新和前行的成果。从中，我们将看到深圳老年教育在先行示范的道路上，正在向未来迈进的铿锵足印。

第十二章
机制探索：创新推动老年教育可持续发展

关于老年教育的机制探索，深圳各级长青老龄大学有很多故事要讲。

3月的清早，晨风微凉，宝安区83岁的老党员游添稳早早起床来到教室，参加石岩街道长青老龄大学的党史学习教育。在光明区，基层党支部书记华哥在为长青老龄大学的学员们讲党课，辅导大家学习最新的中央文件精神。

推动将老干部教育与老年教育深度融合，坚持党建引领，促进老有所学、老有所乐、老有所为，是深圳市长青老龄大学的特点和亮色。

管理机制上的变化，让学员们有了深刻的感受。

曾几何时，早上5点，在龙岗区长青老龄大学的校门口，前来报名的学员就已排成了长龙，学位"一位难求"。而在实现"区–街道–社区"三级长青老龄大学全覆盖后，街道及社区都开办了学校，把数量众多的老年学员分流到各个街道及社区，让更多的老年人在家门口就可以上学。

家住坪山区的陈阿姨在社区长青老龄大学上了一年多的课，葫芦丝已吹得有模有样。在坪山区，街道和社区长青老龄大学5校联动，同步规划、同步招生、同步开课，让老年人收获知识和快乐。

此外，罗湖区建立起自律性、公约性、应急性的日常管理机制；南山区创新拓展场地和经费来源，推动社区长青老龄大学规范化发展……各具特色的创新举措，让老年大学呈现独特魅力。

等闲识得东风面，万紫千红总是春。通过机制探索，以体系标准化建设为目标，长青老龄大学正在新时代走出一条与特区脉搏同频共振的改革创新之路，为新时代老年教育发展贡献深圳力量。

三级网络"一盘棋"，推动老年教育事业量质齐升

章小鹏

"抢学位"是近年来的社会热门词，而在深圳市龙岗区，"抢学位"这个词不仅仅是"孩子读书"专用，老年人上长青老龄大学也得靠"抢"。近年来，龙岗区不断完善长青老龄大学办学体系，扩大招生规模、提升办学内涵，探索"自产自足"的师资队伍产生方式，引领广大老年学员发挥银发先锋作用，助力基层治理……"一盘棋"统筹推动下的龙岗区老年教育体系，逐年实现量质齐升，但学校办得越好，老年人求学若渴的需求越旺盛，这似乎成了学校管理者面临的一个甜蜜的循环考验。

一 打破门槛免费开放，学位常年"一位难求"

早上5点，天还没有大亮，龙岗区长青老龄大学校门口就已经排起了"长龙"，新学年的报名将在9点开始，为了报上自己中意的课程，老人们扛起小板凳连夜来排队，生怕错过报名机会。

"随着生活水平的不断提高，现在有不少老年人不再单纯满足于'老有所养'，而是追求'老有所学''老有所乐''老有所为'。自从2006年我校面向全社会老年人免费开放，'学位'一直非常火爆和紧缺。"学校负责人介绍道："尽管近年来我们不断扩充教室数量、增设新课程、增加新学员比例，尽可能最大限度满足老年人入学需求，但还是显得'杯水车薪'。"

二 从"花开一朵"到"满园芬芳"，家门口就能把学上

如果把数量庞大的老年学员分流到各个街道及社区，在街道及社区都

开办学校，这样老同志是不是既不用"抢学位"，又能够在"家门口"就能上学呢？"我们坚持'一盘棋'思想，实现纵向贯通，协调从社会建设和'民生大盆菜'等项目中调拨专项经费解决办学费用问题；依托街道老干部活动中心、社区党群活动（服务）中心（室）和社区'夕阳红'等平台解决办学场地问题，有效对资源进行整合，实现共享。"区长青老龄大学负责人介绍道。

"年轻时没上过大学，现在在家门口就能参加长青老龄大学的课程和活动，同学都是附近小区的熟人，真有一种'背着那书包上学堂'的感觉。"家住龙岗街道新生社区的陈阿姨如是说。

通过在布吉、坪地等街道先行探索和实践，龙岗区 2013 年实现街道级长青老龄大学全覆盖，2020 年实现"区－街道－社区"三级长青老龄大学全覆盖。"我记得有一次，一位老人想报名我们区校的太极班，但是招生名额已经满了，当时这位老人在校门口徘徊了很久，看起来很失落。当我们得知这个情况后，第一时间联系附近的还有学位的街道校，顺利地为老人调剂到学位。"区学校负责人说道："三级长青老龄大学全覆盖后，全区基本实现了上下联动，'一座难求'的现象得以大大缓解。"

三 办学内涵不断丰富，插上腾飞的翅膀

深圳是一座移民城市，是国内各行各业领军人才拼搏的主战场，也带来了大量随迁老人，他们当中不乏各领域专业人才。龙岗区各级长青老龄大学正是掌握和抓住了这一点，开始了深入挖掘人才骨干的工作。"有曾在大学做教师的，有省级以上专业协会会员，这些身怀专长的老同志，正是长青老龄大学发展急需的人才。"区校负责人表示，现在，龙岗区长青老龄大学建立起了师资骨干人才库，其中获得过省级以上荣誉的骨干教师就有十余人，他们在三尺讲台上继续奉献，为学员们带来高品质的教学课程。

龙岗区长青老龄大学探索"自产自足"的师资队伍产生方式，让很多学员学成后又变成学校的老师，生动阐释了"自力更生"的龙岗老年教育实践。由本身具有较高专业素养的老师进行更专业的培育，并充分调动社会专业资源进行合作与支持，使得学员中的佼佼者、快进者，逐步成长为班级班长、专业课老师，这样的现象在龙岗区各级长青老龄大学中屡见不鲜。

春风和煦，阳光洒满校园，在布吉街道长青老龄大学，学员们正在门球场上一较高下，有如一道道青春丽影。从 2010 年 9 月开办以来，布吉街道长青老龄大学坚持"五个创新"，走出了一条特色办学之路，2014 年成为龙岗区"五星级老年大学"。"有内涵、有品位、有特色的典型学校，挂星表彰，引领全区老年教育改革发展。"龙岗区委组织部负责人表示。不要以为摘得了几星就能"稳坐钓鱼台"，对已授星的学校，坚持"不看广告看口碑""能上能下"，学校管理和教学质量未能巩固的，视情况降级或摘牌，并限期整改。"这样的机制对于学校的健康发展起到了良好督促作用。"一名社区长青老龄大学负责人表示。

来到深圳东站，这里每日都是车水马龙，来往的行人显得匆匆忙忙，人群中有一名白发苍苍的长者面带微笑、积极阳光，正背着扩音器为来往的旅客们提供帮助。"像我这样的老党员，在家也闲不住，做志愿服务，继续为社会发光发热，我认为这是一件非常有意义的事情！"陈老先生满面笑容地说道。其实，陈老先生是龙岗区满天星"两老"志愿者中的一员，"两老"志愿者服务队自 2015 年成立以来，构建了"区–街–社区"三级服务网络，截至目前，已有 4700 多名"两老"志愿者，服务涵盖社会治理、志愿服务、法律援助等 19 个领域，共开展活动 14550 次，服务 10 万余人次。

发展为了人民，发展依靠人民。龙岗区各级长青老龄大学始终秉持"服务一个老人，幸福一个家庭，和谐一个社区，助力一方发展"的办学宗旨，给深圳老人们开辟出了一块"开放包容、开拓创新"的试验田，以

"为党和人民的事业增添正能量"等主题活动为主线，引导广大老年人不忘初心、彰显价值、绽放风采，做现代化、国际化、创新型的老年群体，以饱满的热情、积极的态度、奉献的精神，助力中国特色社会主义先行示范区建设，努力续写更多"春天的故事"。

点 评

区级长青老龄大学的"一座难求"，折射出的是人民群众对"老年教育"的切实需要。龙岗区老年教育的发展，始终紧扣着人民群众对美好生活的向往这条主线，在区委组织部的领导下，把学校办到了老年人的家门口，想方设法为老年人服务，解决了场地、资金、师资等问题，不断深化长青老龄大学体系标准化建设内涵。在龙岗老年教育这片"沃土"上，学员们再次焕发"青春"，成为助力龙岗区社会发展的一支生力军，在建党100周年之际，龙岗区老年教育的星星之火，呈现了燎原之势。

老年大学有规矩，快乐学习有章法

范东卫

为了顺应深圳市长青老龄大学体系标准化建设要求，罗湖长青老龄大学积极致力于制度建设与创新，构建了自律性、公约性、应急性的日常管理机制，体现了长青老龄大学的管理特点与风格。

一 人人遵纪守则，共建公约机制

罗湖区长青老龄大学教师有个习惯——上课带扩音器，且每节课都会准备一些有趣的小视频。

民族舞专业的曾老师说："老年学员不同于青年学生，他们有的老眼花，有的听力弱，有人本科研究生，有人初小高小生，理解能力参差不齐，教学难度比较大。"

她边说边掏出了"小蜜蜂"扩音器，"都说老小孩老小孩，他们真的挺像小孩子"，说着就打开手机翻动教学视频，"每次我一打开这些视频，大家都别提多专注了！那些民族风情的舞蹈技巧，他们很喜欢学，非常适合老年人的特点，我也收到许多不错的反馈"。

有一次70岁的周阿姨对她说："你又带孩子又要教学，还准备这么多寓教于乐的视频材料，很辛苦啊！我们都很心疼你！"小曾老师有点激动，说："您认真上课学习给了我最好的奖励、最优的肯定和最高的尊重。我不能辜负众望，要对得起我的每一位长辈！"说完弯下腰，作了个揖。

老师尊重学员，学员也尊重教师。每次谈到对学员的印象，书画系钟老师都十分动情，他说"罗湖长青老龄大学的老学员是最懂'尊师重教'的"。

"他们中有 50 多岁的退休员工，也有 70 多岁的白头老翁，但从不让老师担心，从未有迟到者或早退者，永远都是人数最齐全、纪律最规整的，请假会提前说明情况，病假会发个微信告知，班长每次都为老师做好了一切课前准备。我感到很自豪！"

"最感动的是有几次慢性咽喉炎犯了，第二天在另一个班的讲台上就会有胖大海或润喉的含片。"钟老师忍不住竖起大拇指。

互相尊重之余，线上线下的周密管理，更让长青老龄大学的日常管理有章可循。

长青老龄大学每个班级都有独立的微信群。学校规定，微信群主要用于教学交流和班级工作沟通，不能发与教学无关的信息。

那天，有位学员把老乡请求捐善款的链接发到了班级群。班长见状，迅速在群里发言："同学们，在群里发无关链接可要打手板哦！"

为了不让老学员尴尬，老师连忙出来回应："班长说得对，学校关于微信群的管理有明文规定，不要发与教学无关的链接，献爱心是好事，咱们可以再建一个群呀！"

老师的话得到了大家一致认可，班长迅速拉了个群，大家纷纷参与捐款。

那位发链接的同学感动地说："这次撤不回来了，以后再也不会乱发信息给大家添麻烦了，谢谢同学们捐款！"

同学们纷纷为她点赞，以后再也没有与教学无关的链接发到群里了。

二 发扬民主精神，巩固自治机制

"学员们早上好，今天在《夏雨初晴》临摹前，先安排一下班长选举。"

随着教务处赵老师话音落下，已经开始有学员跃跃欲试了。

"老师，我可以试试吗？我会对大家负责，认真完成任务的。"

"老师，我也想参选，不知道有没有机会。"

"老师，我也想参加。"

没想到大家的参选热情如此高涨，赵老师笑着说："看大家这么积极，我宣布一下规则。按照学校要求，每个班设置正、副班长两名，班长由老师和学员共同选出，考虑到班长相当于班主任，工作量较大，服务要到位，年龄在 70 岁以下为宜。"

很快，19 级山水（1）班筛选出 5 名候选人，然后全班学员在选票上勾选了自己心仪的同志。赵老师宣布结果，票多者获胜，第一名任班长，第二名任副班长，于是大家鼓掌通过。两位班长发表了一下自己的感悟，表示绝不辜负期望。

这是罗湖区长青老龄大学班长选举的一幕。这样的选举既保证了全班对班长的期望和信任，也体现了班级管理的民主与集中。

班长的职责，就是为班级学员服务。

一天，学校正在东门广场举行教学成果汇报演出，精彩的节目吸引了许多路人和居民。

突然，舞蹈班林姨焦急地叫出声："糟糕，我的裙子找不到了，谁有看到吗？""那怎么办？！"离上场还有 40 分钟，同伴也叫起来了。

班长正在给另一个学员化妆，听到声音赶紧赶了过来："别急别急，仔细想想放到哪里了，实在找不到我来想办法。"

林姨想了很久说："可能，可能在学校化妆间了。"当时，只听班长说"你等着"，就匆匆跑了……

20 分钟后，她气喘吁吁地跑了回来，说："给，快换装。"

徐姐在那大喊："班长，你来回这么快啊！看你的腿还……"班长的左腿上周摔了一下，还没痊愈呢！

班长打断了她："快快快，上台啦，磨蹭什么呢！"她一边说着，一边还在做鼓励的手势。

节目表演非常成功，很多观众都热烈地鼓掌。结束之后，大家都忙着收拾现场，舞蹈老师把大家召集过来说："多亏了班长，及时去拿服装。让我们把最热烈的掌声送给她，谢谢她！"

班长有些不好意思地挠了挠头说："客气了，紧急之下必须快步啊！"说着打开手机："大家看看，刚才的舞蹈太精彩了"。

"班长气还没喘过来，就拿着手机拍了那么多舞影舞姿啊！太漂亮了啊！"

"谢谢班长！""谢谢信任！""好！"现场响起一阵热烈的掌声。

三 精心做好预案，完善应急机制

消防警报响起，广播里传来声音："各个班级请注意，楼下有房间起火，请各班班长、老师带领大家在应急领导小组工作人员的引导下，马上撤离教室到地面广场，谢谢配合。"

老师和班长迅速打开教室门，提示大家按照日常座位顺序出列，现场井然有序。

学校在失火楼层以上占了4层，师生迅速往下"逃离"。工作人员这时又提醒："大家不能坐电梯！走楼梯，走楼梯，注意地面湿滑！"

"放心放心，我们懂！""我行，我行！""扶着栏杆哈！"

最后，在学校统一指挥下，整楼人员全部安全撤到地面广场。应急预案小组分别检查各楼层，确认全楼已无人后也安全撤到集合点。

此刻，应急领导小组组长宣布："今天大家辛苦了！火灾预警演练到此结束！'考试合格'，现在放学！"这时全场才松了一口气。

当记者采访时，应急预案小组组长自豪地说："这次撤离之所以如此有秩序，是因为我们各班都做了应急预案培训，所有行动都按照预案程序进行，每个环节都很规范！""充分证明了预案的规范才能保障应急过程的万无一失，因此我们常说'预案是应急机制的序言'。"

除了火灾预警之外，疾病预防工作也是应急机制的重要组成部分。

有一天早上，年过 70 岁的张叔快要迟到了，急匆匆冲出电梯，在准备打卡时，他突然胸口一闷就坐在地上。

值班保安老李赶紧跑过来："张叔，您不要紧……"

话音未落，见张大爷大汗淋漓没反应，老李赶紧让他平躺在地上。迅速拨打了 120，立马报告办公室，很快，应急预案小组成员、校办主任赶来了，20 级演唱（1）班学员杨医生赶到了，救护车来了，担架上来了。张叔被送到了人民医院急诊室，初步诊断是突发心肌梗死。从事发到送去医院的全过程仅花了 36 分钟，好险！

半个月后，张叔回到演唱班感慨地说："学校救了我的命啊，学友救了我的命啊，老李救了我的命啊！感谢大家！"张叔双手合一频频作揖。

班长说："应该感谢学校，应急预案的建立和培训，让我们在遇到紧急情况时，有了较强的应对机制和心理适应能力。"教室里又响起了一阵阵清脆的掌声。

点　评

罗湖区长青老龄大学的机制探索证明了以下三点：老年教育公约机制比规章制度更重要；学员自治机制比硬性的管理制度更重要；因为老年人基础性疾病多、行动迟缓，发生意外的可能性较大，同样重要的还有完善的安全应急预案机制。

多措并举，"我的地盘我做主"

王志明

"一个一个来，大家不要急，很快就轮到您了。"2021年3月7日下午，蔚蓝海岸一期会所三楼的蔚蓝海岸社区长青老龄大学报名处热闹非凡。16个班的报名处前面，都排满了等待报名的老年朋友，大家担心自己晚了就报不上名了。

蔚蓝海岸社区长青老龄大学的"学位"一直比较紧俏，虽然需要收取学费，但每年一开学，学员们还是争先恐后，踊跃报名。学员们报名时，不仅要带身份证，还要带上相应的房产证，来证明自己居住在蔚蓝海岸小区。有时外面小区的业主过来"浑水摸鱼"，结果还是被老师们的"火眼金睛"发现了。

蔚蓝海岸社区长青老龄大学的前身是蔚蓝海岸社区老年大学（后文统称蔚蓝海岸社区长青老龄大学），在社区老年协会的支持下已经办学12年了。由最初的书法、国画2个教学班，发展到现在的声乐、国画、书法、舞蹈、时装、英语、诗词、戏曲、绘画、摄影等16个教学班，学员从最初的60人，发展到现在近500人。办学10多年来，学校各类活动丰富多彩，大家其乐融融亲如家人；每年一次的书画、诗词、绘画与摄影作品大赛，吸引广大业主参观学习；学员们的作品与技艺，屡屡在全市乃至全国性的大赛中获奖……

经过10多年的摸索与尝试，蔚蓝海岸社区长青老龄大学越办越规范、学科越来越丰富、学员们越来越多、影响力越来越大。不少学员经过系统的学习后，已从"学生"华丽变身为"老师"，在各个社区的长青老龄大学中任教，同时，也输出了办学思路和办学经验，成为培养社区长青老龄大学老师的"摇篮"，走出了一条长青老龄大学独特的办学之路。

一 多种途径解决经费难题

社区办长青老龄大学最大的困难是什么？很多长青老龄大学管理人员都回答是经费和场地。没有经费，无法邀请到优秀的老师上课，也没办法举行一些交流活动；没有场地则是硬伤，学员们无法集中上课。

蔚蓝海岸社区长青老龄大学创办之初，同样的难题摆在时任蔚蓝海岸社区老年协会副会长、长青老龄大学校长程吉福和副校长高玉华面前。

拥有5000名住户的蔚蓝海岸社区，常住人口有2万多人，60岁以上老年人有2000多人，蔚蓝海岸社区老年协会会员有1200多人。蔚蓝海岸社区长青老龄大学创办后，老年协会发挥了纽带与凝聚的作用，聘请校长，由会长兼任副校长，有力地推动了社区长青老龄大学的体系规范化建设和教学质量的提升。

"收学费，一个可以解决老师的经费，也保证了学员的稳定性。另外可以保证老人们学习得更认真，因为交了钱如果不认真学习，大家还是会觉得浪费。"担任老年协会副会长多年的程吉福，想到老年协会会员都收会员费，就和管理团队成员商量，决定在长青老龄大学采用收学费的模式，由已注册为社会组织的蔚蓝海岸社区老年协会来收取。但对于80岁以上的老年人，则不收学费。

收学费定下来后，收多少呢？大家商议后，认为既不能让学员觉得是个负担，同时又正好能够给老师发课酬补贴，所以定下来每个学员每门课为50元。

2009年4月8日，这是高玉华终生难忘的日子，蔚蓝海岸社区长青老龄大学举行开学典礼，看着书法和国画两个班的60多名学员，她长长地舒了一口气。

蔚蓝海岸社区长青老龄大学向学员收取的学费都是象征性的，比社会上同样的培训费要低得多，仅靠学费远远不够支撑学校的正常运转，学校还申请了福彩公益金资助，争取企业赞助和物业支持。经费的支出主要包括聘请教师的课酬和大型活动所需。同时，学校设了财务、出纳，严格经费管理与支出。学校管理人员、班主任和班长等工作人员都是义务劳动，没有一分钱的补助，但每位工作人员每学期可以免费选修3门课程。

二 把社区长青老龄大学办成一所真正的大学

"蔡姐，去干吗?"

"上课去"，路上遇到邻居后，蔡霞总是这样回答大家。她一口气报了书法、诗词、声乐等5个班，每天不是在长青老龄大学上课，就是在去长青老龄大学上课的路上。

蔚蓝海岸社区长青老龄大学开学后，当年下半年就增加到3门课程，学员人数更是不断增长。如今，蔚蓝海岸社区长青老龄大学已经开设了声乐、国画、书法、舞蹈、时装、英语、诗词、戏曲、绘画、摄影10个专业，共16个教学班。

社区长青老龄大学有一套完整的管理体系和健全的规章制度。2016年，老年协会换届后，聘请了有学校管理经验的陈玲担任长青老龄大学校长，使得办学更加规范。学期前有教学计划，学期末有工作总结，学校教师要根据学员的情况制订教学计划，安排教学进度。针对校委会职责、班主任工作、财务、招生、班级微信群和学籍管理等都制定了一系列管理条例，使得教学及行政管理都有章可循、有规可依。

三 发挥示范效应，推广管理经验

"一楼心香三地醉，八方合韵万情欢。"

这是 2018 年深圳诗友联谊会时，学员陈志宏写的一个手记的开头。当时南山、福田和龙岗三区的 83 位诗友齐聚蔚蓝海岸会所，大家吟诗诵词，现场古韵悠悠。

像这样的活动，在蔚蓝海岸社区长青老龄大学不胜枚举。戏曲班、舞蹈班、时装班，多次开展联谊活动，编排节目，参加市、区、街道相关庆典活动。英语班开展英语节、美食节等形式的全英语生活场景锻炼活动。诗词班有"朗诵角"、诗词竞赛、作品赏析等活动，有的学员个人已出了 4 本诗集，并多次参加市诗词协会活动，这提高了大家的学习积极性。

"自己通过参加时装班，学会了走时装步，还常常外出参加表演，活出了精神劲，自己变得更加自信、优雅。"学校教务主任李红梅很有感触地说，自己还参加了诗词班，由什么都不会到现在也会写几句古诗词，觉得生活越来越美好，家庭邻里关系变得更加融洽、和谐。

大家不仅学到了知识，还交到了好朋友，因为共同的兴趣走到一起，所以学员们亲如一家人，不仅一起参加各类活动，一到暑假，大家还会来一场说走就走的"旅行"。

蔚蓝海岸社区长青老龄大学从创办至今，每年暑假都会在一期会所大堂举办学员的书画、诗词、绘画、摄影作品展，截至 2021 年初已经举办了 11 届。所展作品一年上一个新台阶，一年换一个新面貌。

蔚蓝海岸社区长青老龄大学还培养了很多舞蹈、戏曲、诗词、时装、书画、声乐专业学员，这些专业学员也逐渐被各所长青老龄大学请去任教。为此，蔚蓝海岸社区长青老龄大学被大家誉为"培养长青老龄大学老师的大学"。

"转瞬已十年，新霜染鬓间。蔚蓝承载后，伏骥跃峰巅。"

2019 年是蔚蓝海岸社区长青老龄大学办学 10 周年，高玉华有感而发写下了这首诗。当年，蔚蓝海岸社区长青老龄大学出版了《十载风华》，印制了一本台历，策划了一届作品展，举办了一台庆典晚会。通过"四个一"的活动，全面展示了学校的办学理念以及成绩，得到了大家的好评。

"12 年一路走来，在探索中前行，老年教育要想长足发展，要有师资队伍、教学设施，也一定要有经费的支持。办社区长青老龄大学条件有限，要充分利用有限资源。长青老龄大学工作的组织者，要有长远的办学目标，将老年教育发展壮大，任重道远。"高玉华说。已有丰富办学经验的高玉华，如今被粤海街道聘为街道长青老龄大学常务校长，希望通过她的示范与"传帮带"，能够将蔚蓝海岸社区长青老龄大学成功的教学管理经验推广与辐射出去。

点 评

蔚蓝海岸社区长青老龄大学能够坚持办学 12 年，历久弥新，"学位"难求，不仅需要有好的办学机制，提供经费、场地以及教师队伍，解决办学的后顾之忧；还要有乐于奉献的管理人员和教职员工，让学校不断规范办学，各方协调，如此才能行稳致远；更要有让老年朋友持续学习的动力，老年大学的本质是"学校"，教学质量与课程设置有没有吸引力，能否不断创新以及与时俱进，决定了老年大学是否有生命力。这就是蔚蓝海岸社区长青老龄大学"长青"的秘诀。

党建引领，老干部退休不褪色

赖倩斌　朱　琳

周四下午两点半，公明街道长青老龄大学学员、家住长春花园的退休居民王姐早早来到了公明街道辖区党群服务中心。不久，其他学员和老师也陆续来到教室，王姐热情地和他们打招呼，顺便一起聊聊近期的学习和生活状况。

待大家准备好宣纸、毛笔和墨水，公明街道长青老龄大学本周最后一门书法课就开始了，大家在老师的指导下认真练习着。过了一会儿，只听见老师对王姐说："王姐，你这个'福'字写得真不错，看来最近勤加练习了，值得鼓励。"其他学员也纷纷夸赞王姐写得好，比以前进步很大，王姐开心地笑了，并感谢大家的肯定。

"多亏了党组织对我的关心，我才能调整过来，积极面对生活。自从参加了长青老龄大学的课程学习，我的退休生活变丰富了，身体也比以前好了很多，感觉未来充满了希望。"王姐说。

如今，长青老龄大学受到了越来越多退休居民的喜爱，这要归功于长青老龄大学坚持党建引领，依托原有的老年大学和社区党群服务中心阵地，充分整合资源，强化退休居民的思想政治觉悟，把广大老同志凝聚在党的周围。

一　探索党建引领老年教育，推动社区基层治理

随着人口老龄化的加剧，退休居民对长青老龄大学的需求越来越强烈。据了解，老龄党员是社区党建和党群服务的主体，推进基层党建、老年教育在社区有机融合、协同发展，是新时代背景下加强党的领导、优化社区

基层治理、破解办学难题的有效途径。

公明街道落实上级推动老年教育向社区延伸的要求，牢牢抓住党建引领这条主线，贯穿社区基层治理，依托社区党群服务中心，推动老年教育社区化、标准化，积极办好建在老百姓"家门口"的这所长青老龄大学。

"今天，由我来为大家上党课，主题是'不忘初心，为理想而奋斗'。"华哥对学员说道，"不忘初心，为理想而奋斗，就是为中国人民谋幸福，为中华民族谋复兴，为世界求大同，坚定马克思主义的信仰……"

公明街道长青老龄大学充分利用资源，坚持党建引领，特邀党支部书记华哥为长青老龄大学学员讲党课，辅导学员学习习近平新时代中国特色社会主义思想，宣讲党的十九届五中全会精神。

"每隔一段时间，学校就会邀请华哥来为我们学员讲党课。我认为这是非常正确的选择，可以增强我们的党性修养，提高参加学习的自觉性。"长青老龄大学学员文姨说。

"是啊，党课学习可以教育引导我们树牢'四个意识'，坚定'四个自信'，坚决做到'两个维护'，为党的事业增添正能量，为长青老龄大学的课程学习打下思想政治理论基础。"学员何姐对文姨的说法表示赞同。

通过老年教育社区化模式，公明街道下辖各社区的长青老龄大学充分利用社区党群服务中心场地和软、硬件设施，因地制宜、合理设置，为长青老龄大学教学活动的开展提供了有力保障，成功打破社区长青老龄大学办学资源不足的瓶颈；同时，依托社区党群服务中心阵地，开展学员党建活动。这样，退休居民集党员、长青老龄大学学员等角色于一身，既是参与主体又是服务对象，成为党群服务和文明实践的主角。

二 "是党员也是学员，角色切换自如，做自己的主角"

"正好碰到你们，提醒一下今天下午支部开展'垃圾分类主题党日'活动，你们记得准时参加。"梁叔对同是退休党员的阿英和王姐说。阿英和王姐异口同声回答道："好的，感谢提醒，组织安排的活动是不会忘的。"

下午，梁叔、阿英、王姐及支部其他党员集合前往街心公园，向附近居民及街边小商铺派发垃圾分类宣传单，倡导居民按照要求进行垃圾分类，深入贯彻落实《深圳市生活垃圾分类管理条例》，营造良好、文明的环境氛围。

"通过党员志愿活动，将'支部建在家门口，党员回到群众中'落到实处，充分发挥党建引领作用，有效带动更多的居民加入垃圾分类行动中来。"支部活动取得了成效，作为参与的一员，梁叔表示高兴与自豪。

第二天上午，作为长青老龄大学合唱班学员，梁叔准时到达活动场所，跟着合唱老师学习《草原上升起不落的太阳》，虽然才学习了两节课，但在老师的悉心指导和自己的努力下，梁叔已经唱得有模有样了。这节课刚开始，老师就让梁叔单独进行表演。梁叔一开嗓，那嘹亮的歌声顿时响彻整个教室，老师对他表示肯定："唱得非常好，看得出来您很有天分。"

作为党员，梁叔参加活动，服务群众；作为长青老龄大学学员，他接受服务，自如切换参与主体和服务对象的角色。以党建为引领，长青老龄大学构建一套完整的工作体系和机制，组织发动党员，党员带动群众。党组织向基层延伸，打通服务群众的"最后一公里"，让社区基层治理持续焕发生机活力。

三 坚持党建引领，实现学员自我价值

为充分发挥党建引领作用，筑牢正能量阵地，公明街道长青老龄大学坚持把政治建设放在首位，切实加强学员思想政治建设，牢牢把学员凝聚在党的周围。

张叔是一名退休党员干部，也是公明街道长青老龄大学的副校长，同

时他也作为学员参与书法班的学习。2020 年"七一"建党纪念日前夕，他和书法班学员商量："今年是建党 99 周年，我们以'庆祝建党 99 周年'为主题，前往光明区书法协会，与书法协会成员开展书法交流活动，大家觉得怎么样？"书法班学员纷纷表示支持："校长的这个提议非常好，我们可以通过书法交流，在回忆党的历史征程、歌颂党的光辉伟绩的同时，弘扬中华民族优秀文化传统，实现自我价值提升。"

临近春节，张叔等书法班多名学员现场为社区居民"义写春联"，对于年老体弱、行动不便的退休居民，张叔作为党支部班子成员，代表党组织积极上门慰问，为他们送上春联和党组织的关怀与问候。已经 80 岁高龄、患有尿毒症的曾叔握着张叔的手激动地说："感谢组织一直关心我，也谢谢书法班的学员，有了大家送来的温暖，觉得生活也没那么艰难了。"

点 评

公明街道长青老龄大学坚持党建引领，根据教学活动安排，定期组织学员学习党的方针政策，组织开展政治理论学习、座谈会等活动，学习时事政治，交流思想，沟通感情，协助做好党员、学员及老师的互动联系，引导学员充分发挥余热，始终保持共产党员先进本色，并成为助推长青老龄大学党建工作的中坚力量。

满足老同志需求，长青老龄大学风景独好

刘育銮

来坪山街道长青老龄大学之前，家住万科小区的陈阿姨从来没有摸过葫芦丝，经过一年多的学习，陈阿姨已经能够吹出优美的曲子了。"一直很喜欢葫芦丝，在老年大学既有专业老师的指导，又有相同爱好的学员一起练习，学起来特别快。"

每到周末，坪山街道长青老龄大学的教室内总是非常热闹，舞蹈班上舞姿翩翩，合唱组歌声嘹亮。在这里，老年学员们收获的不仅仅是舞蹈和歌唱知识，更收获了快乐、健康和兴趣相投的朋友。

一 先行先试，满足老年人美好生活需求

跟大多数街道社区一样，起初，坪山街道老年人的文娱活动以自发为主，老人们根据自己的兴趣爱好组建文艺队、棋牌麻将队，利用小区的小广场、小亭子做场地搞活动，冬天冷、夏天热，碰上阴雨天就没法开展活动了。如何加快老年文化建设，满足老年人的文化需求呢？

坪山街道先行先试，2019 年 3 月成立街道长青老龄大学，引入专业的教育机构，采取"传统＋未来""线上＋线下"的双轨教学模式，坚持"教育""服务""赋能"相结合，坚持党建引领、政府引导、社会赋能、老年自助的服务理念，将中国的传统文化贯穿整个教学体制。切实抓好新时代老年教育工作，想方设法满足老年人"多层次、多标准"的美好生活需求。

长青老龄大学一经开设就吸引了适龄老年人的追捧，老人们相约报名上

老年大学。最热闹的舞蹈班一下挤进二三十人，连教室都不够用了，加上葫芦丝班、书法班、柔力球班、手工艺班，仅老年大学体验课就招收了100多名学员。截至2020年底，长青老龄大学已服务辖区老年人2000余人次。

二 需求导向，打造坪山特色精品课程

"老人安，天下安。"要想更好地服务辖区老年人，确保老有所学、老有所乐，仅仅一所长青老龄大学根本无法满足老年人的需求。为此，坪山街道党工委坚持党建引领、政府引导、社会赋能、老年自助的服务理念，从2019年10月开始，会同社区开展实地调研，整合资源，拓展老年大学服务阵地，加强社区基础设施建设，不断改善条件满足老年人的文化需求，充实丰富老年人的精神生活。

2019年12月中旬，坪山街道在街道长青老龄大学的基础上，完成坪山、和平、六联、六和四个社区长青老龄大学挂牌。在教学和管理上，街道按照全市标准化建设要求，快步跟上，高标准组建老年大学管理团队，完善规章制度，加强统一管理。同时，创新"自选动作"，列出达标时间表，健全完善品牌建设、课程建设、理论研究、文化建设等。五校联动，同步规划，同步招生，同步开课。

通过宣传，扩招生源，调查社区老人兴趣与需求，目前开设了春季班和秋季班，设置了葫芦丝、手工艺、书法、舞蹈、柔力球五个兴趣体验班，招收学员200多名。

三 学尽其用，激发学习热情

在坪山街道长青老龄大学舞蹈班，每到上课时间，学员们都在舞蹈老师的耐心教学下，认真学习每一个动作。课堂上，他们身上没有丝毫老态，

反而充满着朝气。"课程设置合理，舞蹈动作新颖又适合老年人，老师又专业，可比我们之前那个业余广场舞队好多了。"喜爱舞蹈的陆阿姨开心地说。

其实，想要办好老年大学并不容易，除了要有硬件设施作为保障外，师资力量、学校课程等软件也缺一不可。如何能让前来学习的老年人学有所用，坪山街道在激发"老有所学""老有所为"上下功夫。

坪山依托街道老干部活动中心和社区工作站负责街道、社区长青老龄大学的筹建及日常管理；聘请街道（社区）党委成员担任校长、退休老干部担任副校长；加强校社建设、校企建设，在街道形成齐抓共管、各尽其能，共同做好老年大学工作的良好氛围。同时，街道和社区老年大学还充分挖掘学员自身特长，让他们在学员和"教师"间自由转换身份，为他们真正实现"老有所为"创造更多机会。

陈阿姨已经学了近十年的葫芦丝，现在是老年大学葫芦丝体验课的一名学员，学习间隙她常常利用自己已掌握的知识协助老师指导学员们练习。据悉，像陈阿姨这样的学员在其他培训班里也不少。这既缓解了老师不足的难题，也增加了社区老者的幸福感和价值感。

随着老年大学招生规模的不断扩大，学员年龄从50岁到70岁不等，管理困难重重。为确保老年课堂安全有序、和谐温馨，学校还设置了专门岗位，负责课堂的管理和服务。

"2021年，我们会开设更多的班级，并对课时进场延长，希望更好地丰富街道长者的精神生活，让长者实现年轻时受条件限制而无法实现的愿望，绘就银龄生活的满园春色。"坪山街道长青老龄大学校长表示。

点 评

随着我国人口老龄化态势的加剧，如何开展好老年教育事业，让老人们充分感受到"夕阳无限好"，是一项重大民生事业。坪山街道以此为使命和责任，依托老年大学，探索解决辖区老年人教育难题，积极推动坪山街道老年人教育事业的发展。坪山街道对照先进学经验，坚持以老年人需求为导向，不断提升老年人生活质量和幸福系数，并努力引进和打造更多精品课程，推动形成品牌示范效应。这种做法值得肯定和推广。

首创"双校长"机制，探索老年大学"南山路径"

王志明

"你看，我们学校的设备越来越齐全，办学越来越规范。"

顺着蛇口街道东角头社区长青老龄大学常务校长李平指着的方向，闪亮的钢琴、锃亮的地板、全新的投影仪……这个位于东角头社区服务中心三楼的教室，墙上还整整齐齐地挂着校委会职责、办学宗旨、学员守则、课程表和学员风采等。

南山区委组织部、教育局、民政局、卫健委等多部门联合办学，于2020年9月21日举行了街道、社区长青老龄大学揭牌仪式，初步形成"区—街道—社区"三级长青老龄大学体系；同时，不断拓宽办学思路，整合辖区资源，探索推出"双校长"领衔的校委会负责制、"校社联动"办学模式丰富长青老龄大学的标准化内涵，培育"银龄乐学"的浓厚氛围，积极探索长青办学的南山路径。

一 "有困难，找书记"

"东角头社区的长青老龄大学办学由来已久，2015年就办得有声有色，组织各类老年活动，也在市区以及国内其他地区获得各个奖项。"李平说，"那时候不叫'长青老龄大学'，当初就是组建了个自娱自乐的老年艺术团——候鸟艺术团，因为老年朋友们来自全国各地，希望通过艺术团把老人们聚集在一起。"2018年，社区开办了"幸福学堂"，李平作为社区党委委员担任校长，并带领候鸟艺术团骨干勇挑重担、冲锋在前，幸福学堂六个班长全部由党员骨干担任。

2020 年下半年,"幸福学堂"又升级为东角头社区长青老龄大学,李平更加忙得不亦乐乎,连声感慨:"现在我们都找到了归属感,心和家庭都在这里,候鸟更像我们的精神图腾,体现了对理想与艺术的孜孜不倦,对同伴和社区的深深眷恋。社区长青老龄大学成立后,不仅得到区、街道和社区的各方支持,不再有后顾之忧;成为'正规军'中的一员,办学与管理也不断规范化。"

"以前我一个人,什么事情都是自己想办法解决,现在遇到解决不了的事情,我就去找社区党委书记,因为他也是校长。"李平笑着说,"套用一句话叫'有困难,找书记'"。

东角头社区党委书记潘道安担任东角头社区长青老龄大学校长后,对长青老龄大学的各项工作很支持,要场地给场地,要设备解决设备。潘道安全面整合社区资源开展办学,做好后勤保障,李平一下子觉得肩上的担子轻了不少,只想心无旁骛地做好教学管理工作。

"李阿姨在前方冲锋,我在后方做好保障。"东角头社区党委书记、长青老龄大学校长潘道安说。作为校长,他非常重视学校的各项工作,通过社区党委统筹人力、物力和财力,为学校提供后勤保障。

南山区首创"双校长"负责制,即由街道党工委委员及社区党委委员分别担任街道、社区长青老龄大学校长,协调各方资源支持保障办学,再遴选一名老同志担任"常务校长",负责具体教学事务管理工作。双校长相互支持,各尽其责,为基层办学提供了资源整合的有效抓手,保证了学校的办学有效运转。

"双校长"负责制让社区长青老龄大学尝到了甜头。海珠社区党委书记、海珠社区长青老龄大学校长陈慧斌说,长青老龄大学实施"双校长"负责制有利于学校的长远发展,该机制既明确了社区党委在学校教学活动中的主导、统筹的职责,又充分调动了老同志参与社区事务的积极性和主动性。

要规范化办学，就要组成核心团队。东角头社区长青老龄大学成立以党员为核心的管理团队，从校长、常务校长、校长助理到各班班长全部由党员担任，管理团队 31 人中就有 21 名党员，校委会成员中党员占 85%，充分体现了党员在社会组织中的骨干作用。此外，平时以会带学，开展各类座谈交流，提高管理团队业务能力。目前，东角头、名海等社区长青老龄大学已按班级成立临时党支部，组织党员参与学习教育，开展组织生活，引导老同志积极参与社区治理。

如今东角头社区长青老龄大学已成为社区的一支主力军。从社区艺术节、街道妇联反家暴专场演出、街道三八妇女节宣传演出、街道义工表彰大会……学员们忙得不亦乐乎。社会价值感令每一位学员焕发出了青春与活力，社区居民议事会 30 名成员中有 19 名是长青老龄大学骨干。"只要社区党委一声号令，我们就会冲锋上阵，指向哪里冲到哪里。"校委会王阿姨笑着说。

二　借"外力"，办好学

"谢谢你们的辛苦付出，让我们的学校越办越好。"

2020 年 12 月下旬，在海珠社区"秀出文明范"舞台上，海珠社区书记、海珠社区长青老龄大学校长陈慧斌和校务委员们为海珠社区长青老龄大学优秀教员、社区热心公益讲师、优秀辅导员以及优秀学员颁奖。

海珠社区长青老龄大学项目源起于承办方深圳市老龄事业发展基金会运营的南山区民政局养老试点项目——海珠社区党群服务中心邻里之家，主要负责对接老年人生活照料、健康管理以及精神慰藉方面的资源。项目运营前期，工作人员开展了大量的访谈工作，了解到老年教育是海珠社区老年人的刚需，所有接受访谈的老年人都表达了自己的需求，希望开设书法、绘画、乐器、唱歌、朗诵等课程，对生活技巧、烹饪以及科技产品使用也表现了强烈的兴趣。这些需求的发现促成了海珠社区长青老龄大学项目的落地，该项目由深圳老龄事业发展基金会具体承接，由此开创了办学的新模式。

"我们和传统的老年大学不一样，传统老年大学是开设各种兴趣班，人来学习就好，属于等待式办学。海珠则是主动参与式办学，办学不是单一的目的。'聚人'，让居民有参与感，才是最先考虑的问题，是为了解决基层治理中居民参与性不足，又不知道如何参与的老大难问题，"陈慧斌说，"以前政府部门花了钱办了事，群众总觉得是应该的，没有想到里面深层次的意义，而海珠社区的模式，是通过党建引领，让各党支部用好办班这个载体，实现'人人有责、人人尽责、人人共享'局面。"

"校社共建"带来的好处是什么呢？陈慧斌说，社会组织参与长青老龄大学一起办学，一是有专业度，他们针对老年人这个群体，可以开拓很多类型项目，形式不单一；二是有链接度，通过与社会各种资源链接，弥补运作经费不足的问题，开通新渠道；三是有支持度，居民想做事却不知道如何做，而他们通过陪伴，促进党支部、居民骨干分子、各个队伍学会自己运作办学。"这个过程就很有意义，刚好解决了居民学会有效参与社区建设的关键问题。"

"不仅仅让老人提升了个人素养，更关键的是用好老人的能量，让他们发挥出最大价值，成长了个人、幸福了家庭、和谐了社区，共建美好家园。"陈慧斌指出，这也是海珠社区党委的目标。通过长青老龄大学这个新的平台，党建引领、多维共治，释放老年群体能量。

三　搭建交流平台，营造浓厚氛围

"积极应对人口老龄化，创新长青老龄大学办学模式，还需要做到'政策驱动'与'需求为本'相结合、'形式建设'与'内涵建设'结合……"

2021年1月29日下午，南山区长青老龄大学策划开展了主题为"北纬22度，长青有约"的第一期"银龄乐学"沙龙活动，多位专家从不同专业背景出发，介绍了积极应对老龄化国家战略与老年教育的关系、国外老年教育兴起与发展，以及深圳市长青老龄大学发展历程与体系标准化建设思路，并与校长们共同探讨如何办好长青老龄大学。

与会的校长们纷纷表示该沙龙活动开阔了眼界，拓宽了思维，为下一步办好社区长青老龄大学提供了重要参考。

"南山区非常注重银龄乐学文化氛围的营造，引导老年人树立积极老龄观，调动老年人参与学习的积极性和主动性，培育老年学习文化，使学习风尚融入老年人生活，使老年教育成为增进老年人福祉的重要内容。"南山长青老龄大学负责人还表示，"银龄乐学"沙龙首秀是南山丰富长青校园文化建设的新起点，后续将遴选老年群体关注的教育教学主题开展形式多样的互动分享活动，为区内从事或参与老年教育的群体搭建研讨交流平台，让全社会共同关注老年教育。

点 评

南山区长青老龄大学会同老年教育领域专家及体系标准化建设课题组成员，共同研讨制定"三年三步走"的体系标准化建设路径，即第一年建立机制、夯实基础，第二年强化保障、全面覆盖，第三年落实标准、提升质量。经过不断努力，南山区行稳致远，着眼于全区老年教育均衡发展的差异化格局，统筹涉老资源，抓机制夯基础，强保障谋发展，创特色树品牌，取得了阶段性成果，不少特色老龄大学脱颖而出，开花结果。

第十三章
模式探索：多元共享推进办学模式创新

同一所长青老龄大学，同一个时间段，却拥有更多的课程。"1＋N"分散办学模式，以创新思路解决了长青老龄大学场地不足的问题。这是南山区粤海街道海珠社区正在开展的探索。

长青老龄大学引入深圳信息职业技术学院资源打造的椿萱书院，成为诗经文化传承基地，让老年学员们在咏叹、吟诵、乐舞中感受诗经之美。这是龙岗区宝龙街道的生动实践。

引入老年培训机构华龄老年大学，灵活多元的课程，更丰富的"课程菜单"，让老年学员对老龄生活有了更多期待。这是福田区香蜜湖街道正在书写的共享之美。

从各种各样的生动场景中，我们可以体察到深圳市长青老龄大学在模式探索中所做出的努力。丰厚的基层实践，为长青老龄大学在不同层面搭建起了丰富模式，培育了老年教育的丰盈园地。

新时代的老年大学，不再由党委政府"单打独斗"，更是社会各个层面的合力共举。在深圳，为促进老年学校的发展，各种社会力量积极介入，形成多元办学格局，锻造出更多老年教育的"深圳模式"。

深圳在应对人口老龄化问题上，同样有义务先行示范。我们惊喜地发现，在长青老龄大学体系标准化建设的过程中，深圳正在多管齐下、多点着力，不断探索长青老龄大学的教学运营新模式，推动着标准化老年大学教育体系的建设。

模式探索，不拘一格。百花齐放的办学模式焕发出勃勃生机，带来了老年教育云蒸霞蔚的美好春天。

多元参与，书写共享之美

吴楚辉

福田区华龄长青老年大学摄影班的曾向阳大叔获得"第九届全国金鹤艺术摄影大赛建筑类金奖"后，61 岁的他带着奖杯、证书和奖牌来到学校，与老师们一同分享这份荣誉与喜悦。这个奖项在全国数万参赛者中仅设一名获奖者，实属难得。从一个数码相机"小白"到全国摄影界的"大咖"，这种华丽转变既得益于他本人孜孜不倦的学习和老师的悉心教导，也得益于福田区在长青老龄大学办学过程中积极开发利用实地资源、创新建校办学路径、丰富长青品牌内涵建设的探索和努力。

一　多元办学，坚持专业的人做专业的事

2020 年 11 月，香蜜湖街道长青老龄大学开课了，这个消息在附近引起了不小的轰动。报名期间，许多老年人早早就过来了，队伍排到校内楼梯口，30 个班级的课程被"秒抢"，后面没有报上名的老人不断咨询后面课程的开设情况。"没想到老人学习的需求这么强烈，大学推出的课程那么受欢迎。"社区工作人员感叹道。

该校的独特之处在于，它是在华龄老年大学的办学基础上建立起来的。福田区老年人整体素质相对较高，老年教育有较好的基础，华龄老年大学就是在这片沃土上成长起来的全市知名民营老年培训机构。

"相比于政府主导的老年大学，华龄老龄大学不但入学门槛低，而且课程设置灵活，师资队伍实行淘汰制，教学方式更为多元。"杨校长说道，"学校不断根据学员反馈调整课程内容和任课老师，目前开设了声乐、舞

蹈、摄影、书画、英语等近 10 个专业 80 个班，均为广受老年人喜爱的课程。每学期招生名额 1300 多名，通过口口相传，不用做推广，即使每人每学期限报 2 门，课程依然供不应求。许多老年人接到学校的入学通知书，比当年考上大学还要开心。"通过扎实培训和用心服务，华龄老年大学不但圆了很多老年人年轻时的"钢琴梦""英语梦"，还扩大了他们的朋友圈，让他们更好地融入城市生活。

此外，福田区还依托辖区公办学校资源办学。近年来，沙头街道长青老龄大学依托深圳市福田区华强职业技术学校（以下简称"华强职校"）社区学院挂牌后，通过资源整合，不断引入校本部优质教师资源，根据老年人需求，开设了钢琴、模特、合唱、声乐、旅游、英语等专业班级，在读学员 1200 余人。2020 年，学校多名学员荣获"第三届深圳长青老年钢琴交流赛"传统钢琴独奏组一等奖，模特班学员被誉为"向世界展示深圳时尚的老人"。

"最初的艺术团骨干都是社区学院的学员，一直以来，学校为艺术团免费提供排练场地，艺术团曾在学校举办艺术讲座、召开新年座谈会，还到华强职校彩排、演出。"凤凰涅槃艺术团团长郭丽英深情回顾了深圳市凤凰涅槃艺术团与社区学院之间的深情厚谊。如今，艺术团已经唱响鹏城，享誉全国，艺术团也已经成为华强职校社区学院的亮丽名片。"这里就是我们凤凰涅槃艺术团的家。"

2014 年，时任中国成人教育协会副会长陈乃林考察后称赞道："华强职校作为中等职校，开办社区学院、办社区教育的做法，彰显了教育担当，正是我想推荐的。"

二 无缝入学，让"家门口"的大学成为现实

2020 年初，家住福田保税区的张阿姨刚退休，忙碌了一辈子，总算有

了自己的时间，她有个小小的心愿，趁着自己还年轻，学点英语，准备去世界其他国家走一走，看一看。但她了解后发现，周边符合自己需要的英语培训课程并不多。

住在莲花街道康欣社区的廖奶奶家则有另一本难念的经，老伴去世了，女儿在国外生活，家里就剩下年过八旬的她。她不想住进养老院，也不想出国和女儿、女婿生活在一起。但廖奶奶一个人独居，女儿实在放心不下。

如何有效利用现有资源，将长青老龄大学嵌入"十五分钟生活圈"，方便老年人的生活，让"家门口"的大学成为现实？这也正是福田区有关部门正在思考与探索的问题。

近年来，福田区在社区打造集托养、日间照料、居家养老、医养于一体的综合性、多元化的新型养老服务体——颐康之家。目前，已建成颐康之家及日间照料中心 25 家。通过整合社区养老资源，依托颐康之家，或者一站多功能，嵌入长青老龄大学；或者在选址上尽量临近养老服务资源，实现长青老龄大学与颐康之家、健康服务中心无缝连接，探索多元共建、资源共享的长青老龄大学建设之路。

如福保街道长青老龄大学率先在福保社区桂花苑颐康之家设立分校，秉承"教学同步、管理同步"的理念，让颐康之家的老年朋友也能享受到街道学校的优质教育资源。益田社区长青老龄大学根据老年人实际需求推出了民乐、舞蹈、太极等多门课程，附近的颐康之家、益田社区健康服务中心则为社区近 4 万居民提供照护及基本卫生健康服务。在"资源共享、活动共联"模式下，三家紧密开展联动服务，打造"医养学结合"的社区养老新模式。

现在张阿姨终于在社区长青老龄大学找到了适合自己的英语课，每周一次课程，有时候晚上还到社区英语角，与年轻人练练口语。有了学习目标，她感觉生活充实了很多。

廖奶奶所在的康欣社区，则参与了"居家养老服务＋""长者饭堂延伸行动""医养学一体化服务"等多个专项试点行动，建成了莲花街道长者服务中心、康欣社区长青老龄大学等服务点，逐步实现"十五分钟养老服务圈"。廖奶奶可以每天去社区颐康之家，做康复锻炼，上长青老龄大学的课程，女儿也放心多了。

点　评

伴随着多元共建、创新发展的深入推进，福田区各级长青老龄大学在社会化运营模式、专业化管理机制和特色化办学风格上特色鲜明，成果显著。家庭是和谐幸福社会的基石。老有所养、幼有所教、贫有所依、难有所助，是幸福福田的应有之义。福田区不断引导有资质、有能力的社会力量参与到办学中来。当全社会都来关心老年人、爱护老年人，当支持老年事业成为社会风尚，共奏多元发展的创新篇章，这片和谐、幸福的土地大美而不言。

引进社工服务，推动老年教育发展

罗欣彤　黄小羽

期末，舞蹈班的班主任小李社工在班级群发送了课程评价表："各位学员们好，转眼间我们的课程就要结束了，这学期您收获了什么呢？下面的链接是对我们课程的评价以及对老师教学、班主任工作的满意度测评，请大家认真填写哦。"

学校质量教学好不好？哪门课程受欢迎？学员们说了算。盐田区长青老龄大学引入社工服务以来，注重学员的需求评估以及课程的满意度测评，依此不断优化长青老龄大学的课程设置。

老年教育是构建终身教育体系的重要组成部分，是建设学习型社会、提升国民素质的重要举措。社会工作介入老年教育是一项机制创新，以增权赋能为核心理念，旨在构建社会工作介入老年教育需求评估、活动设计、活动实施、资源整合以及效果评估的全程介入模式，以期提高老年教育的服务水平，更好地满足老年人的多元学习需求。

一　提高度，重视需求评估

在盐田区长青老龄大学，每学期期末，社工都会在各个班级群发送满意度测评的调研问卷，了解学员们对课程的评价以及对长青老龄大学的建议。之后制成调研报告并呈送至学校管理人员的手中，作为学期工作小结以及工作改进的参考指标之一。

太极班的林叔是学校献计献策的积极分子，每学期都会提出很多具有可行性的建议，比如开设太极的基础班以及提高班，以满足不同水平学员的学习需求。李奶奶也是学校的积极分子，她建议开设钢琴班或其他乐器班。学员们积极建言，对学校办学水平给予了极大的肯定。

"我喜欢乐器类的课程""我对养生类的知识感兴趣"……学期开始前，社工根据学校的现有资源开展问卷调查，了解学员们的需求，结果显示80%的老同志对乐器类的课程感兴趣，85%的老同志对养生知识感兴趣。社工将调研结果递交给学校领导班子，作为新学期课程设置以及开设新的短期班的参考意见。在基线调查与需求评估的推动下，学校精准把握学员的学习兴趣与需求，及时调整、优化长青老龄大学的课程设置，开设一些能满足老年人需求的短期班与兴趣班。此外，每月还举办"盐田长青讲堂"，课程内容涵盖养生保健、应急处理、防诈骗等老年人关注度很高的话题。

二 建平台，发挥老干部余热

透过书画室的玻璃窗，我们可以看到王淑如和周剑梅等几位学员正在认真作画，她们正在准备的是"丹青敷彩歌盛世，翰墨流霞颂辉煌"书画展作品。二楼书画长廊，扑鼻而来阵阵墨香。这些书画作品都出自老同志之手，类型或飘逸俊美，或粗犷大气，从端庄秀丽的楷书到凤舞龙翔的狂草，从花鸟虫鱼到峻岭山川，充分表达了学员们对祖国大好河山的赞美以及对美好生活的祝愿。

社工从专业视角出发，以增权赋能为核心理念，充分挖掘学员们的优势与才能，引导学校为学员们搭建施展才华的平台。每学年学校均会举行文艺展演，学员们在长青老龄大学不断进步，自我效能感与自信心得到了很大提升。

三 搭桥梁，创建沟通零距离

"震惊！最容易致癌的食物竟是……""再不看就删除了，国家接下来将有这些大动作"……叮咚、叮咚，班级群时不时传来消息，几位学员在班级群转发一些十分抓人眼球的文章。社工小黄刚要拿起手机编辑提醒信息，另一条消息马上显示出来，"贾同学，本群作为班级学习交流群，请勿发送与学习无关的信息，请撤回"，班长兼督导员牛阿姨在班级群提醒道。

针对老同志们转发不实信息的现象，学校采用"社工＋义工"联动机制，由社工担任班主任，在学员中招募一位义工担任班长兼督导员，对班级群的信息进行管理。此外，针对线下课程的签到，班长也起到协助的作用。双向管理机制，有效提升了学校的班级管理水平。"你们打乒乓球要注意休息的哈，不要持续时间太长。"陈福芹阿姨正在协助值班，她是长青志愿服务队的一位志愿者，每周都会协助开展楼层值班工作。此外，期末的文艺展演、长青讲堂等都能看到义工的身影。学校不断创新机制，引入义工管理，由义工协助学校教务开展工作，提升了学员们自我管理的能力。

在社工入驻前，学员在区老干中心遇到问题后的第一反应是"我找一下杜部长"。社工进驻后，通过相关服务的开展，逐渐与学员建立起良好专业关系。"小王社工，智能手机班可以再加一个人吗？""小李社工，这个报名表怎么填呢？"此类声音越来越多，社工在长青老龄大学的管理中起到了"承上启下"的作用，使得沟通更加畅通无阻。

为做好长青老龄大学的管理工作，老干中心引进社会工作服务，运用社工专业手法进行需求评估、基线调查、活动设计等，以优势视角为指导，建立"社工＋义工"联动机制，提升了学校的管理与办学水平，发扬"尊老、为老、敬业、创新"的精神，满足了老干部日益增长的多样化的养老需求。

点 评

盐田区长青老龄大学引入社会工作服务，创立了"社工＋义工"联动机制，将基线调查、需求评估、优势挖掘、效果评估融入长青老龄大学的管理工作。完善长青老龄大学管理体系，以精准把握老同志需求与喜好，使得课程设置、短期兴趣班、文体活动更加符合老同志的需求。通过建立学员自我管理，组建义工队进行自我服务，发挥老同志余热，展现老有所为的服务态度。

绘就长青老龄大学"满园春色"

王志明

下午两点出头，家住南山海珠社区海印长城二期的退休居民李艳和郝秋萍就来到小区的党群服务中心，挂上横幅，摆好上课的桌椅，不多时，老师和近 50 个学员陆续来到，大家陆续亮起了嗓子，准备开始长青老龄大学的声乐班课程。

同时，海珠社区另一个小区保利城老年人活动中心里则香气四溢，这里是社区长青老龄大学插花班的课堂。学员卢棋华和姜月红把刚送来的鲜花逐支摆放好。"快过年了，今天我们来做个'福桶'，做完后，让大家把福气带回家。"老师的话让现场气氛立刻活跃了起来。

在粤海街道海珠社区，同一所长青老龄大学，同一个时间段，却拥有不同的课程，为老龄朋友带去更多的可能性。这并不是社区长青老龄大学施的一个"魔法"，而是长青老龄大学建设转换思路、盘活资源的一种新探索。

一 "课室分开，让心聚集"

"谁说课室不能分散？以老同志居住地为圆心，以 500 米为半径画个圈，让课室分开，让心聚集。"2020 年 10 月，海珠社区党委书记、社区长青老龄大学校长陈慧斌针对课室问题，宣布这一选址思路时，老同志们面面相觑。

学员张大叔表示："那我报 3 个班是不是要跑 3 个地方？怕不是要把腿跑断。"

陈慧斌校长笑着说："放心吧，近得很，近得很，上完课起来溜达几步刚好活动活动筋骨，10 分钟就走得到。"语罢，大家都乐了。

"1 + N"社区分散办学模式，也正是基层长青老龄大学面对现实问题的一次颇具创新意味的探索。

众所周知，办学难，难在找场地。找到又近又合适的场地，更是难于上青天。

在南山区，三级办学一直有个瓶颈问题——找场地。达标开课场地十分稀缺。"长青老龄大学场地不足是困扰深圳市长青老龄大学发展的一个普遍问题，教学场所不固定而且场地面积不足，许多课程无法开展。"社区邻里之家工作人员、深圳市老龄事业发展基金会养老专员乔立蓉介绍，此前他们对居民进行了需求调查，并向各个小区了解情况，许多居民向他们反映，希望在小区里开设长青老龄大学的课程。

正是为了满足社区老人们的学习需求，海珠社区长青老龄大学的工作人员探索出了"1 + N"社区分散办学模式，而此前，他们也在各个小区中组织了多场义诊、健康讲座等活动，对各个小区的场地和活动情况都比较熟悉，积淀下了丰富的活动经验。经过调研以后，有六个场地被选中成为长青老龄大学的教学点，开始了"一中心多站点"的社区分散办学尝试。

在海珠社区党委书记、校长陈慧斌的领导下，常务校长许爱华展现退休前在公安系统工作的干练利落能力，副校长阮宏梅发挥退休前在党校从事教学和管理工作的经验优势，"双校长"强强联手，党建助力课程设置和教学，共同推进分散办学模式，海珠社区长青老龄大学在社区里"遍地开花"，绘就银龄生活的"满园春色"。首期开班就招募了 256 名学员，开展了 112 次课程服务，累计服务 3170 人次。

二　"下楼就上课，又近又方便"

"这样上课，又近又方便。"——在"1 + N"社区分散办学开课后，最开始的一点疑虑也被打消了，学员们发现，这主意不错。

在"1＋N"社区分散办学模式中，长者可根据各自所需前往不同的小区教学点报名上课。

2020 年 10～12 月，首期课程开课，根据社区长者需求，以文娱类、生活技能类、健康养生类三大类课程为主，开设了书法、绘画、摄影、朗诵、声乐、戏曲、舞蹈和插花等 10 门课程。

刚开放报名，各个班一下子就满了，声乐班从 30 人增加到 50 人。上了几节课后，大家发现，课堂越来越热闹。"椅子坐满了，我们就拿出了小板凳，屋子坐满了，每节课还总有没报上名的人来旁听。"郝秋萍介绍。

"以前我们就是在小区里自己组织一些唱歌、跳舞类活动，自己对着视频学，现在课程遍地开花，在家门口就可以上自己喜欢的课程，而且还有专业的老师来上课。这是我们老年人的福音。"郝秋萍说。对于各个小区的老年居民而言，位于自己家楼下的社区"课室"，大大缩减了上课的路程，长者不仅可以在居住小区学习，也可以就近到周边小区报读，下楼就能上课，方便多了。

"60 后"董新梅是长青老龄大学里的"年轻人"。"刚退休那两三年，我很少出来活动，觉得社区活动就是一群老太太唱唱歌跳跳广场舞，没什么意思。"在了解长青老龄大学的课程后，她报了戏曲班，几节课下来，一段豫剧《朝阳沟·都盼你在农村大有作为》已经唱得有模有样，让她和其他学员都很有成就感。

在这一分散办学模式中，滨海之窗、观海台、保利城花园、海印长城等几个小区的党群活动室，每周都在固定的时间作为长青老龄大学的教学场所。2021 年初，学员们发现，海印长城一期小区的架空层被改造成了一个休闲活动空间，他们也正在争取将这里作为今后社区长青老龄大学一个新的办学点。

"我以前是做财务的。从财务角度来看，这种分散办学方式节省了很多成本，很符合实际，"董新梅说："老年人从家庭走出来，把快乐都带回家，就促进了家庭的和睦、社会的和谐。"

三　分散办学，课程更丰富

课室有了，课程从哪里来呢？在海珠社区，每个小区的居民都可以根据自己的兴趣提出需求，由小区党支部整合后向社区长青老龄大学申报课程，由学校延聘老师来进行授课。

75岁的海珠社区南片小区联合党支部书记许定文是一名一直追赶时代脚步的"潮人"。"插花一般都是年轻女性们喜欢的，我们这一代人基本都没有接触过。我当时就提出，我们也来办个插花班，没想到真办成了，还有挺多人响应。第一期活动后，大家都表示要继续报第二期，好多人还要加入。"许定文说。

"虽然是老年人，但大家就像回到小时候上课的心态，特别认真，每节课都做笔记，课后不懂的还要问老师，一项项记下来。"李艳是广东人，报了戏曲班学豫剧，一开始学得很艰难，经过不断练习，如今能唱出一个完整的唱段，婉转动听。课程结束后，大家热情不减，排练的频率比以前更高了。

社区的老年人还学会了做美篇、做抖音，每次大家出去活动，回来就能做个新媒体产品，并且在微信群与朋友圈晒出来。"在这些活动中，我们学习了很多技能，综合素质有了提高，心理、身体状态也越来越好。"李艳说。

第一期课程结束后，长青老龄大学的学员们又聚在一起，大家你一言我一语讨论起下一期的课程。"要不开一门化妆课，让大家美起来！""我们学点时装搭配知识吧！""我对大数据也有兴趣。"……随着站点的进一步拓展，"1＋N"社区分散办学的模式还将带来更丰富的课程，更激发出了老年人旺盛的学习欲，在这里，他们的心态越来越年轻。

四 分散办学，增加活动平台

"1＋N"社区分散办学模式不仅增加了物理空间，也给老年人带来多样收获——这里除了是老年人学习的地方，更成为社区老年人广阔的活动平台，在这里，老年居民找到更多的自我价值。

在运营方式上，海珠社区长青老龄大学积极探索"双校长制""校委会＋运营机构"教学管理模式。除了专业老师之外，小区里拥有各种才艺的优秀长者也被动员成为课程导师，既补充了导师库的资源，也增加了社区老者的幸福感和价值感。"尤其是副校长阮宏梅，原来是南山区委党校教授，教学和管理经验丰富，对长青老龄大学办学与发展有很好的促进作用，希望更多的像她这样的退休老干部，到长青老龄大学中来发挥余热。"陈慧斌说，这也是海珠社区长青老龄大学的特色。

而各个分站点日常的课堂运营，都是由小区的老者们自行管理的。尤其在2020年疫情防控期间，每节课需要测体温、登记，也都是由学员们自行负责的。

家住海印长城的黄凤蓉除了是长青老龄大学学员，还是社区的助老志愿者队长。在她的动员下，不少热心的长青老龄大学学员都成为志愿者。"有时我们50多人一起去做环保义工。大家走在马路上，穿着红马甲，打着海珠社区助老志愿者的红色条幅，整齐地唱着声乐班学到的合唱歌曲，走在路上可自豪了。"

参加书法班的学员们则在课程结束后，组成了一个书法俱乐部，平时开展了不少活动，例如：春节前在小区里义务写春联等。以长青老龄大学为"圆心"，社区老年人丰盈晚年生活、实现自我价值的"同心圆"正在越画越大。

点　评

　　教学阵地是长青老龄大学的基础。没有教学场地和配套设施，长青老龄大学就成了无源之水、无本之木，只有把教学场地"建起来"，配套设施"搭起来"，长青老龄大学才能"动起来"。海珠社区长青老龄大学在办学初期，没有因为缺少教学场地而退缩，而是勇于创新，探索出"1＋N"社区分散办学的模式，结果"教室"无处不在，学习阵地越来越多，大家学习越来越有劲，社区老年朋友们全部"动起来"。换个思路，解决问题的办法不仅仅只有一个；当面临困难时，换个思路也许就会看到更多的出路。

"银龄幸福+"，拓展老年大学"新课堂"

吴镇山

63 岁的苏阿姨是宝安区长青老龄大学的老学员了，她上过书法、国画、电钢琴等课程，老师们博学多才，课程精彩纷呈，但苏阿姨疫情期间在学习上却遇到了一个"大难题"。由于疫情，长青老龄大学的课程都在线上进行，钉钉直播、腾讯课堂等一系列新名词不断地冲击着苏阿姨。她在教务人员的远程指导下自己摸索着上了一节电钢琴的网课，第二节课却怎么也进入不了直播间。求助子女？他们那么忙，这种小事不好来麻烦他们。求助同学和老师？也不好意思总打扰别人。就在苏阿姨想要放弃的时候，长青老龄大学微信群里的一条"广告"让她眼前一亮。

这条"广告"是社工小董发布的，宝安区长青老龄大学新推出"银龄幸福+"深度服务项目，近期将开展"智享银龄"老年人智能手机学习交流小组活动。因为不了解，苏阿姨没有提前报名，她抱着试一试的心态，在第一次小组活动开展时"空降现场"。就是这一次尝试，让她打开了一扇新世界的大门。

一 "银龄幸福+"，创建宝安区长青老龄大学服务品牌

据介绍，宝安区长青老龄大学在办学过程中发现，虽然大学开了 20 多门课程，受到学员们的热捧，但这都是大课堂上的学习，满足不了学员们在精神、心灵、情感等方面的个性需求。教务人员在课余时间跟学员的交流中发现，学员们往往还存在一些隔代教育的困扰、空巢独居的孤独感、退休生活的适应等个性化的问题。如何在课堂之外，为老年人提供一个以

心理健康关爱与成长为核心的服务平台，更好地满足他们内在的需求，给予他们及时适当的支持和关爱呢？

经过多次研讨和走访，宝安区长青老龄大学决定在 2020 年开启课堂之外的延伸服务，通过打造阵地、创立品牌、组建队伍、开展服务等一系列举措，引入专业社工力量开展"银龄幸福 +"深度服务。"银龄幸福 +"中的" +"谐音"家"，寓意这里是老年人的幸福家园，也寓意通过一系列个性化、多样化、亲情化的精准服务，为宝安区退休老同志的晚年幸福生活加分。

二　深度服务室，打造让老年人心安的相聚之地

"银龄幸福 +"深度服务室设在宝安区长青老龄大学的一楼，走进去，首先感受到的是温馨而又舒适的氛围。这里设有"老友聊吧"，为老年人提供了一个自由交流的空间，他们可约上三五老友，在此谈天说地、共话家常；"银色视窗"，提供实体图书、报纸、可公开文件及有声图书馆的音频内容，老同志可在此看书或听书，获取时事政治、科技信息、社会发展、健康养生等知识；"银龄伙伴"，由专业社工以小组活动的形式，开展健脑、养生、隔代教育、智能手机学习等主题小组活动；"银龄知心人"，针对部分有心理困扰老年人，以专业社会工作的价值理念为基础，运用专业技术，为其提供个案服务。

苏阿姨此次参加的"智享银龄"老年人智能手机学习交流小组，就是深度服务系列小组中的一个。自国务院发布《关于切实解决老年人运用智能技术困难的实施方案》后，社区长青老龄大学深度服务社工立即对老年人不会上网、不会使用智能手机，在出行、就医、消费等日常生活中遇到的不便，面临的"数字鸿沟"等实际情况进行了调研，并组织策划了首期老年人智能手机交流小组。社工有针对性地设计小组环节，通过"欢乐数钱"和"大家来找碴儿"等趣味游戏调动组员参与的积极性，并对老年人

最关注的微信使用、安全支付等问题反复演示，手把手指导老年人实际操作。苏阿姨在小组中解决了自己在网购退款操作、钉钉直播课堂等方面遇到的困难，她觉得小组过程轻松且有趣，社工有耐心、有爱心，深度服务值得推荐给每一个大学学员。

荆继红阿姨，57 岁，现任沙井社区长青老龄大学常务校长，是智能手机小组第一个报名的成员。一方面她是想自己通过学习来提高生活技能，另一方面想借鉴社工开展小组的方法和教学内容，为社区长青老龄大学的办学增加内涵。荆阿姨认为深度服务的社工小组准备充分，辅导老年人的方法灵活，讲述的内容有针对性和实用性，比自己的孩子更有耐心。即使路程很远，她觉得学到了新知识也很值得。

与此同时，深度服务的社工们还关注学员们的早期脑退化问题。脑退化症并非人生必经的衰老过程，而是大脑功能缺损或不正常退化引致的疾病。医学研究指出如能及早识别并进行有效干预，将有助于减慢脑退化症患者的衰老速度。

每周二、周四上午，在"银龄幸福＋"深度服务阵地的"勿忘我"健脑游戏体验活动中，67 岁的孟阿姨是社工小董的"忠实粉丝"。孟阿姨退休前是炼钢厂的工人，长年累月的昼夜颠倒、高温严寒交加的工作环境给孟阿姨的身体和大脑都带来了一定的损伤。2021 年初，退休后的孟阿姨了解到宝安区长青老龄大学的深度服务项目，每次活动必参加。在健脑游戏体验活动中，孟阿姨跟社工学习了趣味手指操，"一起来切土豆、土豆块、土豆片、土豆丝、土豆丁"。有趣的口诀，配上灵活的手指操，让健脑游戏变得更生动有趣。孟阿姨总说"我就是脑子笨，反应太慢"，但玩起"数独游戏"，孟阿姨的专注和投入令社工都甘拜下风。

三　精准服务，为宝安区老年人晚年幸福生活加分

依据前期开展的长青老龄大学学员的深度服务需求调研结论，深度服

务重点围绕老年人的身体健康、心灵关爱和再社会化三方面开展。

为回应退休老年人身体健康方面的需求，深度服务从常见的身体及智力退化、易摔易跌倒的问题出发，开展"笑做不倒翁"老年人防跌倒小组、"脑"有所乐老年人健脑益智活动等，引导老年人改善生活方式，促进其改善认知能力，减缓认知衰退速度。

针对老年人遇到的角色调适、人际冲突、情绪管理、孤独感等问题，深度服务社工为老年人提供心理健康与关爱服务，具体包括"一米阳光·心灵花园"——园艺系列小组、"游于画中乐于人生"——绘画治疗小组等，增进了老年人彼此间的沟通交流，提升了其对生活的自信心和满足感。

从老年人退休后生活环境的调整和变化出发，深度服务社工引导其进行生活新规划、学习新技能、掌握新方法；从老年人的微小心愿出发，开展"不老骑士"微心愿圆梦计划；组建和推广长青志愿者服务队，协助长青志愿者聚焦社会所需，发挥自己所能。

另外，深度服务社工在服务过程中持续开展老年人需求调研和访谈，建立长青老龄大学学员群体需求画像，作为有针对性地提供服务的依据；借助深度服务阵地，在日常服务中进行有针对性的挖掘，为有需要的学员开展一对一的个案辅导和应急事件危机干预服务，让深度服务为老年人的退休生活创造更多可能性，促进老年人生活质量的提升。"银龄幸福＋"深度服务正成为宝安区长青老龄大学的一个品牌，不断提升宝安人的生活幸福指数。

点　评

宝安区长青老龄大学为解决老年人在课堂之外存在的心理、文化等个性化需求，探索性引入专业社工服务，打造"银龄幸福＋"深度服务项目品牌，这是对长青老龄大学有益的补充和延伸。该项目在退休老年人的身心健康、社会再适应等方面下足功夫，打造服务阵地、刻画服务模式、用心用情提供服务，提升了长青老龄大学办学的深度和广度，是一个有益的探索。

联动高校，尽享高端精品课程

毛　玲　李秋玲　廖利萍

"南山有台，北山有莱。乐只君子，邦家之基。乐只君子，万寿无期。"龙岗区宝龙街道长青老龄大学椿萱书院的"大学生"正在上诗经音乐课，年轻的诗经"小老师"正和认真听课的"大学生"热闹地分享着千年经典之美。

成立椿萱学院是宝龙街道长青老龄大学探索利用高校资源带动老年教育高质量提升的一次大胆尝试。教学团队精心设计课程，将其与艺术巧妙融合，具有浓厚传统文化氛围的歌舞、茶艺、乐器等活动，激发了学员学习的兴趣，为学员创造了接触高雅艺术的平台，提升了学员的艺术审美能力，陶冶了大家的生活情操。

一　传唱诗经千年，文化魅力让学员如饥似渴

"小毛老师，听你讲《诗经》课真有趣，年轻时只知道'窈窕淑女，君子好逑''蒹葭苍苍，白露为霜'，没想到国学这么生动，太有文化魅力了。"可爱的"大学生"叔叔阿姨围着毛玲老师兴致勃勃地说。

毛玲老师说："《诗经》不仅可以诵读，古时候还可以'皆弦而歌之'，《诗经》都是唱出来的，大家之前都学了认谱，有一些声乐基础和乐理知识，现在我们一起来唱一唱！"就这样，每位学员都如痴如醉地学习着，传唱着2500多年前的经典。

据了解，椿萱书院是龙岗区在老年教育中探索"高校带动、合作共建"的办学模式，引入了深圳信息职业技术学院资源打造诗经文化传承基地。

《诗经》是千年诗歌的源头，将诗经作为宝龙街道长青老龄大学的必修课程，将文化真正润入心田、更好地得以传承，这也是学校打造椿萱书院的初心。

二 品味汉舞雅韵，让学员内化于心、外化于形

除了传唱诗经，诗经汉舞文化传承课也广受"大学生"喜爱，将传统诗经文化与常规形体舞蹈相结合，注重优美姿态礼仪训练，培养高雅气质，用肢体语言表达思想感情，实现诗经与舞蹈的完美结合。

2020年，张阿姨和朋友们报名参加了椿萱书院诗经汉舞文化传承课程。对阿姨们来说，一些舞蹈动作初学时难度不小，但大家始终没有放弃，而是通过更加刻苦勤奋的训练，一个动作不标准就再来一次，一个转身不够优雅就再转十次，从动作到形体，都力求做到精益求精。

"学习汉舞后，我们的气质改变了，就是仪态和心境改变了。诗经汉舞的配乐大多较为优雅、婉约，让我们的心情也变得宁静祥和。每一次优雅的转身，都让我们仿佛穿越到古代，代入感非常强。汉舞老师陈小妹的精彩授课，让我们这群'非专业人士'爱上了汉舞。"学员们纷纷表示，"不到一个月，我们就学会了《礼仪之邦》和《诗经·郑风·子衿》两支舞蹈"。

三 享受茶艺雅致，不断提升生活品位

子曰："不学诗无以言，不学礼无以礼。"诗，是《诗经》，诗三百，皆弦以歌之；礼，则具体表现在茶礼。茶艺课堂上，且看一片小小的树叶，如何"玩出新天地"。

巫阿姨是椿萱书院茶艺班的学员，短短十节课的学习，颠覆了她对茶的认知："以前我们泡茶，都是茶叶往大杯子一撒，滚水一加，便泡好了。

茶艺课上，老师先教我们茶桌上的'规矩'——从行礼、站姿、坐姿到'三龙互鼎'的握杯手势，老师巧妙地将古琴雅乐融入茶艺之中，悠扬的琴声一响，心就会逐渐安静下来。久而久之，不仅仅是在茶桌上，在日常生活中也能够时刻注意自己的言行举止了。心静了，茶也香了，或浓或淡，或甜或苦，一杯茶都在自己的掌控之中。"

一旁的李阿姨认同地点点头："申洲老师每次上课前，还会在精美的花瓶里先插上一束花，再点燃一支香，摆上自己亲手制作的茶点，这是属于茶艺课堂特有的仪式感。随后老师再系统地把茶叶分类、冲泡技巧、品茶的关键点娓娓道来。我们不仅仅学会了茶艺知识，还养成了享受雅致生活的习惯。"

四 琴瑟为友钟鼓为伴，开启美好大学时光

诗经雅乐班的何叔，年轻的时候曾学过二胡，现在又到椿萱书院重新学习一种新的乐器——陶笛。重新学习一种新的乐器，可能对很多人来说不是一件难事，但对于年过古稀的何叔来说，仍十分具有挑战性。幸好有老师非常耐心细致的讲授，何叔从最基础的内容学起，通过十周的学习，从基本姿势、口型和指法，终于能完整地演奏一首曲子了。

"学习《诗经》陶笛课以来，我仿佛又找到了年少时学习乐器的那种劲头。"何叔说道，"在长青老龄大学，丰富的课程、细致的关怀、周到的服务，使我们老年人的生活充满精彩、心情愉悦，让我们感受到了老有所乐的幸福。"

深圳信息职业技术学院沙苗苗老师介绍："我校与宝龙街道长青老龄大学合作共建，探索街道长青老龄大学与高校共同办学的教育模式。2019年9月，椿萱书院落地宝龙街道，近年来学院将社区教育纳入学校发展的总体规划和'双高校'建设规划，整合学院专业师资团队，注重将修养心性的

优秀传统文化注入长青老龄大学的课程体系中，通过学习让学员们感悟人生、提升造诣。这种模式有效地解决了长青老龄大学课程设置较为常规、专业师资较为短缺等办学瓶颈，是长青老龄大学'银智学堂'一校一品项目的积极探索。"

点 评

龙岗区探索与高校的高端师资力量合作办学，将优秀的传统文化转化为老年人喜爱的唱、跳、演奏等高雅课程，使得岁月的沉淀与古老的文明交相辉映，让老年人得以感受千年时光。汉风雅韵，沉醉其间，陶冶情操，感悟人生。这种与高校合作办学模式，能开发出更丰富的优秀传统文化课程，也希望这种"宝龙模式"可复制、可推广，辐射更多的学校，产生以点带面的效果，让"高端精品课程"惠及更多老年人。

电视栏目进课堂，学员"老有才"了

周勇燕

"书记，今年的'老有才'什么时候来啊?"2019 年，报过两门课程的高西渝早已迫不及待。得益于专业的师资力量，新牛老有才项目一经推出就广受老年朋友们的欢迎，报名现场火爆，很多人因为名额限制而没能报上名。

新牛老有才是龙华区民治街道新牛社区党委着力打造的一个民生微实事品牌，由深圳广电集团娱乐生活频道《深圳老有才》承办，主要服务于辖区 50 周岁以上的中老年文化艺术爱好者，同步开展线下培训和线上课程。设置舞蹈、声乐、朗诵三个课程，共 5 个班级，每周一节课，每次两个小时。开展 60 多节网课及 10 多节公益大讲堂，并邀请 10 多位专业讲师授课。2019 ~2020 年共招收学员 300 余人，公益大讲堂活动参加人员超过 800 人次，网课教学收看人数超过 5 万人次。

一 "重返校园"，老年人重新追逐梦想

每次上课前，71 岁的牛文志都会安排好家务活儿，提前来到教室等待上课。"完全颠覆了以前我们对朗诵的认识，上了课才知道里面有很深奥的学问。"牛志文还说，"朗诵要投入到情景里面去，还要像唱歌一样，声音得立体。老师非常专业，不仅讲解发音、语音、语调、气息、肢体语言等基础知识，还耐心地纠正学员们存在的问题"。

"本来一窍不通，就像开辟了新天地。"年轻时就喜欢朗诵的王以黛是南京人，说话带有地方口音，"严格起来普通话是不标准的，所以就想好好

学习一下"。口头操、唇操、舌操；多练习开口音，提笑肌；情感是朗诵的核心，让发自内心的情感调动起来……王以黛的笔记本上详细记录着每堂课老师讲授的学习要点。"平时多看看，练一练，收获很大。"

"我喜欢唱歌，但以前都是大白嗓子唱、随意唱，但老师会教我们发声、识谱，高低音怎么唱。"高西渝化着淡妆，兴奋地说起自己上的声乐课。"老师从最基础的教起，不厌其烦，像对待自己的妈妈那样对待每一位学员，我们真的很开心"。

如今，很多老年人"重返校园"，进入新牛社区长青老龄大学追寻年轻时未实现的梦想。专业的课程让老年人更喜欢学，也愿意学，并促使他们将学到的知识和技能传播给身边更多的人。"希望有更多专业的老师进入社区，指导退休老人，提升整个老年群体的文化素质。"高西渝满怀期待地说。

二 学习热情高涨，自信又自豪

新牛社区长青老龄大学学员对知识的热情度和渴望度非常高。"这个平台真的太好了，我们要努力学习，珍惜时光，活到老学到老。"许多老年人发出这样的感慨。

在课堂上，有些学员视力不太好，就随身带着放大镜，有一些不太认识的字，就认真标注拼音。总之，为了珍惜这来之不易的学习机会，大家都使出浑身的劲儿，排除万难也要跟上进度。

学习朗诵需要先背诵，老年人学习知识的速度慢，但这也难不倒牛志文。他根据记忆曲线原理，先熟读，然后分段背诵，中间做做家务，回头再来背诵，如此反复，最终背诵全文。牛志文等老年学员参演的朗诵情景剧《永不言老》登上深圳老有才第五季电视才艺大赛的决赛展演，大大激发了老年人的学习热情。"收获了愉悦的心情、快乐和自信，也非常自豪。"

"每天听听课，好像回到了学生时代，人也变得年轻了。"尽管已经 78 岁了，王以黛依旧坚持上课，回家后还和老伴一起朗诵。她说，老有才的朗诵作品《永不言老》充满了正能量，让人对生活充满信心，同时也需要比较高的技巧，"只可惜课时太少了"。

学习完舞蹈班课程的高西渝，正打算今年把老师教的舞蹈带到社区表演。"平时两小时一节的课，我都准时到场，但觉得还没学够呢，晚上还要拉着大家一起自行练习。"

三 老有所乐，活得更通透

很多老人退休后，都会主动担负起照顾子孙、包揽家务的重担，殊不知这并不是他们的义务。老年人也应该有自己的生活，有受教育的权利，而长青老龄大学正是他们更新知识、强身健体的起点。

"来深圳十年了，周一至周五每天都有活动，大家都过得很充实呢。"牛志文说，通过不同课程的学习，他不仅掌握了很多技能，而且丰富了退休后的生活。"人要活得有质量，不能死气沉沉，心不老就永远年轻。"

"女儿经常对我说，隔几年就看到我学新技能了，惊喜不断。"金爱莲的学习劲头也感染了孙子。在她的影响下，几个孙子特别爱学习，成绩也都很好。"老伴说，我给我们家里培育了好家风，能让后代一直受益。"

"自从上了声乐班，家里人都说我唱得像模像样，更专业了，"高西渝说，"希望能有更多上台表演的机会，有更多专业的课程，比如时装、绘画等，因为年轻时根本没有这些学习的机会，我特别想学。"

王以黛没有和子女一起生活，还要照顾卧病在床的老伴，但她对生活的热情丝毫不减。戴着精致的珍珠手链和金丝边眼镜，一身灰色西装搭配直筒裙和黑色皮鞋，彩色的丝巾点亮全身装扮，可以说是个精致的老太太。

"我还想学习古诗词鉴赏、古典著作讲解等。"说起对今年课程的建议，王以黛表示，自己年纪大了，唱歌、跳舞都不行了，但年轻时对古诗词的爱好没有得到满足，现在还是想重拾起来，不留遗憾。

点 评

"谁道人生无再少？门前流水尚能西！休将白发唱黄鸡。"谁说受教育只是年轻人的权利？谁说人到老年只能任凭岁月摆布？学习是一生之事，只要不断学习，人生自会开阔。新牛社区党委打造服务老年人的民生微实事品牌，与电视节目合作，同步开展线下培训和线上课程，实现了老年教育的创新发展，让每个老年人都可以更优雅地生活，拥有更丰富的人生。

第十四章
内涵探索：特色培养方式绽放学习活力

"学习是最好的养老。"

35年前，在深圳市青少年活动中心"挤出"的两间课室里，深圳市长青老龄大学初创起步，正式开班授课，首届设有文学、书法、花卉3个班，招收学员79人。

而今天的深圳市长青老龄大学，校园景色优美，已拥有8个系、24个专业、135个教学班、3151名学员和市、区、街道、社区四级488所分校，在管理体制、运行机制、学科结构、教学水平等方面不断完善，硕果累累。

办学内涵的不断探索与创新，是长青老龄大学快速发展的关键密码。如今，深圳市长青老龄大学已建立以内在需求和外向成长为导向的课程培养体系，各级长青老龄大学在内涵探索中绽放出创新之城的十足活力。

在标准化体系建设过程中，更多的精彩变化正在各所学校发生：宝安区引入学分制，创新教育体系，培养社区学习达人；龙岗区大力扶持师资成长孵化，提升教育品质；坪山区提炼出一校一特色，打造层次分明、内容丰富的课程库……以老年人兴趣爱好为中心，长青老龄大学不断提升内在文化素养，营造积极参与氛围。

强师资，育课程，铸品质，长青老龄大学通过深化办学内涵，创新打造一批精品课程，让老年学员在课堂上乐享一场场知识盛宴。同时，一批优秀课程也在茁壮成长中不断蜕变，成为长青老龄大学的优质品牌，在内涵探索中焕发出银龄教育的勃勃生机。

古音谱新韵，老者乐学诗

韩文嘉

周四上午是诗词创作课的上课时间，老师孙建友提前进入腾讯课堂，等待学员们到齐后开讲。疫情还未完全平息，新学期的课堂仍在线上进行，学员们也克服线上操作的种种困难，按时聚在线上课堂。

诗词创作是长青老龄大学已经开展多年的课程。依托诗词创作班，长青老龄大学还自创了诗歌刊物《长青诗刊》，在教学的同时，鼓励学员们多创作，吟唱时代、诉说心声，通过以学促刊、以刊促学，为老年学员的文化生活添了色彩。

一 勤学苦练，老人学诗乐趣多

孙建友一直鼓励学员们根据时事进行创作。正值全国两会召开，这段时间他也收到了不少学员以全国两会为主题创作的作品。在课堂上，他选出几首作为展示，并与他们一起打磨推敲。

有位学员作品的最后一句是"九州皆骋龙"，孙建友就指出其语音上不合平仄，语义也并不十分通顺，"不妨改成'九州腾巨龙'"。隔着屏幕，学员们也默默吟诵，感受两者韵律的变化。

学员陈永林拿着笔记认真地做着记录。80多岁的他于1999年退休，2002年就来到长青老龄大学学习，到现在没间断过。退休前，他是数学老师，退休后，他更注重提升自己的人文素养。他在这里学过英语、行书、草书，从2012年开始进入诗词创作班学习。

"老年大学办得特别好，我们在这里学习到了知识，思想水平也有了提高，平时和学员、老师在一起心情也很愉快。""孙老师的教学很好，知识很渊博，对学员都很热心。我们都在这个班里学到了很多东西。"陈永林从零基础开始学，慢慢地有所提高，课余他还买了大量的诗词写作、格律知识的书回家，不断练习揣摩。

如今，陈永林写的诗词已经有 300 多首，他还准备结集成书出版。"我想把上了长青老龄大学之后自己的收获都保留下来，作为一个纪念，记录自己'活到老，学到老'的这个过程。"

二 教刊联动，校园诗刊咏心声

与其他的教学班不同，诗词创作班的学员除了课堂教学和交流外，还有一个创作的阵地——《长青诗刊》。《长青诗刊》是长青老龄大学的诗词刊物，截至 2020 年底已出版 60 多期。

孙建友以前是唐山师范学院中文系副教授，2015 年开始在市老干部活动中心教诗词创作课，同时也接手《长青诗刊》的编辑工作。此前，《长青诗刊》刊登了许多外来的稿件，而孙建友接手后，他就改换了编辑思路："这个刊物是我们长青老龄大学的校刊，一定要以我们学员的作品为主。"

他明确了《长青诗刊》这本刊物的主旨：首先，这是一个宣传主旋律、讴歌新时代的平台，要在文艺作品中为党的中心工作服务，把学习领会习近平新时代中国特色社会主义思想的心得体会作为主要的内容；其次，这本诗刊要为教学、为学员服务，是长青老龄大学学员们交流学习心得的刊物，不但文学班的学员可以投稿，音乐、舞蹈班的同学也可以投稿，分享在长青老龄大学校园里的学习和生活。另外，《长青诗刊》坚持以人民为中心的题材，聚焦基层，记录赞美每一个普通的老百姓。

诗刊共分为"时代强音""鹏城礼赞""春晖颂歌""黉宫杂咏""俯仰山河""人生如画""校外飞鸿"七个栏目。"时代强音"歌颂时代、咏唱主旋律，"鹏城礼赞"关注深圳的老一代拓荒牛，"春晖颂歌"歌颂改革开放后的新面貌与城市巨变，"黉宫杂咏"书写校园里的生活，"俯仰山河"放眼祖国的大好河山，"人生如画"是带有自传性质的个人追忆，"校外飞鸿"则刊发校外来稿。随着《长青诗刊》影响力的不断增大，不少外地作者也开始积极投稿。

课堂与诗刊的联动，让诗刊的作品主题更为聚焦，也大为提升了老年学员们的创作热情。孙建友介绍，学员们投稿的选用率基本能达到85%。只要作品没有大的导向问题，如果只是有平仄音律上的纰漏，他会反复与学员们沟通修改，尽量让学员们的创作都能印成铅字。"上一期诗刊的首页作品就是我写的，感到自己在写作上的努力受到认可，很感动。"陈永林告诉笔者。

三 紧扣时事，吟唱时代主旋律

"一炮开山响迅雷，九州鼓号向天催。春天故事频频唱，纵马开弓箭不回。"

这首由黄锡泉创作的《蛇口开山第一炮》，刊登在《长青诗刊》庆祝深圳经济特区建立40周年特刊上。这辑特刊刊发于2020年深圳经济特区建立40周年之际，学员们大多在深圳经历了激情澎湃的奋斗岁月，当此之际，豪情满怀，纷纷提笔写下了自己对这座城市的真挚情感和难忘故事。字里行间尽是一段段回忆，也见证了一代代拓荒牛的成长和辉煌。

孙建友告诉笔者，近几期的《长青诗刊》都有不同的主题特刊。抗击新冠肺炎疫情期间，学员们创作热情高涨，虽然改为电子版发行，但阅读数量比往年大为增多。以往每年只出两期，2020年关于战"疫"的内容就出了四期。大家歌颂白衣卫士、歌颂人民子弟兵、歌颂守护城市的每一个工作人员，字字句句都充满了情感。

"疫情期间，我每天读报纸、看电视，很多场景、很多故事都很打动我，单单在疫情期间有感而发的诗歌，我就写了60多首。在国家发生大事的时候，我们也不能缺席，尽自己的力量去参与。"陈永林说。

孙建友一直激励学员们多了解时政新闻，聚焦主旋律进行创作。"我们要写国家大事，不只是花花草草。"同时，文风上则要尽量从以人民为中心的角度出发。"我鼓励大家去写修鞋匠、环卫工人、公交司机等，从普通人出发，去歌颂我们的老百姓。"

自从在长青老龄大学教课之后，孙建友就全心全意投入到文学与诗词创作的教学上。学员中，年龄最大的有90多岁了，许多学员都是零基础，带着各种口音，基本的音韵和声调都要从头学起。平时他经常要为学员们看作品、提建议，每学期要制订教学计划，每节课前还要做好教案，忙得不亦乐乎。"期望用自己的努力，帮助大家了解和喜爱传统文化，激发更多作品去弘扬时代正能量。"孙建友充满信心地说。

点 评

诗言志。鹏城日新月异的发展，给热爱古典文化的老龄学员们提供了丰富的创作素材。歌颂祖国，歌颂党，歌颂改革开放，赞美山水风光，歌颂幸福和谐生活和弘扬道德新风，饱满的情感与深刻的人生经历，活跃在老龄学员们的字里行间。在长青老龄大学，诗词创作班是老年人提升文学鉴赏、提高创作水平的阵地，而《长青诗刊》则是学员们练笔和创作的园地。教学班与刊物的联动，使得学校的教学内容有了传播的载体，也让《长青诗刊》的内容越来越亲切可感，成为深受学员们欢迎的文学刊物。

办学有"三找"，学员有所学有所乐

刘 琴 吴明枫

阳春三月，福田区福保街道益田社区"聆听老党员讲党史"活动一行人，来到了社区退休六支部老党员骆春阳家中走访慰问。今年 88 岁高龄的骆老精神矍铄，谈起了往事：18 岁参加革命工作，1955 年入党，尤其是 1960 年，作为广东省的一名文化工作者代表参加党中央在北京召开的"中国文学艺术工作者第三次代表大会"，受到毛主席、刘少奇和邓小平等国家领导人的接见并合影留念。听骆老讲述这些光辉的革命岁月，大家都是第一次才知道自己身边有这样一位为党做出贡献却默默无闻的老党员。社区党委书记胡萍当即决定，由社区长青老龄大学邀请骆老为社区党员群众开设一堂"身边的党史课"。骆老愉快地接受了邀请。

益田社区所在的福保街道，周边企事业单位众多，离退休老人中不缺乏像骆老这样深藏功与名的"高人"，或者深藏不露的"能人"。福田区福保街道在开展街道、社区长青老龄大学建设工作过程中，通过"找能人""找需求""找资源"的"三找"活动，强化思想政治教育，建设立体化教研体系，挖掘专业化人才队伍，推动长青老龄大学标准化、规范化建设，让老龄大学的课程走进老年人的心坎里，用多彩的精神文化充实闲暇时间，提升老年人的生命质量，增强老年人的获得感、幸福感。

一 授课老师"找能人"

2021 年春节，深圳比任何一年都更加热闹。福田区益田村里更是洋溢着欢声笑语，大年初一有摄影师给全体"村民"免费拍全家福。这个摄影师不是别人，正是益田社区长青老龄大学的义务摄影讲师、退休老人周平康阿姨。周阿姨退休以后，在社区的鼓励下，积极参加大学里的课程，并发展为深受老年人喜爱的摄影课程"金牌讲师""五星义工"。

益田社区着眼打造"党群服务中心3.0版"，引导服务对象把服务内容开展起来，从学员的特点和需求出发，开动脑筋挖人才、搭平台、付真情，在各类活动和走访中挖掘社区爱教学、懂教学的优秀师资人才，作为长青老龄大学课程带头人，并纳入长青老龄大学师资库。比如，社区发现退休支部党员刘玉良同志爱唱歌、会作曲，是深圳市九九合唱团的团员，还是一名退休高级教师，通过积极引导，刘玉良同志成为长青老龄大学的一名老师。特别是与社区老年人协会结对子，借助老协成员的专长和号召力，组建起社区长青老龄大学的核心队伍，邀请有技能、有专长的老年人牵头开展"爱心义诊"、美术/书法摄影义教，还组建了舞蹈队、太极队、老年人志愿者服务队等。"参与学习与服务的老人，生活更加充实了，心情更加舒畅了，社区长青老龄大学的凝聚力也越来越强了。"益田社区党委书记胡萍说。

二 课程开设"找需求"

课程好不好，关键看老年人需要不需要。在石厦社区，有个"榕树杯象棋赛"的故事。

在福保街道石厦村的村口，有一棵枝繁叶茂的古老榕树，默默地为过往的行人遮风挡雨，也是石厦社区老年人喜爱的活动场所。每天茶余饭后，有一批爱好下象棋的老龄居民，他们被称为石厦大榕树下的"常驻军"，三五一群下棋对弈，对战者有之，后援团有之，旁观者有之，好不热闹。社区发现了这批老年人的下棋爱好和提升棋艺的需求，便举行了社区"长者象棋比赛"，为他们提供广泛交流切磋的机会，并在赛后邀请棋艺高超的获奖者作为辅导老师，为其他老龄象棋爱好者讲解棋谱，提升棋艺。老人们亲切地称这个比赛为"榕树杯"。在石厦村土生土长的张老伯高兴地说："以前大家下棋，输了还挺不服气的。现在社区统一组织比赛，谁赢谁输这下没话说吧。"

福保街道各社区深入各小区走访，收集辖区老年人对长青老龄大学课程及活动的需求，并结合社区实际情况，开设相关课程。如福保社区结合社区"住宅小区多、外来文化多、离退休党员活跃度高"的特点，根据居民的喜好和需求开设了"汉乐团"、交谊舞班、国内"非遗"文化交流课堂等。益田社区了解到社区老龄居民有摄影的需求后，便成立了"敬老摄影协会"，开设了"老年人摄影班"，为爱好摄影的老年人提供摄影培训。

三　学校发展"找资源"

益田社区的牛建红大姐前两年退休后参加了社区长青老龄大学的健康课程，学会了不少健康和救急知识。看到身边的老人咨询健康问题的越来越多，她和伙伴们一合计，自发成立了一支社区健康志愿者队伍，每周三和周四早上义务为社区老人进行血压、血糖等健康监测，宣传健康知识，每天忙得不亦乐乎。

福保街道在社区长青老龄大学的建设与发展中，着力于"找资源"，调动和借助多方资源。

福保街道以社区党群服务中心作为长青老龄大学的主阵地，向外拓展链接其他活动阵地。如明月社区除了吸引老年人到社区党群服务中心开展活动外，还借助各个物业住宅小区的"党建活动室"举办长青老龄大学课程；福保社区由于辖区面积大，位于北片区的党群活动中心较难兼顾社区的南片区服务，于是通过阵地链接，借助南片区的公共文化服务中心和社区颐康养老之家两大场地，充分满足福保社区南片区老年人的教育需求。

益田社区利用市委组织部开展的"一对一挂点联系"活动，与挂点联系单位——市退役军人服务部军休中心结对，借助他们的讲师团开展党课活动，借助军医团开展老年义诊，借助军艺团开展文艺活动，发展文艺骨干。

通过"三找"打造精品课程，2021年福保街道长青老龄大学累计开设老龄人课程23项、举办老龄人活动135场次，带动活跃辖区老龄居民近千人。

点 评

时代在发展，社会在改变，老年人的追求也在发生着变化，学习日渐成为越来越多老年人的向往，社区长青老龄大学正逐渐成为深受老年人喜爱的文化平台。长青老龄大学如何让老人们身处"夕阳"却不寂寞，满足老年人"终身学习"的文化需求？这需要充分发挥学员的作用，走依靠学员办学的路子，同时让老年大学也成为他们发挥余光余热的舞台；更需要长青老龄大学在教育管理、教育体系改革创新上，不断探索，充分协调和调动各方面的力量，让老年人学有所得，学有所乐。

分层分类促办学　教学相长共提高

李　婵

"罗老师，手机管家和360手机卫士的效果相同吗？是不是都能清理垃圾？"这是李伟忠叔叔在智能手机课堂上的提问。

张萍阿姨问道："老师，智能手机班目前的课程内容都很基础，微信的使用、网上挂号我都学会了，能否安排一些技术性强或更深层的软件教学呀？"

原来，盐田区长青老龄大学学员的水平和课程需求不同，上课时，老师对教学进度和内容深度也难以把控。因此，老龄教育应根据老年教育发展的规划和要求，结合实际和学员需求，充分利用现有资源和优势，开展现代化教育、创建学习型区域，满足老年人多样化的学习需求，提升老年人的生活品质，促进社会和谐发展。

一　分类教学，契合学习需求

"报名老年大学课程，你要先关注公众号，点击'老龄大学'，再点'报名入口'，输入姓名和身份证号，再选择要报名课程类别，有书画文学、健身养生、声乐器乐、摄影手机及舞蹈表演五大类别，你看看是哪一类，再选择班级，点提交就好了，记得8月14日上午9点开始啊，不然就报不上了。"盐田长青志愿服务队的刘敬阿姨在楼层值班并指导学员如何报名。

"我们下节课学习牵牛花的画法。"伴随着谢老师的声音，国画班下课了。刘阿姨说："我今年85岁了，身体不是很好，跳舞、瑜伽肯定没办法参加，但是我特别喜欢国画，老师教得很好，所以除非要去医院，不然我从不缺课。"长青老龄大学的课程，与刘阿姨的个人兴趣完美契合，这让她的晚年生活丰富而充实,家庭关系也比较和谐。

在每学期末的最后一节课,为了解本学期学员对教务管理、教职工工作表现及课程的需求和满意度等,盐田区长青老龄大学会发放调查问卷给学员填写,并对调查问卷进行收集、汇总和分析,再有针对性地调整下学期或下学年的教学计划,而且根据现开设的班级进行分类教学,使学员能够结合自身兴趣和需求进行学习,实现精准教学。

二 分层教学,提高教学效率

"您觉得本班教学存在哪些难点?有何建议?""老同志水平参差不齐,不好教学。建议加设基础班、提高班和创作研修班。"根据学员们的建议以及老师的教学经验,并结合实际,盐田区长青老龄大学古筝课程分为古筝零基础班、古筝基础1班、古筝基础2班和古筝提高班。

古筝零基础班的丁阿姨表示:"我学了很多年舞蹈,在武汉也是舞蹈协会的成员,所以也继续在交谊舞班跟着老师学习舞蹈,但是我对器乐类的课程也很有兴趣,只是没有接触过,所以之前没敢报名,但是看到开设古筝零基础班后,就果断报名了。"

马苑瑞老师介绍,古筝提高班的学员都是在古筝基础班1班和古筝基础2班分别学习了两年后,进行结业考核,考核优秀后进入提高班的,而且学龄均在6年以上,可代表学校外出参加展演或比赛。

工作人员骆诗慧在李斌阿姨家拍摄美食分享活动视频时发现,书桌上摆着毛毡、宣纸和还没洗的毛笔,原来阿姨刚刚还在练字。"我以前是写土地证的,土地证的书写要求是正楷字,经常练习,也喜欢写毛笔字。还在老楼的时候,只有一个书法班,我就报名在书法班学习了,后来又增设提高班后,在提高班继续学习,现在我每天都要练,有时候是单纯练字,有时候也会写对联,这样的话更能看出字写得好不好,哪里需要注意,下次撰写的时候要注意哪些方面，要怎么下笔，一个字一气写成，都是有讲究的。中国书法是老祖宗留下来的东西，是传统艺术，我们不能丢呀。"

根据学员的学习能力和学习水平，进行分层教学，使老师的教学进度和内容深度安排更加合理，不仅提高了课堂教学效率，还提升了学员的学习兴趣和学习水平，营造了良好的学习氛围。

三　教学相长，保障教学质量

拉丁舞老师李平从 2018 年开始就在这里任教。一开始，他自己教交谊舞，一个人既教男步，又教女步，学员们很容易弄混，他也很苦恼，觉得这种教法实在不行，学员学习效率不高。"因为我爱人之前是我的舞伴，就向学校申请，让我爱人来当助教，和我一起教学，她教女步，我教男步，需要二人搭配共同完成一整支舞蹈时，还可以直接给学员示范。所以现在交谊舞班是我们夫妻俩一起教学，学员学习的时候不再弄混男步和女步了。"他说。

拉丁舞课后，工作人员找到洪世乔阿姨，问道："洪阿姨，我看着您学得很快，拉丁的动作也很标准，请问您有什么学习秘诀吗？""哪有什么秘诀啊，刚开始学习的时候，我也是在课堂上学会了，下课就忘，学了忘，忘了学。后来，我就和几个学员一起，下课后抽时间去公园练习，把练习视频发给李老师指导，就这样反复练习，所以现在都能跟上老师的上课节奏了。"洪阿姨说。

老年大学办学质量提高，需要老师高质量的教学，同时激发学员的学习兴趣，提高学员的自主学习能力，营造良好的学习氛围，创造新时代老同志老有所学的条件和环境。

2015 年以后，随着场地的拓宽、师资力量的补充和教学经验的积累，盐田区长青老龄大学按照老年大学标准化建设的要求抓好教学管理。截至目前，盐田区长青老龄大学已实行分层分类教学，根据学员各方面的兴趣和爱好，开设相应课程，满足学员的学习需求，助力老年教育的可持续发展。

点 评

盐田区长青老龄大学根据深圳市长青老龄大学的要求，结合实际情况、现有资源和办学经验，契合学员学习兴趣和学习需求，合理开设长青老龄大学课程，实行分层分类教学模式，激发学员的学习兴趣，提高课堂教学效率。盐田区长青老龄大学深入学习教学相长的文化内涵，学员们经过学习然后知道自己有不足的地方，教师们经过教学然后知道自己有困惑的地方，通过教和学两个方面互相影响和促进，从而达成共识，实现共享、共进，实现教学相长与共同发展，提升了办学质量。

灵活办学，贴心服务，打造"有温度的课堂"

杨凡锐

纸张与笔尖仿佛融在一起，一位老年人手拿画笔在柔光中挥毫泼墨，描绘出生命的乐章；另一间教室里，一群老年人如隔雾之花随着音乐裙裾飘扬，素手婉转流连，尽情舞动生命的乐章……

热爱让人永远年轻，学习是最好的养老！这是南山区曙光社区长青老龄大学（耆英学院）的课堂场景。

一 整合社区资源，建立社区耆英学院

曙光社区有 1500 多名来自五湖四海的老人，为丰富社区老人的精神文化生活，让他们在社区找到家的感觉，社区党委通过深入调研，于 2019 年 9 月成立了老年大学，命名为耆英学院。耆英者，年老德高之英才。在社区建立耆英学院，便是希望凝聚社区银发力量，营造浓厚的文化氛围，共建和谐幸福家园。2020 年 9 月，伴随着深圳四级长青老龄大学的建设，耆英学院成为长青大家庭的一员。

在办学经费极为有限的情况下，如何整合社区资源参与社区老年教育？这是曙光社区长青老龄大学常务校长徐占仁所面临的难题。为此，曙光社区党委书记、长青老龄大学校长廖志康在了解情况后，做了大量的工作，全力支持办学，为学校提供了很好的教室、硬件设备以及教学必需品，助力社区老人实现老有所学、老有所乐、老有所为。

"以前在老家也上过老年大学，但没这个条件，什么东西都必须你自己带。这里不仅免费上学，而且还免费提供绘画工具，"国画班学员李爱莲边

说边提笔准备作画，"老家的朋友看到我的朋友圈后，发现深圳老年朋友的生活丰富多彩，尤其是老年教育又免费，活动又多，他们很羡慕。"

"老年人有诉求，我们就得落实好。"徐占仁告诉笔者。老年人在日常使用智能手机过程中遇到不少困难，一直得不到解决。学院根据老年人反馈的情况，设立了生活技能课。生活技能班里有一位 50 多岁的女学员，她的孩子为了支持她学习，特意为她买了一台智能手机。有了孩子的支持，她学习就更带劲了。

曙光社区长青老龄大学在成立一年多的时间里，除了开设有老年朋友喜闻乐见的太极、乒乓球、国画课和生活技能课之外，还开设有声乐、书法、形体、大秧歌等 11 门课程，参加学习的学员有 300 多名，惠及辖区内老人近 5000 人次，极大地丰富了社区老人的精神文化生活。

社区党委通过大力支持创办老年大学，使老人走出家门，有了再次进校园学习的机会。廖志康表示，社区党委的重要任务便是做好社区群众的服务工作，曙光社区老年人人数多、学习需求大，如何办好社区老年教育、满足老年群体的精神文化需求便成为社区党委的重要课题。经过一年多的探索和尝试，曙光社区初步形成了具有特色的长青老龄大学模式，为社区老人提供全方位、高品质、人性化的教育。

二 入学方式灵活多样

老牛亦解韶光贵，不待扬鞭自奋蹄。江素廉老人推着轮椅缓缓进入教室，轮椅上坐着脸上布满岁月痕迹的老先生。"年龄大了，我腿脚不便，日常出行需要轮椅相伴。老伴不放心我一人待在家。"前来上课的老先生说。

学习书法的胡利娟夫妻二人，对书法特别感兴趣，但孙子太小需要有专人照看，于是他们商量后决定一起报名，轮流学习书法，回到家中互相补课。两位老人恩爱有加，不仅在生活上相濡以沫，而且在学习上相辅相成。

曙光社区里，类似"特殊情况"还有不少。考虑到社区居民都有各自的情况，长青老龄大学校委成员多次召开专题会议，希望学院根据社区老人的实际情况对入学模式和上课体系进行改进。

上课可以早退、可以迟到、可以吃食物、可以带老伴、可以带小孩……灵活多样的入学方式，是曙光社区长青老龄大学校委成员多次探讨后的结果。"只要来到我们曙光社区，有活到老学到老的意愿。作为校方一定要全力支持他们的需求，让老年人住得开心，学得开心。"徐占仁表示。

在尝试改进教学模式的初期，有些授课老师对这样的上课方式表示不理解，他们认为上课得有上课的样子，必须有学校课堂纪律，只有这样才能把课程学好。经过徐占仁的劝解及开导，这些老师在深入了解社区办学的目的和社区老人的实际情况后，也逐步理解了学校的用意，并称赞了该模式。

徐占仁表示，曙光社区长青老龄大学接下来还将继续探索发展面向每个人、适合每个人、更加开放灵活的教育体系，帮助社区探索及建设学习型社区，走出一条以老年教育融入社区治理的特色之路。

三 花甲英才重返讲台

老骥伏枥，志在千里。宝安机场附近的公交车站旁，74 岁童颜鹤发的高龄老人、国画老师于海林即将上车前往南山……"每次差不多要花费两小时坐车，才能抵达曙光社区。"于海林虽已搬至深圳机场附近居住，但仍坚持每周从宝安区去南山区西丽曙光社区学校教授国画。

国画老师于海林经朋友引荐来到社区长青老龄大学，徐占仁获悉他师从于潘天寿先生，有很高的绘画技巧，力邀他来讲学。经多次邀请，于海林与子女商量后答应了请求，担任长青老龄大学国画班的老师。"我是一名老党员，老年也需要发光发热，为弘扬和传承国画这门艺术发挥余热。"于海林说。

"先用较淡的颜色画出牡丹花最前面的背面花瓣，调淡白色，然后笔尖点淡曙红，笔尖朝下，画出有大小变化的花瓣，"课堂上于海林精神矍铄，他拿起学员的毛笔，一笔一画地做着示范，"用藤黄加白点出雄蕊，用浓石绿点出雌蕊。"于海林早年毕业于哈尔滨工业大学国画系，专业造诣颇深，一生热爱国画。"退休不退志。虽然他们退休了，但是他们还可以将毕生本领，推广出去，传承下去。"社区党委书记廖志康说。

书法老师薛建刚，不但教学认真，而且要求学员课后都要交家庭作业。他牺牲休息时间认真点评学员的作业，并建立班级书法群，把点评的内容发到书法班级群里，让所有学员云端学习。在他的严谨教学之下，学员们进步很快，部分学员的书法作品都可以参加展览。学员们深有体会地说道："这样的学校、这样的老师我们都喜欢。"

据了解，曙光社区长青老龄大学聘用的老师大多来自社区居民，有国画退休老师、乒乓球退休教练、机关从业者、技术工程师、普通工人等，但凡有一技之长，只要热爱教学，社区党委及校委都会积极把他们争取过来。老师们授课不收取任何费用。尽管是义务教学，但老师们依旧尽心尽责，不辞劳怨，充分体现了特区老人的奉献精神。

社区党委与学校骨干联动，通过挖掘、邀请英才老人参与长青老龄大学的教师团队建设，全力打造学校的师资力量，将他们的特长和技能传承下来，实现老有所为。

点　评

曙光社区党委通过创办社区老年大学，积极为社区活力老人发挥余热创造条件，努力将他们的智力资源转化为社会财富，通过开设各种健康向上的文化课程，针对社区老人情况灵活进行课堂设置，不断满足社区老人的各种精神文化需求，让社区老人文化养老，大大提升了社区老人的幸福感和归属感，让特区老人真正实现了老有所学、老有所为、老有所乐。

引入学分制，培养社区学习达人

张小葵

"我刚上完社区 6 期插花课程，得了 6 个学分，这个月有望登顶红花榜榜首。"

"你的学分比我多，下个月我可要加把劲了。"

在福永社区党群服务中心的休息室里，社区老人陈润发、陈德高坐在课桌边上，一起掰指头算学分。他们是福永街道长青老龄大学的学员，自从学校开班授课以来，两个人就特别积极，瞅准时间报名参加各种课程，他们都曾登顶过月度红花榜榜首。

红花榜是福永街道创新试行的长青老龄大学学分修习模式，老人报名成功后，每学年必须修满 20 学分才算及格。对于登顶红花榜榜首的学员，长青老龄大学还奖励小礼品，尤其吸引人的是，对学分修习前十名的，还会张榜公示，这份荣誉在老年学员中备受重视。

一　引入学分制，提高课堂教学质量

"年轻的时候正儿八经上学都没这么兴奋，登顶红花榜榜首是我们人老心未老的最好证明。"陈润发说。

在福永街道，长青老龄大学通过引进正规高等院校的学分制度模式，激发老年人参与学习的热情，提高他们的学习能力。

"在修学分的过程中，老年人之间无形中也会形成你追我赶的学习氛围，学习热情更饱满。"福永街道长青老龄大学校务委员办公室钟锦波说。

原则上参加一节文艺课能够获得 1 个学分，参加活动可以获得双倍学分，上台担任讲课老师，为老年朋友授课的，可以获得 3 个学分……在福永街道长青老龄大学校务委员会办公室里，一张有关修学分的规则是学员们关注的焦点，打印的 A4 纸已经被大家翻出了卷边。

"既然要办大学，就要有大学的样子。"福永街道长青老龄大学校务委员会成员一致认为，长青老龄大学的学员不仅有学习任务，还要修满相应的学分。学校制定了详细的学员学分修习细则，并张贴了红花榜，对于学分排名前十名的学员予以张榜公示，将学习成果转化为荣誉。

其实学分修习制度并不是长青老龄大学办学之初就设定的。起初，长青老龄大学办起来了，学员参加学习和活动的热情并不高。

"课程安排上了，学员也报名说要参加，可到了真正开课的时候，很多人就都有事要请假了不能来。出勤率不高，白白浪费资源，还打击了其他学员的积极性。"

鉴于此，福永街道长青老龄大学充分借鉴了正规高等院校的办学基本规则：学分修习制度。自从有了这项制度，老年人参加学习的热情格外高涨，相互之间常常对比学分高低。大家都有一个小本本，详细记录学分修习情况。很多学员还打印了每周课程表，根据自己的日程计划报名参加课程学习，课程参与率大幅提高。

二 热门课程"一位难求"，"老同学"玩出新花样

"大家都是老同学了。"在福永街道长青老龄大学，"老同学"是大家互相称呼的口头禅。大家年纪都大，一句"老同学"道出了双关意境，拉近了彼此之间的距离。别看这群同学年老，他们玩出来的花样却很新。

身穿红色摄影师马甲，背着黑色装备包，高高举起长焦镜头，眯缝着眼睛认真对焦……一身摄影师装束和打扮的福永街道退休老干部叶冠民经常出现在街道举办的大小活动现场，他作为摄影艺术家的形象早已深入人

心。叶冠民今年已经 77 岁了，56 年来，照相机、长镜头就是叶冠民的随身"标配"，走到哪里就带到哪里。

叶冠民的书桌上堆着高高的一叠摄影类杂志。最新一期《人物摄影》杂志还专门探讨了肖像拍摄技巧，叶冠民在里面细细划线，做了不少记号，俨然一名勤奋好学的好学生。

"我年纪虽老心不老。摄影技术设备更新换代很快的，不学不行。"叶冠民说。他用摄影作品记录福永，出版的《福永变化的 40 年》收录了他从 1990 年至今拍摄的 200 多幅相片。

福永街道老年协会会长鲁翠英的大衣口袋里常常揣着一张折叠起来的 A4 纸，上面是手抄的《可可托海的牧羊人》词谱，一有空她就会拿出来轻声哼唱。"这首歌很好听，我想快点学会，教大家唱。"鲁翠英说。最近这首歌特别火，老伙伴们都爱听，也都想学，她通过朋友找到了词谱，自己跟着音乐已经学得差不多了，很快就可以教大家唱了。

在福永街道长青老龄大学里，这种"人人皆学、处处能学、时时可学"的氛围特别浓厚，大家都想成为红花榜上的学习达人，这不仅可以习得新知识、新技能，还能为暮年生活增添无限精彩。如今，福永街道长青老龄大学常设的讲座、课程及活动常常满座，其中包括讲座（老年专题法律讲座、老年人保健讲座、时事政治学习讲座）、体育运动（球类、棋类、太极拳）、舞蹈（广场舞、民族舞蹈）、摄影、书法、插花、手工、厨艺等。大家都热爱学习，都想参加学习，在学习中激发出对生命的更大热忱，因此，很多时候这些活动都"一位难求"。

三 整合资源，专业机构"进课堂"办精品课

"老师很专业，讲课有水平，我只想一直跟着他学。"

夏润泽老人一边擦着汗一边从舞蹈室里走出来，他刚刚跟着舞蹈老师

学了一节踢踏舞。这种动作激烈的舞蹈被舞蹈老师改良后，成为一曲非常适合身体硬朗的老年人跳的动感舞蹈。

福永街道长青老龄大学的课程授课老师专业水准都很高，这得益于福永街道有强大的文艺背景做支撑。福永街道精心培育了 22 个文艺社团及协会，成功打造了"爱心课堂"、企业文化服务联盟两大文化服务项目，目前辖区有上百个文艺机构和个人参与福永"爱心课堂"的教育教学工作中。福永街道企业文化服务联盟成员有文化机构 12 家、艺术团体（队）9 家、企业 22 家，服务团队有文化志愿者 500 余人。这些都是长青老龄大学举办优质课程的有力保障。

自长青老龄大学筹备办学以来，福永街道高度重视，全力支持办学，调动一切可以调动的社会资源为老年学员开展优质课程，让老年人真正享受时代发展红利，树立起"老有所学、老有所为、老有所乐"的健康生活理念。

点　评

福永街道长青老龄大学开展的一系列积极的办学探索，不仅为老年人实现自我价值提供了广阔平台，还让老年人从"要我学"转变成"我要学"，为老年大学的可持续办学、高质量办学注入了内生动力。

师资孵化有路径，学员也能当老师

刘玲妹

上午 9：30，走进龙城街道愉园社区党群服务中心，一位老人牵着小孙女的手站在一个课室的门口，伸长脖子、目不转睛地盯着里面……怀着好奇的心情走过去，发现课室内 20 余名老人正在你一言我一语地讨论诗词。

教室里面讨论得热火朝天的正是龙城街道愉园社区长青老龄大学的诗词班。该班创立于 2019 年，现共有 25 名学员，截至目前已撰写诗词 1200 余首，翻开他们创办的诗词集《愉园流韵》，诗句对仗工整，用词朴素精炼。这一切教学成果得益于龙岗区老年教育师资人才孵化工程，即建立了师资骨干人才库，将部分优秀学员纳入师资队伍中，努力实现长青老龄大学的可持续发展。

一 "文艺老年"龙岗逐梦不留遗憾

龙城街道愉园社区长青老龄大学诗词班的老师叫钱建淮。孩童时代的钱建淮就钟情于中国古典诗词，但是后来的知青生活和会计职业生涯却让她与文学路南辕北辙。"一直以来我都放不下自己对诗词的那份热爱，偶尔兴起也会创作一些诗词，不过总觉得缺乏灵魂，又没人交流，也只好作罢。"钱建淮说。

退休后，钱建淮随女儿来到龙岗生活，最初几年一直帮忙带外孙，等孩子上学后，空闲下来的钱建淮听小区的老伙伴说要去龙岗区长青老龄大学上诗词班，她内心激动不已。"常做文学梦，一梦近黄昏。"她经常这样感叹以前的自己。许多老年人以前向往这种文学生活，但因忙于事业和家庭无法去追求和实现梦想，留下了遗憾。

龙岗区长青老龄大学诗词班于 2016 年初开班，聘请中华诗词论坛高级顾问徐冰云老师任教。钱建淮幸运地成了第一批学员，跟着徐老师从最基础的格律知识学起，再到诗词创作练习，收获颇多。"跟着科班出身的大师学习就是不一样，区长青老龄大学终于圆了我这个'文艺老年'的诗词梦。"钱建淮如是说。"妈，您这个学习劲头都赶上了我高考那会儿了。"钱建淮的女儿也经常这样打趣她。

二 "三级"研修助力学员成功孵化

为满足不同层次学员的学习需求，龙岗区长青老龄大学实施了分层次教学，即根据学员对学科知识的掌握程度因材施教，分层次开设基础班和提高班，并实行学年制教学。

"考虑到基层长青老龄大学紧缺专业老师，区校积极尝试开设研修班，一方面可以把优秀的学员作为人才储备力量，纳入师资骨干人才库，另一方面可以为基层培养和输送专业教师，有效解决师资紧缺问题。"龙岗区长青老龄大学负责人说。

在这样的背景下，龙岗区长青老龄大学于 2018 年在部分精品课程中增设了研修班，形成了"基础班、提高班、研修班"三级教学模式。研修班不设置就读年限，但准入门槛很高，所有报名研修班的学员都需经过严格的专业考试筛选，还倡导学员使用区校编印的统一教材到社区志愿任教。钱建淮说："上了研修班后，除了课堂上我们创作诗词，学员之间互相修改，提升创作水平外，徐老师还带领我们加入深圳诗词学会和深圳长青诗社，进一步拓宽创作的视野。我们学员的许多作品还登上了《秉烛诗词》《深圳诗词》《巾帼百家诗词》等刊物。"

为集中展示诗词班的教学成果，龙岗区长青老龄大学组织学员围绕"喜迎十九大""庆祝中华人民共和国成立70周年""庆祝改革开放40周年""庆祝深圳经济特区建立40周年"等主题创作诗词，并成立诗词集《诗意龙岗》编辑部，对作品进行修改编辑。现《诗意龙岗》已出版五辑，共收录老干部、长青老龄大学师生诗词作品2000余首，在龙岗区形成了很好的文化宣传效应。

三 毛遂自荐扎根社区服务更多老人

为更好地回馈社会，2018年底，钱建淮带着社区一帮爱好诗词的老同志找到社区工作站，要申请场地创办诗词班。愉园社区长青老龄大学校长陈科峰回忆说："当时我说场地我可以想办法解决，但是诗词这么高大上的课程老师不好找啊。"钱建淮老师便毛遂自荐："我爱好诗歌多年，在龙岗区长青老龄大学学习了两年多，现在又是诗词研修班的学员，还出过两本诗集，而且我把老年人学习诗词的路都走了一遍，了解他们的年龄特点和学习的困难，可以更好地因材施教，您看成吗？"

就这样，2019年春，愉园社区长青老龄大学诗词班正式开班。班级学员中有北京高校的退休教师，也有一般的诗词爱好者。在钱建淮的带领和组织下，他们成立了愉园诗社，创办诗词集《愉园流韵》，制作诗词微刊共十九期，并结合社区的防疫、反诈骗等，创作诗词助力抗疫，歌颂幸福生活，弘扬正能量。"诗词班的老同志现在都是我们社区宣传工作和义工服务的中坚力量，这是我当初怎么都没有想到的。"陈科峰说到这里满意地竖起了大拇指。

钱建淮从学员到老师双重身份顺利转变的现象在龙岗并非个例，而是龙岗老年教育探索师资孵化的缩影。该模式已成功为全区111个社区长青老龄大学输出了近1/3教师，在一定程度上破解了三级办学网络师资不足的难题。教师是学校最重要的人力资本，只有建立一支稳定优秀的教师队伍，才能解决老年教育的发展问题。道阻且长，行则将至，站在新的历史起点，办好老年教育，努力实现"老有颐养"，龙岗一直在路上。

点　评

老年教育事业虽然已发展多年，但仍然处在一个摸着石头过河的过程中。老年人的数量越来越庞大，考验着老年教育工作者的智慧与魄力。资金不足是阻碍师资发展的一个因素，但不能让它成为制约老年教育发展的瓶颈，因此，龙岗区从发现"种子"到培育孵化出适应和满足"三级办学网络"的师资队伍力量，通过"造血"实现了师资队伍的可持续发展。问渠哪得清如许？为有源头活水来。

探索总结再实践，系统提升更全面

刘育銮

下午两点半左右，坪山区石井街道长青老龄大学教室里墨香四溢，学员们挥毫泼墨，只见彭叔提笔、沾墨，转眼间，两个苍劲有力的大字就跃然纸上，一幅幅书法作品充分展示出书法艺术的独特魅力。

"我平时就喜欢书法，在家里闲余时间也会练练笔，却苦于无好友相伴，现在好了，创办在家门口的长青老龄大学开设了书法课，不仅提供了学习平台，还可以经常和三两志同道合的好友切磋切磋，真是太好了。"彭叔叔说道。

同时，在石井街道金龟社区长青老龄大学，十多名老人正在跟着老师学习植物日常养护知识，包括浇水、日照、防止病虫害等常见问题。在自己动手制作环节，大家纷纷手持小工具饶有趣味地种植起来，一会儿工夫，填土、配色、种植……一盆一盆有模有样的盆栽完工，"老友"们抱着自己制作的盆栽开心地对着相机摆起了姿势。

一　满足老者需求，长青老龄大学开在"家门口"

2020 年，石井街道认真贯彻落实习近平总书记重要讲话和重要指示精神，按照区委组织部、区老干局统一部署，在区长青老龄大学的帮助和指导下，整合场地、师资等资源，上下联动，严格按照区长青老龄大学标准化建设目标要求，迅速推动街道、社区长青老龄大学组建工作，真正把长青老龄大学建在社区老人"家门口"。

截至 2020 年 12 月，石井街道已建成 1 个街道级长青老龄大学，依托社区党群服务中心阵地建成了 4 个社区级长青老龄大学，完成街道、社区二级长青老龄大学全覆盖，已完成街道、社区二级长青老年大学标准化建设实施方案、课程安排、招生简章，健全学校管理、教务管理、人员管理等规章制度。

目前，石井街道和 4 个社区长青老龄大学已正式开班，养生保健课、设计基础课、书法课、舞蹈课、美食课、手工课、声乐课、智能手机课、园艺课等课程应有尽有。它们结合各自资源，坚持一校一特色，让长青老龄大学百花齐放。

"只要老人有需求的课程，我们都尽量满足。"石井街道长青老龄大学相关负责人介绍。

"组织开设这么多课程，还有专业的老师，这开在家门口的大学真的是太好了，以后这退休生活再也不怕无聊了。"报了舞蹈课、美食课两门课程的邱阿姨开心地说。

二 上好开学第一课，思想政治教育是根本

如何让学员更加深入地了解红色历史底蕴，永葆红色青春？石井街道在长青老龄大学的创办及课程设置中，坚持以党的政治建设为统领，创新学习形式，在各教学班、活动组织建立临时党组织，联合区委党校、深圳技术大学等，开设思想政治教育课程，办好开学第一课；强化思想政治引领，定期举办长青讲堂、东纵讲堂，引导老同志不断增强"四个意识"、坚定"四个自信"、做到"两个维护"。

石井街道、社区二级老年大学还选派教学管理人员参加老干部（老年）教育、学校管理相关的业务培训，按上级部门要求组织教师参加思想政治理论、老干部（老年）教育理论和专业培训，统一校徽、校训等标识。

同时，石井街道长青老龄大学充分借助"银领鹏城"平台，深化"深

爱学、圳长青"文化内涵，结合街道历史文化和居民特点，利用"不忘初心、牢记使命"主题教育馆、金龟自然书房，田心南中学堂等资源优势，让学员更加深入地了解红色历史底蕴，牢记先辈在此战斗的历史，并宣传党的理论知识，使他们在学习中铭记的历史，强化党的思想教育，永葆听党话、跟党走、全心全意为人民服务的底色。

三 丰富课程库，建设智慧化教学管理平台

为了方便老人们上课，石井街道街、社二级学校均建设了适老化、无障碍环境设施，如电梯、防滑防摔如厕设施等。学校整体环境明亮舒适，装修布局简约雅致，用房标识清晰，配套设施完善，同时配备相应教学设备和活动器材、便民药箱、灭火器等安全、应急、消防设施。在教学设备方面，学校均配备有多媒体投影设备，建成了智慧化教学管理平台。

什么样的课程设置更有针对性？石井街道长青老龄大学高度重视老年教育研究工作，并配合上级部门，在街道、社区范围开展了老年人的线上需求调研工作。

经过前期调研，石井街道结合老年人的特点及需求，制定了规范合理的课程表。在这些课程表上，每门每学期 16 学时，开设 5 门课程。其中，思政课（人文社科）作为主修课，每学年 2 次；书法、国画、舞蹈等艺术类课程作为选修公共课。同时，石井街道根据许多老人对现代智能设备不熟悉的实际情况，在寒暑假开设生活数码课。另外，街道还灵活开设手工创作、摄影、诗词等兴趣爱好速成班，设置卫生健康、声乐、棋类、综合科普、文学诗词等云课堂。

不久前，田头社区老人们期待的智能手机课开课了。教室里，数十名年过半百、头发花白的老人，戴着老花镜，举着智能手机，一边听讲、一边操作，还时不时拿出小本子做记录。"现在智能化发展迅速，

我们很多老人都不会使用智能手机，出门很不方便。现在好了，有了老师的专业教授，我们正在学习如何拍照、如何连接网络、如何使用微信预约挂号看病……"吴老伯笑着说，"昨天我还给孙子的朋友圈点了赞。"

"长青老龄大学的开办给老年居民搭建一个老有所学、老有所为、老有所乐、老有所好的平台，提高了老年人的幸福指数，搭建了老年人的社会支持网络，共同营造老有所为、'耆'乐融融的氛围。接下来，我们将借力社区党群服务中心，整合资源激发办学活力，不断提高创建长青老龄大学工作的积极性。"石井街道长青老龄大学负责人表示。

点　评

石井街道在街道、社区长青老龄大学的创办过程中，没有单纯地为办学而办学，而是不断探索、认真总结，从学校设施到课程设置、教学计划都充分考虑了老年人的特点，搭建起老年人学习政治、接受教育的平台，让辖区老人们在大学里，既学习了知识，又结交了朋友；既锻炼了身体，又陶冶了情操；既丰富了生活，又愉悦了身心，达到了帮助老年朋友"增长知识、丰富生活、促进健康"的目的，为实现老人们老有所学、老有所乐、老有所为打下了坚实基础。

第十五章
技术探索：打造"没有围墙的大学"

科技时代，"没有围墙的大学"离每个人已经越来越近。

如今，科技不仅仅是年轻人的工具，也是造福老年人的利器。由科技带来的时代感，在深圳各级长青老龄大学中得到了深刻的诠释。

深圳市长青老龄大学推出"线上 +"课堂，以多元创新的方式，帮助老年人快速融入互联网潮流，使老年人得以共享更多优质的教育资源。一系列精品"慕课"课程，将优质教育资源送达每位老者。各类新科技、新教育产品，也应用于老年大学教学，融入老年人的生活场景中。

老年教育的科技探索，来自深圳的现实需求。深圳是一个人口高速增长的城市。老年大学"一位难求"的学位问题极其突出，线上课堂没有学位的限制，将接受教育的门槛降到了最低。

老年教育的科技探索，也来自科技创新的时代呼唤。无论是主动接受还是被动接受，老年人正在深刻面临着由新科技带来的社会活动与生活方式的巨变，不让老年人掉队，正是老年教育的应有之义。

老年教育的科技探索，还来自老年教育工作的开拓与优化。在福田，智慧教学体验馆，运用 5G 技术，引入集触摸体验、VR 体验、电子图书、全息剧场为一体的智能化教学空间，把全新的互动模式融入教学全过程；在南山，招商街道长青老龄大学的系列线上朗诵会带动了线上教学活动的生动开展；深圳市长青老龄大学通过与高校合作，共同开展慕课资源建设，打造"银智 e 学堂"慕课平台，入库课程 186 门。

深圳这座创新之城，时刻以轻快的脚步追逐创新，以包容的姿态缔造文明，以科技的力量改善民生，以不懈的努力创造美好。通过探索老年教育的科技融合新模式，深圳市长青老龄大学正致力于让老年人共享科技带来的便捷，也为敬老爱老赋予全新的内涵。科技赋能让特区老年教育插上"智慧化"的翅膀。

云端课堂诠释"不一样的精彩"

韩文嘉

2020 年 2 月底，在湖北襄阳老家，深圳市长青老龄大学的钢琴老师邵严裹上厚厚的家居服，用一个饼干桶支撑起手机进行拍摄，将 Ipad 作为钢琴的琴键，开始连线给钢琴班的学员们上课。尽管被疫情封锁在家，尽管相隔千里，但长青老龄大学的钢琴课并没有画上休止符，美妙的旋律依然在"云端"流转。

2020 年春季学期，受新冠肺炎疫情影响，长青老龄大学将课程搬到了线上，24 个专业、69 门课程、136 个班全部开课，"云上教学"同样精彩。而通过疫情期间的线上教学历程，长青老龄大学也进一步强化探索"互联网 +"新模式，用科技赋能老年教育线上学习。

一　开启线上模式，师生同迎挑战

新冠肺炎疫情来势汹汹，线下课堂停摆，让长青老龄大学的学员们不禁忧心忡忡。"新学期就要来了，还能不能上课呀？""钢琴才学了一点基础，停课了以后就荒废了怎么办？"

没过多久，大家就收到了学校发来的通知——《关于面向全体学员开展在线教学的通知》《在线学习操作指南》。在新学期开始之前，长青老龄大学就多次发布细则，为线上课堂做出详细指引。

课是不耽误，但上网课又让学员们犯了愁。许多老年学员对使用线上平台很不熟悉，只好请教子女或向学校求助。为了让长青老龄大学学员"停课不停学"，市长青老龄大学积极发挥志愿作用。从 3 月份开始，招募志愿者加入长青老龄大学各班班级群，协助学员们填写问卷调查表，回收问卷2464份，指导学员使用线上课程平台，进行电子考勤，解答学员有关电子设备的操作问题，等等。

不但学员们有技术问题，不少任教的老龄老师们也迎来了新的挑战，老师们习惯了以往在教室里指着教案、看着同学们上课，突然课堂变成了自己家里的一桌一椅，不但要对着摄像头，还要摆弄电脑课件，这让他们颇不习惯。为此，学校还组织全市老干部（老年）大学教师开展了三场在线教学培训，共计1024人次参加。经过不断的磨合，师生们对网络课堂使用得越来越得心应手，课堂效率也越来越高。

英语教师王宏斌过去上课和学习只用过微软某些办公软件，开始准备网上教学时有畏难情绪。在网课教学培训时，他就让女儿也和他一起听课，课后女儿再教他。经过邀请班级部分同学进行多次模拟演练，反复学习实践后，他终于适应了这种新的教学方式，也得到了同学们的认可。他说"自己很欣慰"。

"疫情期间宅家，孙儿教我上网学习长青老龄大学的在线课程。这个特殊的学习过程是延缓老年痴呆症最有效的穴位疗程。"系主任孙美直风趣地说。

二　"隔空"歌舞互动，全新云端体验

从生疏、磨合到渐入佳境，线上课堂为长青老龄大学的师生们带来了与以往完全不同的体验。

在声乐教师陈峰看来，第一次课是真正的"试"，之后的课是在原有基础上的"改"，老师们在线上教学中需要不断对屏幕形象、与学员互动、室内的采光等方面加以改进，继续探索，从而达到更理想的教学效果。

舞蹈系很快统一了教学内容，老师以最快的速度适应和熟练掌握直播

教学技巧，学员们也积极配合。舞蹈系教研组长熊家玲表示："从试课磨合到正式开讲，我们师生互动，隔空'舞'动，这是非常难忘的经历！"

"学校和老师们想方设法帮助学员熟悉线上教学新方法，耐心解答大家的问题，保证学员'人人能上课，个个懂操作，门门有效果'，对大家顺利度过宅家生活提供了精神支持和帮助，让我们感受到学校的温暖和关爱。"舞蹈研修班学员刘志玲说。

分散的课堂对合唱班带来了更大的挑战。"分声部练习是一个很大的难题，但大家孜孜以求、精益求精，克服了场地限制，跨越了地区阻隔，人在哪儿就把训练延伸到哪儿，歌声在线，轻舞飞扬。"合唱研修 1 班学员李敬业说。

钢琴班的学员们在课堂之外，还坚持每天练琴 2 ~ 3 个小时，用勤学苦练不断精进琴技。学员万维华说："盼望早日回到学校，回到教室，与同学合奏优美动听的《康康舞曲》向邵老师汇报，向在疫情下坚守教学岗位的老师们致敬！"邵严也感触颇深："老同志们和小朋友学琴还不一样，老同志们的学习都是自发的，有这种自发的精神，就能把事情做得很好。"

三 搭建"银智 e 学堂"，让老年大学进入千家万户

疫情期间，长青老龄大学的"两课一堂"（开学第一课、思想政治公共课、长青讲堂）继续开展。2020 年，"两课一堂"共开设线上公共课 16 次，参与老同志 6 万余人次；深圳市原副市长、哈尔滨工业大学（深圳）经管学院教授唐杰来校讲授"开学第一课"，直播点击量超过 110 万。

"在线教学把课堂搬进家，用直播的方式助力老年大学教育事业，不仅丰富了退休老干部的居家生活，还提高了大家的软件操作能力，真是活到老学到老。"长青老龄大学教师赵戈平说。

在师生的共同努力下，线上教学渐入佳境。而此次云端课堂的"练兵"，为下一步长青老龄大学发展线上教学奠定了坚实的基础。

"银智e学堂"是长青老龄大学正在积极开展的项目。学校利用5G、AI等先进信息技术，与腾讯、超星等在线教育和在线课程制作的国内领先企业合作，适应时间碎片化、终端移动化的社会发展趋势，对现有老年教育课程进行数字化改造，打造老年专属的在线慕课学习平台——"银智e学堂"，开发适合老年人远程学习的数字化资源，鼓励老年人依托资源库自主学习，能提供"10万+"在线学位。

在课程资源上，长青老龄大学通过与高校合作，共同开展慕课资源建设，建设覆盖专业课、兴趣课、能力提升等多维度在线课程，全面提升在线课程的供给能力和教育服务水平，努力发展面向每个老年人、适合每个老年人、更加开放灵活的教育体系，让老年大学不仅开在老人家门口，而是进入千家万户，成为深圳老年人触手可及的"没有围墙的大学"。

点 评

科技之城是深圳的标签。即使是深圳的老年人，也在积极拥抱科技、拥抱互联网。疫情期间，精心的准备、完善的设施、坚实的技术基础，让深圳市长青老龄大学成为全国最早复课的老年大学。通过网上复课的快速反应可以看出，线上教育离老年人并不遥远。而面对深圳老年大学学位极其紧缺的现状，疫情期间的线上教学探索，也为解决老年教育问题提供了新的思路和有效的路径，未来，更加开放灵活的教学形式，将为老年教育带来更多的可能性。

智慧赋能，让老年教育"潮"起来

郑若彬

在人们的印象中，老年人不喜欢新技术产品，不愿意接受新事物；而在现实生活中，许多老人面临"数字鸿沟"，不能享受"科技红利"。有的老人反映，现在买菜购物、去医院看病，都要用手机，这些功能都得学，不能被智能化淘汰。福田区长青老龄大学为贴近老年人的需求，坚持科技以人为本、智慧为老年教育赋能，普遍性开展5G时代的数字课程，让老年人做互联网时代的"潮"人；着力构建"互联网＋教育"的智慧教育模式，让师生间的距离更近，让每位学生都能感受到被关注的温暖。

一 数字时代也温暖

家住福田区福田街道福山社区的李学芳阿姨有个幸福的烦恼：女儿给她买了一台最新的华为手机，但新手机功能太多，尤其是拍照功能，她还不太会，看着周围的姐妹天天在朋友圈发美图和美篇，她心里直痒痒。这个时候，社区长青老龄大学新开设的长者智能手机学习课让她高兴极了，她马上果断抢报。

在福田区，像李阿姨这样拥有智能手机却不太会熟练操作的人不在少数，他们的子女或不在身边，或没有时间仔细教；还有的老人想学，却找不到地方去学。福山社区老龄大学的培训，不但有深入浅出的理论知识，还有现场实操指导。经过年轻老师的点拨，现场的老人不约而同地露出了"原来如此""恍然大悟"等表情，参加的老人纷纷表示：这种课程既益智又健脑，要多多开展。

数字很冷，但数字时代却可以很温暖。社区工作人员郇文玉深有感触地说："在很多年轻人看来基础的手机操作步骤，但是对大部分老年人来说是新奇的。老人们不缺乏对新鲜事物的探索精神，只是需要一个手把手学习进步的机会。关爱老人，从你我身边做起。"

福田区长青老龄大学在课程上提供"点菜式"课程服务，着意将居民意见作为开设主题课程的参考依据。福田区长青老龄大学这种贴近时代、贴近需求的课程还有很多，比如数字人民币知识讲座，邀请上市公司财务总监讲解有关数字人民币的知识；与深圳市老年人摄影协会合作，开设老年摄影班，让老人们尽享时代进步的便利，感受幸福路上不被落下的温暖。疫情期间，莲花北社区长青老龄大学动员社区老党员发挥自身所长，通过互联网直播形式开展"疫情不到校，居家学剪纸"教学、心理辅导等活动。

二 VR体验很智慧

在福田区莲花街道，一个新鲜的玩意儿让见多识广的老人们心动不已。趁着上课之余，余大妈和朋友们一起来到莲花街道党群服务中心，一探里面一个非常神秘的场所。

从外面的廊道走进去，馆内明暗互现，满眼尽是大屏幕，墙壁一道道光带交错，如同步入一个未来世界，科技感十足。原来，这里是莲花街道狮岭社区刚刚开放的"莲"动空间智慧化体验馆，是莲花街道党群服务中心以全新的方式为社区长青老龄大学学员打造的一个互动学习的空间。

"莲"动空间智慧化体验馆，运用5G技术，引入集触摸体验、VR体验、电子图书、全息剧场为一体的智能化教学空间，把全新的互动模式融入教学全过程。"莲"动空间智慧化体验馆共分为三个区域。第一个区域是"VR体验区"，通过最新5G信号传输——VR观景台——购买80部科普教育课程，专人辅导老年人通过VR设备学习安全、文化、地理、科学等相关知识；VR 虚拟党建展馆，让老年人身临其境地参观党建展厅展馆，了解党的发展历史。第二个区域是全息互动剧场，播放老年志愿服务队为辖区群众服务等相关影片。观看教学影片有助于提升老年志愿服务队的水平；加入垃圾分类科普互动游戏，可以让老年人在游戏中学习垃圾分类知识，寓教于乐。第三个区域是学习共享区，将触摸和体感互动相结合，为辖区老年人提供学习知识的渠道，还可以通过扫码把书带到手机上进行观看。

在社区工作站人员的操作指引下，短短的十几分钟体验让余大妈她们大开眼界、大饱眼福，对智慧化体验馆赞不绝口。余大妈说："我们体验现代新兴科技的发展，也对未来智慧化社区充满了期待。"

下一步，福田区长青老龄大学计划安装直播设备，现场直播或录播相关课程，提升老年人的在线学习能力，也可以为腿脚不便的老年人提供学习渠道。目前，福田区长青老龄大学正积极联系相关职能部门，努力推动无线校园网络建设。同时，学校将逐步对现有的设施设备进行升级，如智能监控、车辆管理、智能设备等，重点对教室区域等校园空间开展智能化再造，有效提升了效率，为构建智慧校园提供重要支撑。

点　评

"老吾老，以及人之老。"尊老敬老是中华民族的传统美德。时代发展日新月异，在数字化、全球化的今天，尊老敬老也有数字化的内涵。等一等、帮一帮老年人，让他们和年轻人一起进入数字时代，既是一种社会责任，也是一种人文关怀。以多元创新的方式，将各类新科技、新教育产品，融入老年大学教学，融入老年人的生活场景中，不仅可以帮助老年人快速融入高速发展的时代，减少他们面对数字化时代洪流时的无助，共享科技带来的便捷，也赋予了敬老爱老全新的内涵。科技以人为本，智慧为爱老赋能，让每位老年人都有幸福与尊严。

互联网课堂：老年大学的教学新实践

范东卫

新冠肺炎疫情将长青老龄大学的教师和学员推上了新技术探索的前沿——互联网课堂。

面对一"新"一"老"，焦急、忧虑、迷茫和困惑缠绕着罗湖区长青老龄大学的领导与教职人员。是等待观望放流时光，还是寻找路径先行先试？他们选择了后者。

一 "年龄虽然大，思想却要新"

2020年3月5日，罗湖区长青老龄大学发出《关于疫情期间开展网络教学的通知》，很多班级群一下子沸腾起来。

由于疫情原因，全校各专业将尝试网络教学。不少人表示疑惑，但是大多数学员显然十分兴奋。

"看来我得让儿子给我换个智能手机了。"

"你说网课是不是就和快手直播似的，可以和老师面对面交流？"

看得出来，老学员们的学习热情十分高涨，很多老教师也迫不及待地想开启网络教学活动。

随后，学校又发出《在线教学实施方案（试行）》，班长们及时转发到班级群，老学员们又兴奋起来。

"虽然我们年龄上已'老'，但是我们思想要'新'，一定要克服老的障碍，积极学习新技术！"老教师黄杰信语重心长地说。

"放心吧，老师！咱们会好好学习的。"学员们纷纷响应。

3月6日，为了维持正常的课堂秩序，保证学习效果，学校再次发出了《课堂情况登记表》和《确保在线学习秩序、规范微信群管理的通知》。

班长在群里提醒说："每节课我都会登记人数哦，三次缺课的人可是有惩罚的，惩罚就是在群里视频表演节目。"

就这样，从3月9日起，所有班级试行开播网课，由班长负责考勤，培训部定时与不定时巡课，老师记录教学情况。3月16日，所有班级正式开播网课。

二　"网络主播"授课受欢迎

76岁的黄杰信是山水花鸟专业老师。这是他第一次网络授课，难免有点儿紧张。

按照学校要求，黄老师的儿子帮他下载了"腾讯会议"，本以为下载了就可以使用，没想到课前调试设备就花了20分钟。

黄老师急得直搓手："没想到调试这么久，真把我搞急了。"

他正襟危坐在摄像头前，心想终于可以上课了，为了缓解父亲的紧张，黄老师的儿子幽默提醒："老爸，不对，主持人，主播式教学'开课啦'！"

面对儿子的鼓励，黄老师瞬间放松下来。

"老师，你是不是把麦关了？"

"老师，你能把摄像头开一下吗？"

"老师，你把我们禁言了。"

…………

学员们一连串的问题让黄老师手足无措，他连忙把儿子叫过来一起解决问题，好在几堂课下来，黄老师终于熟悉了软件操作。

由于前期操作不当，很多同学都没有加进去，有人提建议说能不能换个能回放的软件。于是，黄老师的儿子又帮他下载了钉钉、QQ、微信……

下课后，黄老师兴奋地说："没想到这么老了，还能直播讲课，挺激动的，也没想到我这个主播还挺受欢迎的。最可怕的是课后被提问，我的书房、客厅都成了直播间，就连厨房都没能幸免……"

三 "网课"录制办法多

网络教学在给大家带来新挑战的同时，也让不少老师探索出新的教学路径。

说到"探索"，声乐系龙艳君老师就是典型代表。2020 年春节后，龙艳君老师滞留湖南老家回不了深圳，但是为了按时给同学们上演唱课，她想了一个好办法。

两台笔记本电脑，一台切入"腾讯会议"视频，另一台下载了电子钢琴 App，用电子键盘替代钢琴，老学友反应都很热烈。

"老师，你太聪明了。"

"老师，给你点个大大的赞！"

回到深圳后，龙老师每次网课结束，都会把简谱示范和教唱音频发到群里，供大家收藏练习。

学员们高兴地说："龙老师太棒了！线上时用'腾讯会议'视频教唱，线下又发示范音频给我们，随教随唱，太有意思了！"

舞蹈课上，学员们也面临新的挑战。

"虽然网络学舞蹈听起来很有意思，但我们的舞蹈动作和老师是相反的，学起来有点'崩溃'，全神贯注才行哦！"民族舞专业的学员们说。

为解决学员们的"崩溃"难题，曾琴老师设置了 6 道教学视频。每节课前，她都会制作 6~8 个时长 5 分钟的视频发到群里，如上下身分解、整体协调、配乐示范等，而且她还组织学员录制自己跳舞的视频并对其进行点评反馈，然后继续做下一节课的教学视频。

曾琴老师认真地说："虽然这个挑战有难度，但是作为老师，我会不遗余力履职尽责，绝不能辜负大家期望。"

经过多次的摸索学习，同学们都非常喜欢网课。"我们现在越来越喜欢网课了，就是小曾老师有点辛苦！"

曾琴老师笑着说："以前是'一对多'，现在需要'一对一'进行点评，工作量大了，但是和前辈们接触的机会多了，值得！"

虽然有点"崩溃"，但是网络舞蹈课锻炼了学员们的反应能力，提高了他们的肢体灵活性，学员们的学习热情也不断提升。

书法老师钟铁环对授课并无惧色，他和学员美美地奏起了"三部曲"。

第一部曲算前奏，在鼠年三月份奏响。

第一堂课，班长准时在微信群开场："出来签到啦！下面是老师苦心孤诣、呕心沥血、使出全身力气……请人录制的良心视频，大家千万别眨眼！"

话刚发完，8个视频不由分说地被班长传到了群里，每个视频5分钟，合计40分钟。

"收藏＋临摹＋发群一条龙哦，谢谢配合！"班长补充完这句话后迅速"潜水"。

学员们反馈说："宅家不出门，看钟老师书法视频！一个字，好！"

第二部曲是高潮，奏响于九月份。

这次，授课地点从微信群换到了"腾讯课堂"App。视频中的老师正襟危坐，授课内容和线下一样精彩，学员们暗暗佩服，只是客厅成了录播室，大家忍俊不禁，又觉得十分感动。

有个学员忍不住叫出声："老师就是牛，以后可以随教随学了！"

第三部曲可谓最强音，2021年春，同学们终于开始到校"堂课"。

没想到，这次线下授课，钟铁环老师带来的惊喜完全不亚于网络课堂，他直接录制"抖音"作品让大家临摹。

学员们感叹："新颖的教学方式让我的人生又开启了新时代……"

说起疫情期间的网络教学，古筝专业的学员们很兴奋："没想到网课还能上得这么开心，效果太棒了！"

"是啊是啊，多亏了邓老师，不然我们都不知道网课这么有意思。"班长兴奋地补充道。

邓老师也特别开心："我比较年轻嘛，对'腾讯会议'App 很熟悉，用短焦镜头'一对多'表演教学，然后又使用远焦镜头进行'一对一'点评教学，二者并用，真的很有意思了。"

四　体验梦想中的课堂

英语口语专业的学员们对网课体验十分激动，有个学员幽默地说："So great！小时候在《十万个为什么》里面看到过视频课堂，没想到有一天真的可以梦想成真！"

王宏斌老师也开心地说道："我们都是第一次尝试嘛，学员们年纪都这么大了，但是他们学得都很认真。"

疫情期间，王老师用"腾讯会议"App 视频教授了三个学期，完成了《新概念》第一册的教学。从发音、朗读到练习，学员们收获满满，老师干劲儿十足。

由于第一次使用网络授课，古诗词专业周海兴老师显得有点紧张："大家都上线了吗？班长点名了吗？哎呀，怎么这么多人啊，超出班级人数了……"还有无学籍学员来"蹭课"了。

话虽如此，周老师心里其实乐开了花，直播教学、小组互动、一对一辅导都让他很开心。

"同学们，宣布一件大事！我们古诗词班获奖啦！"周老师眉开眼笑。

"老师，快说快说，我们得了什么奖？"

"上次参加的全国诗词大赛，我们获得了一个三等奖、两个优秀奖，全深圳获奖者仅七人，咱们就占了三人啊！"

话音刚落，学员们沸腾起来，感到深深的自豪。

五　网课有温度、有态度、有效率

这次疫情让罗湖区长青老龄大学全体投入网络教学中，也让老师和学员一道走在新技术探索的路上。

老教师和老学员一教一学，年龄和技术一老一新，产生了激烈的碰撞与火花，极大地推进了互联网新技术使用。

据统计，罗湖区长青老龄大学网课开设了6个系、19个专业、42个班级，在册学员有836名，参与人次3.2万，真正体现了大规模、开放型、高效率的课程教学，也是"互联网＋老年教育"的创新探索。

点　评

正如案例中展现出的一样，新冠肺炎疫情既是一场危机，也带来了长青老龄大学线上教育的"生机"。当师生齐心协力向新技术、新课堂探索时，也为老年教育闯出了新的路子。"互联网＋老年教育"有温度、有态度、有效率，引领老年教育事业不断迈上新台阶。

跨越时空阻隔，搭建线上大课堂

张 珩

让课堂充满生机，生动有趣；让每位老年人在课堂上都学得轻松，无枯燥乏味之感；让智慧充满课堂，引领师生共同成长。这是教育的本真，也是时代的需求。如何实现教育的目的，实现在探索中求知、在思考中求智、在品味中求美？如何让每位老年人真正体验到学习的快乐与幸福？这是每位老年教育工作者应该思考的问题。随着信息技术的快速发展，答案有了更多的可能。

一 克服空间阻隔，老师摇身"变主播"

2020年春节，为了有效防止新冠肺炎疫情蔓延，大家都尽可能地宅在家里，即便是在春节，也克制着不外出。广场、公园变得空空荡荡，跳舞、打门球或在石凳石桌上打牌下棋的叔叔阿姨们，也已难觅踪影。

当真正被迫处于隔离状态的时候，人们才发现所谓的"享受孤独"是建立在拥有正常社交的前提下，也意识到正常的社交活动是人的一种基本需求。年轻人如此，老年人更是如此。在这一背景下，盐田区长青老龄大学积极响应号召展开了网上教学。教学开展初期，遇到了各种困难。随着对网络设备和线上授课越来越熟悉，老师们摇身一变，成为"主播"，都熟练地讲起了网课。

徐恩念是区长青老龄大学的书法课老师。疫情期间，徐老师积极响应"云课堂"的号召，68岁的他用微信小视频形式在线上开课，收获好评满满。在学校刚开始实行"云课堂"时，徐老师积极与学校联系，探讨课前准备，反馈问题，并积极协助解决，例如，录制课程所需要的电子设备、时间安排、网络问题以及各种突发问题等，徐老师均耐心地一一解决，努力克服困难，保障线上教学顺利开展。台上十分钟，台下十年功。徐老师在课程上为学员们呈现的视频看似简单，背后却做了大量的功课。视频录制是一项专业性很强的工作，如视频音量收录、画质的清晰度或者录制过程中的外界干扰等，都会影响课程的质量。为了呈现最佳效果，一段几分钟的视频徐老师经常需要录制好几次，反复琢磨、反复测试。这对于一个68岁的老人来说，是很大的挑战。

二 心系老龄学员，搭建线上大课堂

肖雪竹是深圳市盐田区长青老龄大学的声乐老师。疫情期间她被困在武汉家中，家里钢琴走音，没有录音设备，快递停运，只有一个iPad。接到线上教学的通知，肖老师毫不犹豫地答应了。

肖老师说，停课停学，时间久了，一些负面影响就会显现出来。原本有规律的学习生活节奏被打乱，一些老人会出现身心不适应的状况，如果不能适时调节，可能会影响身心健康。到了开学季，老人开不了学，学习计划、生活计划都会受到一定的影响，一些活动会因此而终止。本来可以聚会聊天的伙伴见不到了，一些心里话没法倾诉了，都会对老人的情绪产生影响。在老年大学正常学习的老人，有兴趣，有追求，有事做，充实而自在，所以一定要克服困难，想办法开展线上教学，运用科技，把这份对老年人的关爱传递给他们。

肖老师这样回忆在武汉上网课的时光："说真的，疫情期间条件真的很艰苦，那么小的房子，每天不能出门，每到我上课的时候，怕有杂声，我的家人都要躲在厨房、躲在厕所等我录完课才能出来。这一等至少是两个小时！疫情刚开始接到上课的通知，我放下电话就在想如何开展这个教学，只有一个 iPad 和一个没有调音的琴，钢琴没有调音，音不准对上课会有影响，我想用 iPad 下钢琴软件，但是这样会没办法练声，我通过各种渠道找快递公司，想买一个电钢，但都无果。第一节课只能借助一个 iPad 上完了全程。随着疫情逐渐好转，快递慢慢恢复，我买了上课的设备，但快递至少送了三周！"

三 众人携手，长青老龄大学线上开花结果

运用"人人讲"录播的方式，肖老师的教学得以正常开展，得到了声乐班学员们的一致好评。2020 年 7 月，盐田区长青老龄大学举办第三届盐田长青"乐享舞台"线上教学成果文艺展演，肖老师积极响应号召助力疫情防控，运用云合唱的录制方式录制出合唱班的毕业歌曲《奉献》。

云合唱对老年人来说比较困难，要老同志在各自家中录制，还要保持节奏一致，对音准的要求极高，就好比在聚光灯下用放大镜。但是老同志们不厌其烦，录了 10 遍、20 遍、30 遍，最终呈现了完整的表演。整个录制过程展现了合唱班师生的团结，也展示了科技提升人类生活品质的可能。随着更多信息技术运用到老龄教育中，科技的发展成果将惠及每位老年人。

点 评

应对突发挑战、跨越时空阻隔，长青老龄大学在线上课堂火热开展，也让全社会看到了老年生活的更多可能。随着老年教育需求的日益增长，搭建一个开放、共享的现代化教育平台，必然是大势所趋。案例中，盐田区长青老龄大学积极鼓励老年人融入"互联网＋"的大环境，帮助老年人重新树立学习的信心，掌握"互联网＋"时代的各种新兴事物，不仅提高了老年学员的学习效率和生活质量，也为教育资源的共建共享探索出了新方式。

银发学员青睐"云课堂"，科技助学平添新乐趣

杨凡锐

"群里的学员们请注意，我们的线上朗诵会即将开始。大家可以尽情聆听和欣赏，我会在群里发送流程单，届时请大家遵守规定，勿在群里发言。"这是活动主持人在微信群里发出的第一句话。

"伴随耿庆芳老师一曲《今天是你的生日》，我们开启晚会的下篇章《春风里的我们》。""下面请气排球队萍踪月影组合朗诵：诗刊主编李少君《春天，我有一种放飞自己的愿望》和夏午《春风是软的》……"

这是招商街道长青老龄大学在 200 多人的微信群里开展的线上诗文朗诵会活动的一幕。2020 年初，招商街道长青老龄大学开启了系列线上朗诵会，同时，书画、美食、朗诵、舞蹈等分班的线上教学活动也接连展开，成为招商街道长青老龄大学教学的又一次创新。

一 银发学员享受"线上云剧场"

"我们在整个过程当中只能听到主持人和朗读者的声音，只能看推文和图片，其他任何人均不能发声。我们通过设置线上活动流程，规范教学秩序。"常务校长方定顺说。

2020 年 3 月 7 日，受疫情影响，大家都没有地方去。社区处于半封锁状态，居民们都响应政府号召，待在家中。校委及教学骨干突发奇想，才有了线上朗诵会这一创意。

线上朗诵会所在的微信教学分享群，平常为学员分享他们对文章、诗歌的理解，分享自己的朗诵作品提供平台。学员在此进行思想碰撞，相互

交流学习。

"真是活跃了我们生活的氛围。疫情期间很孤独，大家也不能见面，我们就通过这种方式丰富我们的生活，我们这群人就像亲人一样，一日不见，如隔三秋，甚是想念。"学员杨淑英说。

全新的模式受到学员的一致好评，线上朗诵会结束后，鲜花表情一字排开，气氛异常活跃。不少学员还将会后心得体会分享至微信朋友圈。学员们自发传播，以至于蛇口区域的很多非花果山社区的朗诵爱好者都不断进入群里。"我们线上朗诵会，没有什么地域性。"常务校长方定顺补充道。

2020年3月到12月，招商街道长青老龄大学一共举办了12场朗诵会，参与人数超过160人次。随着线上朗诵活动取得成效，书画、美食、朗诵、舞蹈等分班的线上教学活动也接连开展。"能接连开展上线教学，是因为教研团队比较厉害。"方定顺介绍。校委及教学骨干中有工商管理类硕士研究生、企业的高层领导、科技领域人才、财务领域专家、人力资源专家、儿童教育专家等。

未来，他们还将逐步尝试从微信群线上教学向利用线上课堂软件（如荔枝课堂、叮叮课堂等）发展，形成多层面的线上教学。经过疫情期间的线上教学经历，在党建的引领下，招商街道长青老龄大学逐步探索线下课程与线上教学相融合，打造与时俱进的适老化新模式。

二　数字教学助力老龄课堂

点为侧、横为勒、竖为弩、钩为趯……（"永"字八法解析）班级里年纪最长的曹景树，一边认真地看着投影屏幕上的教程，展卷落笔，一边学着写"永"字。

"执笔时，指尖要稍稍用力，执得紧些，但不能执得硬，否则，指腕运转不灵活，写出的字僵直呆板。"在星河街社区的书法课堂里，陶建华老师不断滑动鼠标，点击 PPT 课件，深入浅出地为学员们讲解书法的基本笔法。

星河街社区长青老龄大学书法班的老师陶建华，同时也是香山街长青老龄大学常务校长。"您教书法多长时间了？""2014 年就已经开始教书法了，因为从小喜欢书法。书法可以修身养性，强身健体，陶冶情操。现在退休了，我希望将中华瑰宝——书法文化——传承下去，所以这几年来，我一直深入社区，带领社区老年朋友学习书法。"陶老师的老年生活因有书法而丰富多彩。

"我每周都要备课，退休后有很长时间没接触电脑了，刚开始制作 PPT 我连如何插入图片、如何放大字体、改字体颜色都忘了。"经过长时间的尝试和摸索，以及向身边年轻人讨教，陶老师制作的教学课件质量越来越高了。通过不断提升自己，陶老师更好地服务于广大老年学员。

"这么多年，大家对我还是很认可的。"每节课的课件都用心准备，在教学上从不马虎，这是陶老师对待教学的态度。

"今天的这份 PPT，您准备了多久？""我大概花了 3 天时间，因为没有现成的教材，我将自己一生学习的书法知识、技能、对艺术修养的积累，融进教材里。"陶老师努力用最快捷的办法让老年人踏入书法的门槛，用最直观明了的授课形式激发他们对书法的热情。

对于课后需要复习的学员，陶建华老师会给他们发送电子课件，还会细心地指导他们需重点回顾的知识，以帮助他们巩固书法知识点。这让不少学员在书法学习上突飞猛进。"用 PPT 投影上课，比较清楚直观。投影里大号字体的教学课件，我们老年人容易看得清楚，科技对我们老年人学习帮助很大。"学员曹景树告诉笔者。

通过图片形式拆解教学，老年人更容易理解教案。这个做法非常奏效，在场的学员们都特别认可，学得也特别认真。

星河街社区长青老龄大学自开班办学以来，就得到了社区党委的高度重视，全力支持办学。"场地问题、经费问题，我来想办法。"星河街社区党委书记王运芳不仅帮助长青老龄大学解决了教学场地、办学经费问题，还帮助学校配备了电脑、投影等教学设备。

星河街社区长青老龄大学常务校长李淑建认为，"线上云课堂"和"资源共享"双模式融合发展是老龄教育的趋势。一是将教学模式逐步向线上探索，实现云端化办学；二是提升科技助教比重，实现教材资源共享，分享好的课程教案，既可提升教学质量，又能节约社会资源。

三 科技设备赋能老年教育

"来，大家跟着节拍，脚下抛球，身后抛球，慢慢转身，头上再绕一圈……"肩披红风衣，头顶银卷发，老人们踩着黑色小皮鞋，跳得非常专注。在近100平方米的多功能教室里，随着音响里放出的音乐节拍，柔力球老师那燕宾领着学员们在全身镜前挥拍舞球，活力十足。这是星河街社区长青老龄大学的柔力球课堂。

"以前在东北时，我就当社区柔力球老师了。当时条件差，学员们大冬天还要顶着寒风在户外上课。现在我们学校的教学设备太高级了，灯光、音响、头戴式麦克风、全身镜一应俱全，每次上课极像登台演出。"柔力球老师那燕宾一边说着，一边戴上头戴式麦克风准备继续上课。

鲜花是春天的梦，翱翔是雄鹰的梦，远航是帆的梦，强盛是中国梦……一首《共筑中国梦》拉开了长青老龄大学合唱课的序幕。

放眼望去，合唱班教室配有钢琴、音响、麦克风，方便老师上课。这些设备有效地提高了李国庆老师在课堂中的教学效率和质量。据了解，合唱班学员中，个别老年人有耳背情况。钢琴弹奏出的音乐声洪亮动听，余音缭绕，能使老年人听得更清楚，所以他们上课的积极性也提高了。

　　星河街社区长青老龄大学优质的教学环境和浓厚的教学氛围，配合适老化的科技辅教设施，大大提高了社区老人的学习兴趣和老师的教学质量，助力老年人老有所学、老有所乐。

点　评

　　夕阳无限好，晚霞别样红。老年人是社会的一员，是社会成果的分享者和社会发展的参与者。南山区招商街道和沙河街道星河街社区的长青老龄大学通过线上"云课堂"的创新教学模式，科技智慧助力教学方式，适老化的科技设施，沉浸式的教学氛围，使社区老人的心态"学"年轻了，教师把课上"活"了。学校不断探索融合现代信息技术，逐步构建数字化、立体式校园文化。老年人在积极提升自我的同时享受现代信息技术带来的"特色"课堂，让银发生活更加丰富多彩、幸福美好。

教有道，学有得，在线教学育新机

周勇燕

"手腕、手指尖的摆动要有一个过程；后面的脚尖是绷直的，而不是踩在地面；情感的处理一定要根据音乐来调整……"每周二、周四上午10点和周三晚上10点，龙华区长青老龄大学的舞蹈老师张瑜都会准时出现在手机前，开始"云课堂"教学。作为专职老师，从2020年3月初开始，她每周在线授课三节，每节课90分钟。课后，她还会对学员们上传到群里的"回课"视频进行一一点评。

屏幕另一端，学员赵琰专心看着手机屏幕，在线跟张老师学习民族舞，不仅认真记笔记，还与老师进行互动留言。"每天练习一小时，有时会录一二十遍，直到满意为止。"她说。线上舞蹈课没有那么直观，必须一遍遍看，才能学好。

为做到疫情防控和教育教学两不误，实现"停课不停学"，疫情期间，龙华区长青老龄大学利用在线教学方式开展春季学期教学活动，通过腾讯会议、人人讲、钉钉等线上教学平台引导学员自主学习，满足学员的精神文化需求，帮助他们更好地度过疫情期间的居家生活，着力从线上打通老年教育之路的"最后一公里"。

一 疫情是危机，也带来了教学上的转机

"刚接到学校要求上网课的通知时，我心里是很忐忑的。"张瑜说。但是她很快就找到了针对网课的教材和教学方法，她认为，线上教学不同于网红直播，侧重于系统知识的传播。因此，在开学的第一天，她就要求学

员每人准备都一个笔记本，将课堂上的重点、难点以及知识要点等记下来，方便日后巩固练习。

此外，张瑜还要求大家必须要有"回课"。"一个半小时的课程，如果学员不回课，没有互动，就没有收获。"张瑜说。"单托掌手没到头顶，双托掌时两只手太直接了，琢磨一下老师讲的内要见圆弧，外不见肘。""节奏最后一个八拍的视点划得太快了。"在互动群里，张瑜每次都会认真点评学员"回课"的视频，不仅详细指出每个动作的正确要领，也不忘夸赞她们的点滴进步。

在"回课"过程中，为了有宽敞的展示空间和更好的拍摄效果，学员们穷尽各种办法：有的把家里沉重的红木家具挪开了，有的专门开车去东莞的家里拍视频，还有的学员因为不会使用三脚架自拍，每次都让家人拿着手机，还要拍二三十遍。"面对这么认真的学员，真的很感动！"张瑜说。通过网课，大家更着重基本功的练习，进步非常快。"有时候我都会吃惊，这一次和上一次比较，完全像换了一个人。"

从龙华中学退休的李小兰跟着张瑜老师学习民族舞已有两年多时间。"和小区其他人一起跳舞时，同样的动作，我的就是不一样，好多人都会跑过来让我教教她。"李小兰说。张瑜老师的舞蹈跟广场舞完全不同，她能让你感受到舞蹈的精髓，不仅仅是动作，神态也要到位，比如跳藏族舞时，因为要献哈达，所以神情就要虔诚才行。

张瑜经常强调，长青老龄大学一定不是培训班、短训班，我们学的东西一定是有知识含量的东西，严格按照教学计划执行，学员们学下来就会感到很有体系。"比如你跳藏族舞，首先要了解藏族的文化，再比如古典舞，要学它的元素，脚位、手位、头眼怎么看，等等，这样就能驾驭很多其他的舞蹈，"张瑜说，"我们的课程不是教几个动作，而是教呼吸、身韵，只有这样，那种舞蹈的韵味才能表现出来。"正如学员陈彬感叹的那样："原来年纪大了，还可以这样美，回长沙同学都说我现在照相姿态美了！"

二 73 岁"主播"分秒必争

"老师真的辛苦!"面对蒋才德这位年过古稀的老师,学员们无一不对他的教学感到敬佩和感激。作为龙华区长青老龄大学书法班的老师,疫情期间,蒋才德积极响应"云课堂"号召,提前在线上开展多次试课,并总结出自己的一套教学方法。

蒋才德认为,"云课堂"要上好,第一,说话要清晰,内容不能重复,课后要及时跟学员们沟通交流、批改课堂练习;第二,写字要清晰,课前他总要精心调墨,研磨出流畅的墨汁,整节课马不停蹄,一笔一画临帖,才能充分利用"云课堂"的时间;第三,针对水平参差不齐的学员依据不同字帖进行分段上课,通过《兰亭序》、魏碑、颜体等字帖分难度开展理论与练习,让初学书法的学员打好基础,让有一定基础的学员更上一层楼。

此外,蒋才德每周都会额外增加直播课,并和日常授课一样认真细致。他总是说,看到学员在班级微信群很热闹,他也开心。"千万不要批评,要鼓励,课堂就是交朋友、交心。"蒋才德从不以老师身份自居,总是不求回报地将书法技巧教授给每个热爱书法的人。他觉得跟老同志一起交流书法很有意思、很有乐趣。

线下书法课,除了教学,还可以和学员们一起交流学习体会和不同见解。线上授课就不一样了,只能是专一的教学内容,给学员们做充分的展示。蒋才德说,90 分钟的课,一分钟都不能停。"你不能写几个字,然后就交给学员们自行临摹,你要一直在示范、在讲解。"

蒋才德的用心,深深感染和激励着学员。"整个课堂不能怠慢一点,否则就冷场了,我最深的感受就是老师辛苦。"学员胡力民动情地说。"老师这么大年纪了,还要适应新的网络教学方式,课上一直都在不停地写,真的很辛苦,所以我们大家都很珍惜这个学习的机会。"学员金爱莲每天早上五点起床，练习 120 个字，从没有缺课。

三　网课变"私教课"，沟通更顺畅

无论是老师还是学员，对网课这种新的教学模式的接受度都很高，学习积极性也比较高，学习观念得到了明显的转变。上网课就像老师在"一对一"授课，效果很好，体验过后才发现网课并没有想象中的"可怕"。

"以前跳舞找不到感觉，现在每天晚上录视频，一跳起来就停不下来，兴趣很浓，越跳越想跳。"学员周爱芳激动地说道。"线上每次都要回课，对提高基本功各方面都很有帮助，一点瑕疵都能看出来，所以必须更加认真对待才行。"学员周莉说。今年 70 岁的严运国已经跟着蒋才德学习书法三年多了，他说："疫情期间教学方式虽然改变了，但是老师每次都布置作业、及时进行沟通交流，促进学员在家里练习，这一点很重要。"

点　评

一场疫情，让老年人把"客厅变课堂"，足不出户地享受学习资源。如今，线上教学不仅是一种应急手段，还成为老年人喜欢的教学方式。相信这种新的教学模式，将在老年人踊跃参与、积极互动、持续关注、不断推介的情况下，成为长青老龄大学的新业态并获得持久的生命力。

第十六章
文化探索：坚守价值传续城市文脉

文化自信，是最基本、最深沉、最持久的力量。

文化创新，是一座城市可持续发展过程中深层次的创新。

长青老龄大学的探索，也是一次立足深圳市老龄工作的文化探索。

深圳是"创新之都""科技之都"，同时又具有悠久的岭南民俗文化。让多元文化在老年教育领域的碰撞，既是一座城市历史与未来的对话，也是老年群体自身的特点使然——他们从传统里走来，又面临不断更新的世界。

深圳是一座移民城市，是国内各行各业领军人物拼搏的主战场。随迁的老年人大军中，不乏各领域的专业技术人才。为此，深圳各级长青老龄大学积极探索构建起骨干教师人才库，让随迁的优秀老年教师在三尺讲台上继续奉献，为学员们带来高品质的教学课程。

盐田区沙头角街道长青老龄大学朗诵团咏叹中华经典，诵出的抑扬回转皆是山川盛气、细浪逶迤；南山区明珠街社区长青老龄大学的课程设置与内容充满浓浓的"中国风"，学员们在古诗词中漫游神州；宝安区新安街道长青老龄大学结合老者需求引入中医药文化，让中医药文化生根开花；龙岗区平湖街道消失了40多个年头的刘氏纸龙，重新"复活"并在长青老龄大学的课堂上绽放光彩……

如今，不少地区的长青老龄大学已经成为文化传续的课堂，通过课堂学习，老年学员得以学以致用，在社区的各项活动中展示学习成果，让传统文化在当今时代有了全新的演绎，让传统文化在这座城市更好地延续推广。

借力传统文化，展现时代芳华。各级长青老龄大学创新整合资源，有效挖掘城市文化的根脉，用文化的力量去探索构建老年教育的"深圳范式"，守护着优秀传统文化，延续着国家和民族的精神血脉。

"日出沙头，月悬海角"的诗意晚年

宁牧晴　卢凌虹

日出沙头读山海，月悬海角诵诗文。

梧桐山下养华气，银龄长青真精神。

这是沙头角街道长青老龄大学朗诵班"老同学"们的诗意写照。2020年，为了进一步满足辖区老年人的精神文化需求，沙头角街道长青老龄大学挂牌成立。目前，沙头角街道长青老龄大学设有音乐活动室、舞蹈活动室和小剧场，它们均配有电子屏、投影仪、音响等多媒体教学设备，可满足各类培训和讲座的需求。

在开设理论学习课程及朗诵、合唱和舞蹈等兴趣爱好精品课程的同时，沙头角街道长青老龄大学还打造了朗诵培训精品课程，并组建了长青老龄大学朗诵团，以诵为媒，努力打造沙头角街道老同志的"夕阳美"人生，读出"日出沙头，月悬海角"的诗书气质。

一　"线下＋线上"，随时随地领略诵读魅力

为了满足辖区中老年文学与朗诵爱好者的需求，沙头角街道长青老龄大学特别邀请了中国十佳银龄诵读家赵实尤老师，以及其他语言、表演和文学鉴赏方面的专业老师，采用线上＋线下的授课形式。

在线下课程中，老师会通过口部操、绕口令等训练为学员打下扎实的朗诵基本功，在活动喉部"筋骨"后，再传授诗歌、散文朗诵技巧，受到了学员们的一致好评。线上课程以领读跟读活动为主，老师在微信群里发送诵读文本与范读录音，学员自由跟读，然后老师再一一收听并进行指导。线

上+线下的授课形式，保证了学员在上课之余的练习时间，对于提高学员前诵读能力十分有帮助。

同时，沙头角街道长青老龄大学常常举办线下活动，如每周举办的沙头角街道"日出沙头，月悬海角"室内微诵会，着力为学员打造展示自我的平台。微诵会上，学员们能表演、能观摩、能学习、能进步，气氛常常热烈又温馨，每次都能吸引数十人参与。

天气好的时候，沙头角街道长青老龄大学还会举办山海行活动，组织学员走到户外，去山上、海边、栈道、公园，一起在大自然中读山海读人文。朗诵团的活动既有组织性又有自由度，专业水准高，形式多种多样，深受学员们的喜爱。

二　学有所得，诵读诗书气自华

朗诵团活动不仅提升了学员们的发音和朗诵水平，还为他们带来了满满的自信和气质。

朗诵团的"一哥"朱建石，今年已经75岁了，家住福田，往返盐田一趟就得一个半小时。朱大哥年轻时就喜欢朗诵，但因为对嗓音不自信，从未参加过朗诵活动，甚至不好意思大声发声。通过长青老龄大学朗诵团活动，他现在不仅敢于在培训班里积极朗诵和表达，还参加了很多公共朗诵表演，以他的激情和专注得到了观众及团员的表扬和肯定，这极大地提高了他的自信心。他常说，成为朗诵团的成员，真是一件幸福的事。

从国企退休的谷玉萍大姐，在参加了朗诵团的几次线上跟读活动后，发现自己的语言表达能力飞速提升，由此爱上了朗读，开始参加长青老龄大学的线下培训。在老师的指导下，她参加了2020年全民悦读朗读大会活动，并进入全国比赛，荣获成人组三等奖，社区也常常邀请她主持活动并进行朗诵表演。一提起朗诵培训，她充满快乐、自信与感恩，总是说："可能是现在和大家一起读诗读书多了，朋友们都说我现在的气质和以前都不一样了！"

三 以诵为媒，打造"夕阳美"人生

自朗诵团成立以来，成员们遍读朗读古今中外各类经典和原创诗文1000 多首。每到节日、纪念日，朗诵团还会开展朗诵活动，如红歌向党朗诵诗会、中秋朗诵诗会、新年诗歌朗诵晚会等。

随着朗诵水平的提高，朗诵团逐渐在深圳市"读"出了人气，成员个人及团队集体多次受邀参加各种朗诵活动，参加了 2020 年国家宪法日罗湖区"全民学法·阅读有礼"法治宣传活动朗诵表演、深圳市 2020 年"绿韵悠扬·阅见绿色生活"主题活动启动仪式表演、深圳图书馆中老年诗文朗诵会等，团体朗诵《致敬深圳精神》获盐田区社区艺术节金奖。

通过朗诵团活动，学员们读经典、读原创，丰富了精神世界，增长了生活意趣。有道是：

> 读山读海读人文，经典原创伯仲行。
> 南腔北调同台秀，五湖四海老有神，
> 高音低音肺腑音，深情激情都抒情！
> 万语千言微诵会，你在朗诵我在听。
> 日月同辉四海内，悦听悦读悦同行！

点 评

日出沙头，月悬海角，"沙头角"三字是美与诗意。沙头角街道长青老龄大学朗诵团成立于此，诵出的抑扬回转皆是山川盛气、细浪逶迤。朗诵团的成功也证明了，长青老龄大学要办好办"活"，打造课程品牌是重要抓手。雕琢一门有水平、有创新、有影响力的品牌课程，是提升整体教学水平和教育质量、推进长青老龄大学体系化、标准化建设的必由之路。只有努力打造精品课程，着眼高质量、紧盯特精尖，老年教育的"花路"才能越走越宽敞。

在"中国风"中游历河山

王志明

"去年下扬州，相送黄鹤楼。眼看帆去远，心逐江水流。只言期一载，谁谓历三秋。使妾肠欲断，恨君情悠悠……"

3月9日上午，明珠街社区长青老龄大学2021年新学期第一课在明珠街社区党群服务中心开讲，常务校长胡永林给大家分享"古诗中的十大名楼"。他与众不同的授课方式，深入浅出的讲解，以及精彩的阐述，让30多位学员听得津津有味。

明珠街社区长青老龄大学以中国的传统文化古诗词为核心，通过古诗词追寻诗人的足迹，一览祖国的大好河山，足不出户游遍全国。同时，合唱班、柔力球班和太极拳班都有了古诗词的吟诵和背景文化。明珠街社区长青老龄大学虽然办学时间不长，但办学风格别出心裁，课程设置与内容充满浓浓的"中国风"，开课不久就深受学员们的喜爱。

一 "古诗乐游原"游出一条路

"当长青老龄大学的常务校长，我是赶鸭子上架。"胡永林说。他是辽宁师范大学新闻系毕业的，曾经在主流媒体和政府机关各工作19年，退休后，胡永林于2012年定居深圳沙河街道明珠街社区。热心公益的他，积极参加各类民生微实事项目和公益活动，在社区开展小记者培训，出版《社区之声》刊物，受到社区居民的称赞。

明珠街社区是一个比较成熟的居住型社区，总人口1.6万多人，60岁以上老年人就占了1500多人。2020年下半年，考虑到老年人口占比较大，沙河街道要求明珠街社区长青老龄大学尽快开办起来，满足社区老年人的需求。"接到通知后，我第一时间就想到请胡永林来担任常务校长，一是因为胡老师文化素质高，二是因为他热心公益，如果没有公益和奉献精神，是办不好长青老龄大学。"明珠街社区党委书记、明珠街社区长青老龄大学校长吴远珍说。如今长青老龄大学越办越有特色，证明她当初的眼光是正确的。

怎样才能办成老年朋友喜欢、离不开，既能健身快乐，又能学到文化知识，圆大家一个大学梦的长青老龄大学？合唱、舞蹈、太极、柔力球等课程，老年人都比较喜欢，但如果长青老龄大学仅仅局限于开设这些课程，那就和老年协会的活动差不多了，没有凸显长青老龄大学的教育功能。长青老龄大学的课程应该怎么设置才合理？

接过常务校长的重任后，胡永林接连几天都在琢磨这些问题，并召开座谈会，不断征询老年朋友们的意见。

"老年朋友热爱旅游，对历史古迹也很感兴趣，通过什么方式能把这两项联结在一起？"经过多日思考，胡永林想到了中国经典的古诗词和书法。这些是传承下来的宝贵财富，也是老年朋友所喜爱的。"古诗词鉴赏如果就字面解释，典故分析、艺术手法，或者讲平平仄仄，又枯燥又难接受；前几年我曾经在深圳图书馆讲读厅做过一次文学交流，后来我也写过二十多篇古诗词专题解读，比如古诗词中的愁绪别情、古诗词中的大漠风云、古诗词中的四季节气，尽管有不少读者，但还是有点阳春白雪。"胡永林说。长青老龄大学要为大家所接受，就要根据老年人的特点来欣赏古诗词，为此，他们设计了"古诗乐游原"课程，没想到一炮而红。

二 每项课程都有传统文化"赋能"

每一首古诗词，都是鲜活的游历图；每一位诗人，都是资深的旅行家。

中华大地上的名胜古迹，处处都可寻觅到古诗词的神韵风采。比如泰山：杜甫的"会当凌绝顶，一览众山小"；比如庐山：李白的"飞流直下三千尺，疑是银河落九天"；比如黄河：王维的"大漠孤烟直，长河落日圆"；比如黄鹤楼：李白的"故人西辞黄鹤楼，烟花三月下扬州"；比如玉门关：王之涣的"羌笛何须怨杨柳，春风不度玉门关"……一首诗，一个景；一首词，一片情。

"古诗乐游原"课程就是将古典诗词与古迹古韵巧妙地结合在一起，带着学员足不出户，就可游览这些古诗词的诞生地。

胡永林退休后的前几年，追寻古诗人的足迹，遍访了大江南北的许多名胜古迹，挖掘古诗词中的故事，拍摄了大量的现场照片，这次在课上派上了用场。"其实'乐游原'这个名称，本身就来源于李商隐的一首诗《登乐游原》。这首诗大家可能不太熟悉，但其中两句却是耳熟能详：'夕阳无限好，只是近黄昏。'正切合我们办长青老龄大学的初衷。'乐'切合长青老龄大学校训'乐学，''游'是老年人的最爱，'原'是高处、制高点，寓意步步高。"于是，"古诗乐游原"就成为明珠街社区长青老龄大学的古诗词的课程地标。胡永林开始自编教材，从古诗词赏析入手，边赏析边游览。

从跟随李白静坐敬亭山、朝辞白帝城到与张继一起游枫桥、寒山寺……他让学员一方面身临其境地领会古诗词蕴含的美妙意境，另一方面饱览历史遗迹千年的沧桑变迁。

"胡老师上课很生动，也很有趣，比原来大学课堂更吸引人。"75岁的严承开是一位"老公安"。明珠街社区长青老龄大学开学后，他一下子就报了合唱、书法和古诗词三门课程。在这三门课程中，最吸引他的是胡永林亲自授课的古诗词班。"每堂课胡老师都认真准备，做好PPT，图文并茂，引经据典，深入浅出，生动有趣。"

除了古诗词班外，明珠街社区长青老龄大学开设的书法、歌咏、太极拳等课程，都会将古诗词融入其中。书法课老师以古诗词为临摹范本，布置作业；声乐课老师每节课都吟唱一首古典诗词；太极拳、柔力球老师也会在课程中融入古诗词元素，一招一式都沉浸在古诗词的韵律之中。柔力球班的刘阿姨高兴地说，在古诗词吟诵背景音乐的熏陶下，她也不时开始在讲话中引用古诗词了。

如今，古诗韵味已深入社区。2021 年春节期间，为了响应留深过年的号召，明珠街社区党委、明珠街社区党群服务中心联合明珠街社区长青老龄大学开展线上诗文朗诵活动，通过朗读古诗词，社区居民沐浴着古典文化的恩泽，享受着朗读带来的快乐。活动增加嘉宾点评环节，让听众更深入地了解了古诗词文化，进一步陶冶了社区居民的艺术情操，促进了朗诵艺术的发展，营造了健康、积极向上的社区文化氛围。

三 从"云游学"走向"实地游"

"我去过惠州西湖旅游，但是走马观花，也不知道苏东坡与惠州西湖的故事。"卫淑琴说。后来上了"古诗乐游原"课程以后，她不仅对旅游有兴趣，更对这些历史文化景点的故事以及文化有兴趣，学完以后还和家里人分享。在她的影响下，孙辈们也加入古诗词爱好者的队伍中来。

胡永林正准备带领学员们走访周边的古诗词现场。"一更山吐月，玉塔卧微澜。正似西湖上，涌金门外看。"这是苏东坡写惠州西湖的诗。他计划带领学员们去现场看看，了解苏东坡的生平以及他与惠州西湖的故事。文天祥有一首诗叫《过零丁洋》，"惶恐滩头说惶恐，零丁洋里叹零丁。人生自古谁无死？留取丹心照汗青"就写位于蛇口附近的零丁洋，外伶仃岛上就有一些文天祥的遗迹。等春暖花开之时，胡永林准备带领学员们移步到外伶仃岛上课，让学员们静下心来体会文天祥的家国情怀和不屈精神。

专业课围绕古典诗词做足文章，公共课围绕红色印记不忘初心。明珠街社区长青老龄大学"古诗乐游原"课程还不断进行外延扩展。2021 年是建党 100 周年，长青老龄大学在每月一课的公共课上，结合毛泽东诗词，带领学员们走进中共一大会址纪念馆、南湖红船、历届代表大会会址纪念馆、南昌起义纪念馆、井冈山根据地和延安宝塔山等，追寻中国共产党波澜壮阔的发展历程。

点　评

习近平总书记曾指出，只有坚持从历史走向未来，从延续民族文化血脉中开拓前进，我们才能做好今天的事业。中华优秀传统文化由中华民族几千年文明积淀而来，是中国文化的根本所在，如何保有、传承、发扬这份独特的"文化基因"？明珠街社区长青老龄大学给出了很好的答案，不断创新教学方法，采用大家易于接受的、生动活泼的形式，引导大家将个人生活经验和优秀传统文化中的人、事、物进行互动。唯有如此，中华优秀传统文化才能真正根植于内心。同时，明珠街社区长青老龄大学通过环境教育，德风化雨，润物无声，浸润家庭与社区，实现老年教育的真正目的。

百草飘香常青树，中医文化赋新辉

金 晶

"双手托天理三焦，左右开弓似射雕，调理脾胃须单举，五劳七伤往后瞧……"每天早上8点，宝安区新安街道海华公园里准时传来八段锦健身操的音乐。走近一看，一群身着白色练功服的老人在练习八段锦健身操。他们的动作舒展优美。八段锦健身操可以活络筋骨、强身健体。

萦绕在老人们身边的，是淡淡草香味道的中草药植物——海华公园边边角角的花坛都被充分利用起来，种植上艾草、含羞草等中草药，打造出新安街道的首个"百草园"中草药科普基地。现在，这里成为社区老人们最喜欢的休闲锻炼场地，"边锻炼，还能边学习一点中草药知识，真是特别有感觉"，70岁的社区居民刘书艳特别喜欢这片"百草园"。

与此同时，新安街道长青老龄大学的工作人员正在准备着早上的一次义诊——古香古色的中医保健室，宝安中医院的专家专门来为辖区老人义诊送药。

百草飘香、浸润心田。"增强中医药文化自信，加强中医药文化建设"在新安街道长青老龄大学中得到了最好的诠释，最为传统的中医药文化真正走进了老人们的心间。以长青老龄大学为基点，寻找老年人的需求需要，新安不断整合资源、守正出新，让中医药文化在这里生根开花。

一 借东风送草香，长青老龄大学里中医药文化历久弥新

"平时要多注意休息，纾解心情，吃点易消化的食物会好一些。"灵芝园社区的李香阿姨最近胃口不太好，也提不起精神，知道这所"家门口的

老年大学"里有中医义诊，特地来看看。"我们这里还有中医保健课程，可以来学学呀。"听医生说完，李香笑了，"医生看看，我自己也放心多了"。

这间古香古色的中医保健室是新安街道长青老龄大学里最具特色的一间"教室"。这里，中医药文化挂上了墙，"课桌"也是传统的四方桌，"老师"则是宝安区中医院（集团）、宝安纯中医治疗医院的老中医。定期义诊、不定期的讲座活动，让这里时常都萦绕着中草药的香气。

"老同志本身有保健需求，可是医院里人多、等待时间长，同时医院与居民区也还有一定的距离，老人就医并不太方便。"新安街道长青老龄大学常务校长郑观福说，在街道长青老龄大学建设之初，新安街道就将中医药文化列入了这所长青老龄大学的必备课程。

中医中药是中华文明的瑰宝之一，包含着中华民族几千年的健康养生理念及其实践经验，凝聚着中华民族的博大智慧。如何打造老年人喜欢的中医药文化"课堂"，让中医药文化真正惠及辖区的老年人？带着问题，也带着使命，新安街道长青老龄大学开始了一次探索与实践。

以"中医药健康文化进党群服务中心"为契机，街道长青老龄大学全力打造特色中医保健室，并以中医药保健室为"教室"，根据不同节气，开展不同主题中医药文化保健讲座，让老年人就地体验中医的传统技术，如针刺、艾灸、拔罐等。

二 整资源办新课，中医药文化与新安老人"零距离"

新安街道是老宝安区委区政府的所在地，辖区的中医药医疗资源较为丰富——宝安人民医院、宝安中医院、宝安慢性病医院等都坐落在此，同时，全国首家纯中医治疗医院也与新安街道相邻，浓厚的中医药文化氛围让新安街道推广中医药文化具备着天时地利的条件，而利用这些医疗资源，为辖区老人带去福音，新安街道长青老龄大学颇下了一番功夫。以街道长青老龄大学的中医药保健室为"课堂"，开设中医保健课程，整合中医资源，联合医生定期坐诊，为老年人带来最为醇香的中医药文化。

离开了这个"课堂"，怎么办？"在新安街道的社区里，同样可以学习中医药文化。"郑观福道出了答案。

春天到了，早晚温差大，刘书艳特地叫上社区里的姐妹们一起去海华社区的"健康生活角"喝上一杯"防感茶"，领一份中医药文化包，包内装有由宝安中医院特地制作的中药袋泡茶、药膳配方以及中医养生操挂图等，让老年人轻松"吃"出健康。没事的时候，刘书艳喜欢在社区的"中医药健康文化角"看看中医药文化书籍，学习智慧养生。"这里中医药文化氛围特别浓厚，有的学、有的看、有的吃、还能体验。"刘书艳说。在新安，"三送服务"——发放中药文化包送温暖、设立中医知识角送健康、成立党员志愿队送关怀，切切实实打通了中医药文化走进老年人的通道。

不方便去社区，在新安，老年人还有一个办法可以学中医药文化——"线上课堂"。在海华社区，居民点开"品位海华"公众号，就可查询"红色杏林"活动及课程，中医院（集团）、社康服务中心专家为社区居民讲授中医药饮食起居、运动健康等养生保健知识，点击回放，随时随地都可以学。"线上课堂"＋"线下体验"，真正让中医药文化与新安老人"零距离"。

三 守正本创新法，做传承中医药文化的带头人

"最近天气热，记得要给公园里的草药浇水除草啦。"天气渐渐热起来，71 岁的吴逢春每天最关心的就是公园里那片"百草园"。吴逢春是新安街道海华社区党员志愿服务队的队员，从社区"百草园"中草药科普基地种植中草药后，他就认领了一片草药，负责中草药的日常养护。

"养护中草药自己也学习了很多知识。"虽然工作人员在种植的中草药旁都是树立相应的标识牌和中医药知识二维码等，"扫一扫"就可以学习相关的知识，但是吴逢春还是自己找材料学习起相关的知识，"想要养得好，要学的知识太多了。"不仅自己学，吴逢春还带着家人一起学。

守正创新，融古通今。中医药文化贵在传承，在新安，老年人可是中医药文化进家门最好的推广人。

海华社区八段锦健身操的领头人刘海山是社区居民，同时，他也是宝安太极拳研究会的副会长。看着很多老年人不得章法的锻炼，刘海山有点着急。"老年人锻炼也得有章法、有'规矩'，乱来可能会适得其反。"于是，他自荐义务教授大家八段锦健身操，现在，这个健身队伍已经有越来越多的老年人加入，现在每天早上都可以看到他们的身影。

点　评

夕阳红里百草香，历久弥新才能行稳致远。从老年人的需求需要出发，宝安区新安街道长青老龄大学以宝安浓厚的中医药文化为底气，有针对性地开展中医药服务，不断创新方式方法，将这块瑰宝送进了老年人的身边、心中，又带动他们身体力行地实践推广，一次次有意义的探索实践，收获了满满的赞誉。

传承本土非遗文化，打造长青特色课程

巫梅锋

在龙岗区平湖街道凤凰新村的广场上，逢年过节，人们总能看到一条30多米长、活灵活现的巨龙在半空中辗转腾挪，博得阵阵喝彩。

谁能想到，这条曾经消失了40多个年头的刘氏纸龙，现在还能"复活"，并在长青老龄大学的课堂上绽放光彩呢？

一　乡情难忘，开启"寻龙"之旅

平湖村立村已有七百多年，世代生活于此的刘氏家族涌现出许多贤人才俊，有以香港华商总会前三届会长、慈善会长、教育家刘铸伯为代表的一批爱国华侨，也有以刘彭龄为代表的12名闻名数十里的中小学校长，还有以刘伯刚为代表的近百名抗日英雄。"平湖乡土文化素来浓厚。如何传承好乡土文化，让祖宗留下来的文化遗产得以在改革开放的前沿阵地——深圳继续传承并发扬光大，成为我们很多本地村民研究探讨的一个重大课题。"平湖街道长青老龄大学相关负责人介绍道。

出生于20世纪四五十年代的平湖人，对祖宗留下来，特别是儿时记忆深刻的一些物件、文化，仍有情结。2008年，即将退休的平湖街道平湖社区党支部副书记、现任平湖社区关工委主任和长青老龄大学顾问的刘旦华，听说深圳正在征集民间非物质文化遗产的消息后，产生了重整"龙风"，让千年"平湖纸龙舞"再现舞台的想法。

"我当时在社区'两委'会上提出这个想法后，有一部分人觉得这件事太难了，原因是失传了40多年，年轻人对纸龙完全没有概念。纸龙是怎么做的，音乐是怎么样的，舞又是怎么跳的等等，对于年轻人来说太陌生了。"刘旦华回忆道。

挽救濒临失传的纸龙艺术，不仅饱含着刘旦华及平湖村民对纸龙舞的乡情，更有着他们一心想要抢救宝贵文化遗产的责任担当。在社区党委的支持下，刘旦华与一批志同道合的村民开始了艰难的"寻龙之旅"。

二　艰难起步，编织纸龙成功

为了让千年"平湖纸龙舞"再现舞台，首先得编织出纸龙。当年编织纸龙的人，年纪都很大了，就算他们在世，还能扎纸龙吗？

刘旦华首先请了村里一些老人，一起坐下来谈这件事。其中一位老人提供了这么一个消息，说发叔从香港回到平湖了。老人口中的发叔，是村里唯一一个编织过纸龙且还在世的老艺人，时年已达93岁高龄，而且身体还不太好。

"得知这一消息后，我们都非常激动，一定要抓住这个难得的机会。"刘旦华立即带着本村艺人刘荣康登门拜访，请求帮助。几经周折，发叔被他们的诚意打动了，老先生不顾年迈体弱、行动不便，答应传授编织纸龙技艺。

"第二天，我开车把发叔从家里接到当时的村委，在他的指导下，经过两个多月的共同努力，纸龙终于编织成功。"刘旦华回忆道。

三　集思广益，让龙舞动起来

虽然已经编织出了龙，但是事情只解决了一半。如何让这条"龙"舞动起来，还要舞得有节奏、舞得出色，才是关键。因此，音乐和舞步又是面临的另外一个难题。

"为了尽快能让'龙'舞动起来，我们走村串巷，向曾经舞过'龙'

的老人请教，光是大大小小的座谈会就召开了80多次。大家坐在一起想办法，回忆着他们零星记忆中的每个动作、每段音乐。"就在大家你一言我一语中，当年舞龙时的情景仿佛逐渐清晰起来，如唢呐是怎样吹的，曲又是怎么奏的，锣鼓是怎样敲的，还有节奏和舞蹈的动作，游花园、跃龙门招牌动作等等，并进行模拟试验。"我们还请来了邻村当年年近九旬用'工尺谱奏乐'的财叔，还有深圳粤剧团和河南的几位唢呐手到平湖传授技艺。总之，一定要最好最真实地还原纸龙文化最原始的魅力。"刘旦华说道。

功夫不负有心人，经过一年多坚持不懈的努力，2009年春节，失传了40多年之久的"平湖纸龙舞"终于又重新出现在当地居民的眼前。

四 重出江湖，增强文化自信

为了让这条"龙"重出江湖，村里已有近百人在围着这条龙"转"。虽然平时训练很辛苦，但当逢年过节或走上舞台时，他们都感到很骄傲、很自豪。

为扩大"平湖纸龙舞"的影响，让它发扬光大，在每年的春节期间，社区都组织舞龙队进行巡游表演，还多次受邀到深圳民俗文化村、市民中心参加深圳市非物质文化遗产展演活动。"村里舞龙活动活跃起来后，大家聚在一起的机会多了，谈文化发展的时间多了，感情也自然就好了，这在无形中提高了大家的凝聚力。"村里参加舞龙的小伙子说道。

现在的平湖刘氏纸龙，既有寻根固本之得，又不失继承创新的质朴，它不仅丰富了群众的文化生活，也进一步满足了群众的文化需求，更增强了青少年的文化自信！

五 挖掘潜能，打造特色课程

为把"平湖纸龙舞"打造成社区的文化品牌，让其世代相传，近年来社区已相继投入 150 多万元。2012 年，"平湖纸龙舞"荣获广东省文化厅颁发的广东龙舞网上大会演"银龙奖"。随后的 2013 年，在刘旦华的倡议下，社区组建了平湖社区纸龙舞队，其中分设了男子队和女子队，"舞龙"一时间成为社区男女老少的必修课，又重新在平湖人的心中留下了深深的烙印。2017 年和 2018 年，"平湖纸龙舞"两次登上了央视荧屏，并被列入省级非物质文化遗产名录。

为了更广泛地传播纸龙文化，2014 年平湖社区长青老龄大学前身——社区老年大学在成立时，就开设了"舞龙"课，一直坚持教学至今。2017 年 8 月，平湖社区又推动成立了"平湖纸龙舞""五老"工作室，由"平湖纸龙舞"第五代传承人刘旦华担任负责人，将"平湖纸龙舞"的相关内容编制成长青老龄大学的一门特色课程。

现在，"平湖纸龙舞"已成为平湖的一种特殊符号、一张文化名片，也成为平湖乃至龙岗区长青老龄大学的一门乡土课程、一个文化品牌。

点 评

本土文化之所以有其旺盛的生命力、凝聚力、影响力，是因为它源于历史、根植乡土、印刻在广大人民群众的心中，成为一方人的基因，特色鲜明且久久不能磨灭。将"平湖纸龙舞"打造成特色课程，并与时俱进为其注入新内容、新内涵，既能满足新形势下老年人多样化和个性化的需求，又能推进"五老"与青少年双受益、双发展，还能展现长青老龄大学扎根落地的独有风采，这是龙岗区、平湖街道以及平湖社区在长青老龄大学教学中活化本土文化的一次成功探索与尝试，也为更多地方非遗文化项目的发扬光大指明了路径。

让非遗走出历史，走进课堂焕发生机

张　丽　彭　弢

南澳，深圳大鹏半岛最东边的一个小镇，三面环海，这里有着天然的渔港资源，拥有深圳东部沿海地区最美的海域，几百年来，这片水域养育了无数依渔为生的纯朴渔民，这些渔民群体也被称为疍家人。

历经几百年的沧桑巨变，南澳当地形成了疍家人带有鲜明地方特色的"渔民文化"。其中，"舞草龙"与"渔民娶亲礼俗"便是当地最具特色的民俗文化活动，它们也被列入了广东省非遗项目。

"敬天敬地敬大海，鱼虾丰收得平安。请唔到，来得到；请唔齐，来得齐……"每周五，南澳长青老龄大学草龙歌曲合唱班的教室里，就飘扬出几十位长者激情、高昂的歌声。

在这里，除了长青老龄大学"标配课程"，如健康知识讲座、插花课、烘焙课等，还有南澳独具本土特色的非遗文化课程——"俏夕阳"渔歌红色音乐班、"水上迎亲"舞蹈班、"草龙歌"合唱班等，让南澳特色文化，在长青老龄大学中"开花结果"。

一　创新打造渔家风俗非遗文化特色课程

"居住在不同区域的老人对长青老龄大学课程有着不同的需求，所以，我们在开设课程之前，先充分了解了南澳老人的需求，得知他们对南澳本地特色文化歌舞特别感兴趣，我们就请专业老师，专门开设了非遗文化特色课程。"据南澳办事处长青老龄大学负责人杨敏介绍，特色课通过让老年人扮演角色，讲授、唱歌、舞蹈、表演相结合的方式开展。为老年人搭建非遗文化传承平台，可使南澳的非物质文化遗产一代一代传承下去，提振南澳自信，并推动非遗项目"活化"，助力非物质文化遗产创新性传承与发展。

"姐妹们，跳起来喽！"在"水上迎亲"舞蹈班，76岁的非遗传承人陈阿姨，正带着姐妹们一起练习最新编排的舞蹈。只见阿姨们身穿喜庆的疍家迎亲舞蹈服，腰扎围裙，手拿扎着大红花的船桨，头戴凉帽，簇拥着"新郎新娘"且行且舞。媒婆手持芭蕉扇引领队伍前行，舞姿滑稽，场面热闹非凡，极具传统喜气。

"我们的舞蹈经常登上各大舞台，还获得了不少奖项呢。""水上迎亲"舞蹈班的学员们提起自己的看家本领，一个个自豪得不得了。在2005年的广东省国际旅游文化节上，"水上迎亲"舞喜获金奖。这也是南澳有史以来首个在省级以上比赛中获得的金奖。2007年，"水上迎亲"舞被列入第二批省级非物质文化遗产名录。

"我们除了上课，一有时间，就预约教室过来练习。"说着，陈阿姨拿出手机，为我们展示着南澳办事处党群服务"三级联动、群众点单"手机平台，老年朋友们可随手"扫码点单"，提前预约教室、选择心仪的活动、点评服务质量……内容全面详细。

为了让生活在南澳任何地方的老年朋友，都可以"上学"，南澳长青老龄大学充分利用南澳办事处打造的党群服务"1+9+X服务阵地"，即在街道、社区、居民小组三级党群服务中心提供的场馆，开展各项活动。"所以，我们南澳的老年人可以说，出了家门，就可以参加长青老龄大学的活动。"陈阿姨开心地说。

二 唱"草龙歌"传承本土文化

"老年生活就是要热热闹闹，除了跳舞，我们还唱歌呢！"南渔本地居民石阿姨，在"草龙歌"合唱班课修时间趁机介绍道，"我72岁了，看不出来吧！哈哈哈，我在合唱班算是'年轻'的，我们这里的学员还有八九十岁的呢！"

"舞草龙"又称"舞火龙"，距今已有300多年历史，是南澳办事处南渔社区渔民长期在海上生活、劳作中形成的特色风俗。时代变迁，"舞草龙"形成了不同形式的歌舞表演，并于2007年被广东省人民政府批准列入第二批省级非物质文化遗产名录。

2020年，南澳办事处邀请专业人员打造草龙主题歌曲，经过调研走访、采风创作等两个多月的精心打磨，于2020年9月1日出炉草龙主题歌曲——《草龙飞舞吉祥来》。

"歌曲创作灵感来源于疍家人对人类赖以生存的山川草木、大海鱼虾的感恩之情，他们会用朴实的行动——精心挑选'剑草'、认真编扎草龙、参与舞龙展演来表达内心对大自然的敬畏和对国家的热爱。"据作词人介绍，现在合唱班的老年朋友们已经全部学会了这首歌。

"草龙歌"课堂的设立是南澳办事处长青老龄大学课程创新与南澳辖区非遗文化传承发展双赢的做法之一。它借助具有感染力的音乐符号，为传统文化注入时代元素，丰富了舞草龙非遗文化保护形态。杨敏说，南澳办事处长青老龄大学通过把草龙歌曲引入课堂，使学员通过演唱歌曲《草龙飞舞吉祥来》，既娱乐身心，又对南澳舞草龙文化加深了了解。同时通过让老年人把舞草龙文化介绍给更多的年轻人，使本土非遗文化得以长久传承和发展。

三 "俏夕阳"渔歌红色音乐班唱得老人心里亮堂堂

一首渔歌，记录了一段过往岁月；一曲红色音乐，象征一面辉煌的旗帜。在南澳东山社区，活跃着两支合唱队——东山渔歌队、"俏夕阳"红色音乐队。

东山渔歌队，参加的大部分是东山本社区的老年朋友。

"我们东山社区地理位置很特别，背山面海，居民一半是农民，兼事渔业，一半是渔民，所以创作出很多渔歌。渔歌内容也都是渔民在劳动、生活中集体创作，我们从小就喜欢唱。"退休多年的缪老师说，党群服务中心和长青老龄大学为他们提供专业的舞台、道具、服装，学员们每次练习都像在真正的舞台上表演一样，不学新歌的时候，姐妹们聚在一起"斗歌"，特别欢乐！杨敏介绍，自 2000 年开始，为了传承好本土文化，南澳办事处挖掘、收集与整理东山渔歌共计 31 首。目前已基本纳入南澳长青老龄大学"渔歌班"教材。特别值得一提的是，在 2019 年 11 月，渔歌班学员出演的、以纪念改革开放 40 周年为主题的东山渔歌音乐情景剧《深圳走在大潮上》，参加广东省渔歌大赛，让东山渔歌焕发出新的活力。

另外一支特别活跃的"俏夕阳"红色音乐队，也特别受老年朋友喜爱。

南澳办事处党群服务中心、南澳长青老龄大学为进一步提升"俏夕阳"红色音乐队的专业水平，于 2020 年聘请声乐教师对队员们进行专门培训。在专业教师的悉心教导和队员们的努力下，如今"俏夕阳"红色音乐队队员们用歌声唱响他们的晚年幸福生活，把幸福、快乐传递。

"我们每堂课大概一个小时，大家坚持每周都来。即使历经一个多小时的演唱和反复练习，我们这些老伙伴依然精神抖擞、笑声不断。"学员蓉姐说。

南澳办事处长青老龄大学还创新学员"传帮带"教学模式，博采东山渔歌队和东山"俏夕阳"红色音乐队两家之长，创新性开设"俏夕阳"渔歌红色音乐班，邀请东山渔歌队和东山"俏夕阳"红色音乐队队员做导师，精选若干首优美动听的渔歌和昂扬向上的红色音乐，向学员们教唱。

四　皮影戏结合高科技让长青老龄大学变时尚

做一个项目，精一个项目！唱歌跳舞的特色精品课程都有了，接下来，南澳长青老龄大学又"瞄准"了新目标——皮影戏。

"我们特别期待这个项目落地。"从惠州"移民"到南澳的张阿姨说，从小她就爱看皮影戏，如果能在南澳学习皮影戏，会有种回到小时候的感觉。

这一次，南澳办事处长青老龄大学创造性地策划开设非遗文化特色课程，突出"非遗＋科技"这一特色亮点，不仅会邀请专业教师来教授学员，把南澳的非物质文化遗产——"渔民娶亲"礼俗，用皮影戏的形式演绎出来，还会结合现代科技、新媒体等手段，把非物质文化遗产转化为可共享、可再生的 IP 和数字艺术形态进行留存和传播，打造新非遗传统文化 AR 系统，让参与该课程的老年人加深领略中华传统文化瑰宝，丰富基层文化体验，也助力提升南澳非遗特色文化的影响力。

点 评

歌唱、舞蹈、扮演话剧角色……活跃的课堂气氛，轻松的学习环境，促进老年人身心愉悦，推动了非遗项目"活化"、助力非物质文化遗产创新性传承与发展，体现了南澳老年人老有所学、老有所为的靓丽风采，为新区乃至全市提供了可复制可推广的"长青老龄大学特色课程"南澳样板。

传统文化结出长青之果

徐金阳　何　锐

开学季的每个周一早上，晚香楼内就会传出国粹京剧的优美唱腔，深圳海关长青老年大学一帮票友聚集在一起，认真地学习各种名家唱段。

同时在另一个角落，一群太极拳的拳友们正在老师的指导下练习着新学的招式，野马分鬃、白鹤亮翅……一招一式均体现了太极的刚柔并济。

同一时间段里，国画班的学员们正在老师的指导下，用自己的笔与墨书画着祖国的大好河山。

这动静结合的传统文化课程开启了深圳海关长青老龄大学的每一个周一，更是吸引了一大批传统文化爱好者前来学习。

一　传统文化魅力无限

退休后的梁雪梅似乎比退休前的她更加忙碌了，从周一到周五，她不是在上课，就是在赶去上课的路上，模特、舞蹈、书法、绘画……她用勤奋的学习不断充实着自己的退休生活。在一次偶然的机会，梁雪梅接触到了梅派第四代传人巴特尔，巴特尔的一颦一笑、举手投足，将梨花带雨的美丽展示得惟妙惟肖，除此之外，巴特尔在台下对长者的恭谨、谦卑更让他们看到尊老爱幼的中华传统美德。通过对京剧的学习，梁雪梅多了一条学习中国传统文化的路径，陶冶了自己的情操，结交了更多的票友，让自己曾经急躁的性格变得更加温和。

刚退休时候的秦少培是一个"病秧子"，因患有血液生成障碍重大疾病导致供血功能差，经常感到头晕胸闷、脑子发胀，继而食欲变差，人越来越消瘦，体能越来越差。为此她花费无数心血求医问药，医保卡个人账号的款项都变成了负数，按摩、中医……都没有改变她的体弱。

在一次看病中，秦少培遇到了在深圳市长青老龄大学学习太极拳的高医生，高医生积极鼓励她加强身体锻炼，用运动来强化改善身体造血功能，用运动来加大自身的代谢能力，提高生命质量。就这样，秦少培走上了学习太极拳的道路，从24式简化太极拳和42式太极拳竞赛套路，到传统陈氏太极拳老架一路。经过几年的学习，她不但获得由中国武术协会授予的中国武术六段称号，成为武术界的强者；还成为太极拳一级教练员和二级社会体育指导员。现在，每当拳友们在小区里碰到秦少培的时候，大家都会亲切地喊她一声秦老师，这是秦老师在刚退休时想都不敢想的事情。

"我今天的一幅山水画作品《溪泉报春》发表，与有兴趣的同学们共同探讨"。要说深圳海关长青老龄大学谁是最勤奋的学员，书画班的高广任绝对可以名列前三，退休后的高广任自从参加了国画班后，就被中国传统绘画所吸引，进而一头扎进山水画的学习当中，原来喜欢的麻将、扑克牌都不再打了。正如他自己所说的，山水画从一横一竖开始，各种皴法到用墨深浅、浓淡，都深奥无边，它不是笔、墨、纸的简单组合，而是带有深厚文化积淀的东方艺术，为他的退休生活增加了无限的乐趣。

在这里，他们学习传统文化，感受传统文化带来的无穷魅力，陶冶自己的情操，发现自己的兴趣爱好，收获健康与长寿，找到了志同道合的好友，实现了人生的蜕变。

二 让传统文化在长青老龄大学生根发芽

"什么？你们想要成立京剧班？据我所知，深圳市没有哪一所老年大学是有京剧班的，即使有，也办不长久！你们知道成立一个京剧班有多难吗？"钟代娟老师听到深圳海关长青老龄大学副校长胡晓艳的设想吃惊地问道。

胡晓艳解释道："因为前段时间我们编排的《梨花颂》节目，创新性地推出了 7 个贵妃造型，这个京剧节目在全关引起了巨大的轰动，很多人看了这个节目纷纷表示想要学习京剧，我们要保护老同志们的学习热情。"看到国粹京剧在深圳海关离退休干部中有这么深厚的群体基础，长青老龄大学第一时间响应群众需求，果断成立京剧班。从开始的 20 多人，到后来越来越多的学员加入，到现在已经有 60 多名学员，这些学员们凭借着对京剧的喜爱，对传统文化的热爱，将这个"几乎不可能"办得下去的班越办越红火。而红红火火的京剧班也吸引了学校内外一帮票友前来学习，成为大家学习国粹、弘扬国粹的一个"小基地"。

深圳海关长青老龄大学太极拳班最开始仅是一群太极拳爱好者组成的兴趣小组，爱好者们借用学校的场地传授武艺和锻炼。随着学习的人员越来越多，胡晓艳就产生了组建太极班的想法。为了保证班级的规范化和长远发展，太极班从一开始就高标准筹划，邀请了时任市太极拳研究会理事前来学校任教，秦少培和她的班委们一起帮助老师指导学员学习太极拳，因为班里的同学大都为零基础，且学习太极拳有一定的难度，为了让班里的同学尽快上手，她从 2017 年开始每周都抽出两个半天，带领愿意学习的同学们练太极拳。慢慢地，大家从不懂到了解，从了解到熟练。秦少培在教拳中，将在深圳海关长青老龄大学学到的科学知识转教给拳友，教他们练基本功，教他们练气，教他们练劲，教他们拳理。由于打消了拳友们的顾虑，不但海关刚退休的男女老干部们愿意来学，连上班的中青年拳友们也争取空闲时间来学，她让大家从太极拳中得到健康和快乐！现在她在住的海关住宅大院里成立了社区太极队，活跃了社区氛围，传播了传统文化。

深圳海关长青老龄大学的国画班与学校同时建立，并随着学校的发展不断发展，从开始的国画班，发展到今天的国画 A 班和国画 B 班，许多学员从一点一墨开始，慢慢画出一棵树、一片树叶，……再到后来的山川与河流，用毛笔书画着对祖国河山的热爱和对传统文化孜孜不倦的追求。

点 评

书法、国画、京剧、二胡、中阮、空竹，深圳海关长青老龄大学举办的关于传统文化的课程越来越多，吸引了越来越多的学员来学习。因势利导，尊重学生的学习热情，尊重他们对传统文化的喜爱，为他们学习传统文化提供一个小小的场地，给他们的学习提供一次尝试的机会，慢慢地将传统文化渗入学员们的心田，传统文化早晚会在深圳海关长青老龄大学这片沃土上结出丰硕的果实。

第十七章
路径探索：创新之光照亮未来之路

踏着晨光，66 岁的邹琳吃过早餐，便戴上红袖章，拎着血压计出门了。作为"红枫叶老年志愿者协会"的一员，她正前往社区的高龄老人老张家去探访照顾。

而在茅洲河畔，由松岗街道碧头社区长青老龄大学学员组成的"银河护卫队"已集结完毕，准备出发。他们每天早晚都在巡视茅洲河绿道，用自己的脚步守护"母亲河"。

从长青老龄大学出发，这些老年学员正在社会的各个层面，注入老年人的智慧和力量。如今，老年教育不再局限于一个教室，通过长青老龄大学，老年人有了更广阔的天地。

近年来，全市长青老龄大学各校通过链接整合辖区资源，开展系列活动，挖掘各具特色的老年教育学习活动，除了传统的教与学之外，老年教育有了更多元的路径。

在社会建设层面，以志愿服务为平台，老年人的社会活动有了新色彩。

在深圳市长青老龄大学，由 500 多人组成的长青志愿服务队持续开展"银发义教""乐龄走基层""长青微公益"等志愿活动，成为学校中的一抹鲜亮色彩；在各级长青老龄大学里，老年志愿者采取"公益慈善服务""岗位式志愿服务""关心下一代活动"等方式发挥老年人"以老帮老、助人自助"的作用。

在社会活动层面，丰富多彩的校内外活动，打造出活跃的鹏城品牌。

老有所学，还要老有所为。围绕"银领鹏城"品牌体系建设，以"深爱学·圳长青"为理念，为老同志搭建展示风采的舞台，打造发挥作用的平台。全市四级长青老龄大学有机联动，校园内外活动丰富多彩，学员们健康向上、乐观自信的身影常年活跃在红色宣讲、文化惠民、艺术交流、志愿服务等活动中。连续 27 年举办"同乐舞台"，每年有 3000 余人次参与；长青老年钢琴交流活动辐射到粤港澳地区。

在基层治理层面，老龄学员们聚焦民生，聚合能量落实基层实事。

在福田，有一支由老年人组成的"守望先锋队"，服务于基层社会治理，为群众排忧解难；在宝安，银发老人们组成的"银河护卫队"闪耀茅洲河畔，成为城市治污的一支民间力量。

奋进铿锵的步伐，续写春天的故事。一场新时代的老年教育路径探索，正在指向熠熠生辉的未来之路。

"银发红马甲"，长青老龄大学里的鲜亮色彩

韩文嘉

2020 年末，市长青老龄大学这一年的秋季学期已进入尾声。学员苏浩贞早早起了床，一大早就守在了校门口，与她会合的还有一群热心的老年大学学员。天气寒冷，他们裹上厚厚的大衣和围巾，大家不时跺跺脚、搓搓手，依然坚守在校门口，为每个即将上课的学员查验绿码。

这些身着红马甲的学员，是长青老龄大学的志愿服务队成员。在长青老龄大学，由 500 多人组成的志愿服务队，是一支凝聚力极强的公益力量，他们组织志愿防疫、医疗保障、大型文体活动服务等各类志愿活动，通过持续开展"银发义教""乐龄走基层""长青微公益"等志愿活动，老龄志愿者们在这一平台上发光发热，让人们看到了深圳老年人的大爱情怀与广阔胸襟。

一 桑榆非晚，积极奉献爱心

长青志愿服务队成立于 2015 年，是一支以离退休干部为主的"银发志愿者"队伍。成立后，每年志愿者的人数都在不断增长。截至 2020 年底，长青志愿者服务队总人数增至 519 人，2020 年一年发布志愿服务项目 160 余次，参与服务 791 人次，服务时长 1400 小时。

自成立以来，这支银发志愿队就凝聚了一大批热心人士，成为老干部们发挥余热、奉献爱心的平台。

"退休以后觉得自己身体还挺好的，就想为社会做点贡献。做一些力所能及的事情，助人为乐，别人开心，自己也很开心。尤其是看到那些年纪

更大的老人，想到自己有一天也会老，就想着现在能帮忙就去帮帮忙。"今年61岁的苏浩贞已经加入志愿服务队好几年了，是一名"老"义工了。

她印象最深刻的志愿服务，是去福利院慰问。去福利院之前，他们组织了有才艺的老师们编排了一台节目，志愿者们除了安排现场的活动，还和老人们沟通交流、了解他们的困难和需求。"那些福利院的老人们挺孤独的，看到我们来了，都特别高兴，一直拉着我们聊天。虽然我们只是陪着说说话，也能给他们很大的安慰。"回来以后，苏浩贞更坚定了志愿服务的信念："有时间真应该多去陪陪那些老人们。"

伴随着长青志愿者服务队不断壮大，志愿者队伍也越来越向规范化、标准化方向发展。自2020年以来，结合长青老龄大学体系标准化建设工作，盐田区长青老龄大学、宝安区长青老龄大学先后成立区级长青志愿者服务队，组织老干部、老党员积极投身志愿服务活动，成为颇具特色的银发志愿服务队伍。

同时，为更好地组织、引导老干部和老党员志愿者开展志愿服务活动，发挥老干部志愿者的优势，长青志愿者服务队定时组织志愿者开展培训，包括疫情防控常态化之下，如何在做好自身防护的同时参与志愿服务活动，不断提升志愿服务的专业化水平。

二 "银发义教"，激发长者活力

下午三点半放学后，福田区机关一幼国画班的小朋友们满怀期待地迎来了他们的"银发老师"苗海雏。擅长丹青的长青老龄大学志愿者老师会带着画具准时到达，给孩子们上国画的基础课。

在福田区机关一幼和彩田幼儿园，每周三次的国画义教课，雷打不动。"银发义教"，已经成为这些孩子与老年志愿者之间的约定。

苗海雏加入"银发义教"志愿服务活动三年了。"在幼儿园里，教水彩画、铅笔画、蜡笔画的老师比较多，教国画的老师比较少。当时我在长青老龄大学已经学了一段时间的国画，教低龄段的小孩儿没什么问题，于是就报名去开展义教。"苗海雏表示。上课时，她是老师，另外还有几名助教负责同学们的绘画工具和维持秩序，虽然孩子们年龄很小，但课堂秩序很好。

"老师你怎么画得这么好看啊？""老师你看我这个小鸟画得好不好啊？"孩子们特别喜欢这些才华横溢的爷爷奶奶们，课前课后总是围绕老师们问个不停。在与孩子们的交流中，老年志愿者们也在童真童趣中备感快乐，虽然上课没有报酬，但老师们非常乐意，有的老师住在梧桐山脚下，每次来上课，车程都要两个多小时。"幼儿园的家长、老师和园长们就经常说，很希望我们去教这个班。大家觉得我们的工作有意义，我们也挺开心的。"苗海雏说。

除了国画之外，老年志愿者们还在幼儿园开展了模特、舞蹈、诗歌朗诵等培训，老龄志愿者们带来的一些舞蹈节目还曾在市里的比赛中获了奖。"大手牵小手"的"银发义教"活动，将老干部们的爱心与才艺传递给下一代，也诠释着"送人玫瑰 手有余香"的志愿服务理念。

三 以老助老，坚守服务岗位

在深圳市委老干部局、长青老龄大学的讲座、音乐会等各种活动中，总能看到一道亮丽的色彩——身着红马甲的志愿者们在现场提供引导、咨询、摄影、医疗等各种志愿服务，这是长青老龄大学里流动的风景，也是"以老助老"的生动写照。

在长青老龄大学，不少志愿服务正是依托长青老龄大学专业优势，配合各类文体活动而开展。廖铭香的摄影技术是退休后在长青老龄大学学习的。从初级班、提高班上到研修班，廖铭香的摄影水平已经颇为专业，如今已是长青老龄大学摄影研究会的会长。"每次大学里举办活动，我们的摄影师们都是冲在最前面，拍摄下现场的画面。"廖铭香说，每次活动后，分享当天的图片都是老年学员们特别开心的环节，这也让他们更愿意不断地去钻研技巧、寻找角度，给大家拍出更好的图片。

70岁的王抗美大姐是志愿队医疗组的成员。她退休前是一名眼科医生，在进入长青老龄大学后，她马上就加入了志愿队。"以前在医院工作时我们就参加过医疗扶贫队，去过江西、青海等贫困地区义诊，觉得很有意义。退休了以后虽然年纪大了，但是做一些服务还是没问题的。"

长青老龄大学举办的各项活动，都需要医疗保障服务。王抗美和同伴们每次都会早早来到现场，组建起一个小小的医疗点，为参加活动的老年人提供医疗保障。"有时候有的学员在路上磕着碰着了，一些小伤我们就可以现场进行包扎；有的时候有的老人突发疾病，我们也会紧急处理。"王抗美说："只要有空闲时间，我们都很乐意做这些志愿工作，特别开心。"

疫情期间，长青老龄大学在老干部活动中心院内设立了医疗志愿服务岗，先后招募了14名具有医务工作经历及相关教育背景的志愿者，参与志愿服务120多次，志愿者在服务期间多次为学员和活动人员及时处置跌倒外伤、协助学校判断身体不适学员，参与学校疫情防控应急演练。

四　以艺战疫，用心传递温情

2020年9月，深圳市长青老龄大学成为全国第一个返校复课的老年大学。这其中，少不了红马甲学员们的努力。

检查学员证和绿码、测体温、演练、组织分批错峰入学……在返校复课后，红马甲学员们尽职尽责坚守在志愿服务的岗位上，成为秋冬校园里最美的风景。他们为学员们进行绿码查验、引导秩序，极大地减轻了学校的工作压力，帮助学员顺利返校。

而在返校之前，志愿者们就已经忙碌在各个岗位上了。志愿者中熟悉手机操作的较为年轻的志愿者，就承担了协助学校开展线上教学的任务。他们加入长青老龄大学各班班级群，协助学员填写问卷调查表，在疫情期间回收问卷 2464 份，指导学员使用线上课程平台，进行电子考勤，解答学员电子设备操作问题等等，为全校 24 个专业 69 门课程 136 个班 3400 多名师生的春季教学活动提供了支持保障。

发挥专长，以艺战"疫"。长青志愿者服务队的大部分成员是市长青老龄大学学员和老干部活动中心的活动人员，疫情期间，长青志愿者服务队积极为银发志愿者搭建平台，动员志愿者们发挥文艺特长，进行文艺创作，以艺战"疫"，用艺术温暖人心，用文艺陶冶情操，志愿者参与编发《长青诗刊》战"疫"特刊 3 期，刊发诗歌、散文、书画、剪纸等各类作品 249 篇。参与战"疫"舞蹈及歌曲《坚信爱会赢》《战疫我们同在》，为战"疫"打气，充分展现了银发志愿者队伍的特色。

点 评

深圳是一座志愿者之城。在长青老龄大学，志愿者建设同样是一道出彩的风景线。老同志开展志愿者服务活动是老年人参与社会的一种重要形式，承载着积极老龄化的丰富内涵。老干部参与志愿服务具有明显优势，他们有时间、有耐心，社会经验丰富，在服务老同志、关心下一代等方面作用突出。这支队伍一大显著特点，是依托长青老龄大学专业优势而开展活动。如摄影研究会和文学专业的志愿者们，利用在校学到的写作、摄影专业知识，开展宣传工作，舞蹈师资班的学员学成后，送教下基层，形成了教学相长的良性循环。长青志愿者服务队通过开展各类志愿服务活动，为老同志提供了老有所为的平台，提升了老同志的获得感。

老有所为谱新篇，共建共享开新局

杨剑飞

2021 年 3 月，司法部、民政部公布了第八批"全国民主法治示范村（社区）"名单，福田区福保街道益田社区荣登榜单，这是近三年来福田区首次获此荣誉。喜讯传来，益田社区长青老龄大学学员、老党员周泉林激情赋文："我们今天的益田村，在昔日可还是一片荒野滩涂，如今成了我们四万游子的第二故乡；面对'家园'两个字，我们豪情满怀！……"

周泉林老人道出了社区很多老人的心声。深圳是座移民城市，人与人之间、邻居与邻居之间往往不如别的城市的那么熟络。但在益田社区，"同住一个村，同在一片天"，大家都有很强的归属感，大伙的事社区记在心里，社区的事大伙也很关心。

在福田，多方参与、共同治理的社区治理体系不断健全，广大老年人在积极报名参加长青老龄大学，提升生活幸福感的同时，还积极担当社区治理的"主角"，实现了"群众的事群众办，大家的事共同操心、一起研究"，从"老有所养"到"老有所为"，福田的晚霞更加灿烂。

一 热心"福宝宝"贴心服务

2020 年之初，一场突如其来的疫情席卷荆楚大地，并蔓延全国，我们的生活被迫按下暂停键。无数白衣执甲，万千勇者逆行，筑起新时代的一道道长城。目睹此情此景，来自福田区福保街道长青老龄大学已年过八旬的刘淑英老人创作了一幅画，传递对"逆行者"的爱与敬佩，表达必将战胜疫情的决心。疫情期间，为了让居民朋友"宅"家生活更精彩，福田区福保街道通过微信小程序"福宝宝"线上平台，举办了丰富多彩的活动，引领宅家健康生活模式。线上作品征集活动共吸引了58名书画作者在线上平台展示了112幅作品。

"福宝宝"是福保街道2019年发布的微信客服形象，经过两年多的成长，她从单一的微信互动，逐渐成长为集长青老龄大学课程选报、社区资讯、问题反馈、社区志愿者活动报名等多种功能于一身的综合服务小程序。

老年朋友可以根据兴趣爱好和居住区域，参加长青老龄大学推出的公益课程。报名成功后，会收到小程序后台发出的"成功报名"的通知和短信提醒。同时，老年人也可以通过"组团活动"的"我要组团"新功能，向街道提出自己对于社区长青老龄大学课程的建议与诉求。社区会充分征求大家的意见，然后根据汇总后的要求来"量身"定制各类活动。

对老年朋友来说，这位"宝宝"还是一个"热心宝宝"。在"社区活动"板块，会经常发布各类志愿招募信息，包括驿站文明劝导、社区清洁活动等。疫情期间，"福宝宝"便别出心裁地发布举办福保街道"抗疫厨神"挑战赛，146名厨艺精湛的选手参赛并制作、介绍自己的美食作品。在老党员的倡议下，"抗疫厨神"的参赛者们和辖区居民一起用自家烹饪的美食向疫情期间奋战在一线的小区保安、保洁等工作人员表达敬意和慰问，共送出爱心餐品710余份，携手共建温馨和谐的"健康家园、无疫小区"。该项目获中央党校（国家行政学院）副局级督学、教授洪向华同志认可。

二 "守望先锋队"守望初心

在沙头街道的新华社区，提起"叶叔"，老老少少无不竖起大拇指。今年71岁的叶叔叶文生，身子骨硬朗，他常常吃完早餐，就穿着橙马甲，领着一支队伍，出现在社区的大街小巷，巡查社区治安，检查安全隐患。叶叔所在的社区出租屋多，流动人口多，叶叔和他的队员，不管是社区消防，还是居民用电，他们事无巨细，一一过问。在自己的小区，叶叔还是妇孺皆知的"热心人""和事佬"，大家有什么烦心事，叶叔都会帮忙；邻居有什么问题，都愿意听叶叔的处理意见。

叶叔的这支队伍，是福田区沙头街道成立的以老党员、退休人员为主体的"守望先锋队"，它集"采集""预防""调解""研究""宣教"功能于一体，是一个服务于基层社会治理的群众组织。自 2017 年成立到目前在沙头街道 12 个社区复制，现已发展至 14 支队伍，有 87 名骨干成员 600 名退休党员干部及群众。

先锋队队员，尤其是长青老龄大学的党员学员们，划分党小组，定期学习党和国家的最新政策、理论，交流工作经验和思想认识，通过生活中互帮、思想上互助、工作中互教，增强了凝聚力。他们还给社区的青少年讲红色故事，讲历史党史，传承红色教育。

"守望先锋队"充分发挥"百姓进百家，百姓管百事，百姓谏百言"的优势，平时走街串户，对隐患集中的重点场所、重点区域、重点人员逐一排查，比如电动车充电情况，杜绝室内充电；经常性开展文体娱乐活动，在快乐中关爱弱势群体，宣传党和政府的好政策；开展街坊邻居畅谈会，收集大家对社区工作的意见和建议。

疫情期间，"守望先锋队"多次参与社区疫情防控工作。队员们在小区卡口为进出小区人员测量体温，引导居民使用"i 深圳"自主申报等；深入辖区企业，了解企业的困难、需求，宣传市、区相关惠企政策，增强企业复工复产的信心；走进校园，帮助学校做好复学复课的安全防控工作。

守望先锋队的老党员"退休不退学""退休不退岗"，守望初心，继续发光发热，并带动年轻一代恪守初心，继续奋斗。叶叔说："我们做的每一件事情，都是很微小的事情，我们都用心去做。我们做得好了，那么老百姓就幸福了。社会治理虽然是政府的事，但我们在基层，发现得快，处理得了，我们就处理；处理不了，我们就上报给上级，及时消除。"正是有了无数个叶叔这样的老党员的努力，沙头街道的社会更加和谐了，邻里人情更融合了。

点　评

莫道桑榆晚，共筑幸福田。老年巡逻队，老年义工队，老年先锋队……一支支以老党员、老同志为主体的老年志愿团体，成为福田各街道、社区治理中不可或缺的一只力量，在共建共治共享中，助力福田以群众自治为特色的基层社会治理新格局不断形成。福田的实践也一再证明，老年人不仅是社区服务的对象，而且也成为推动社区治理和服务的一支积极力量。

传承红色基因, 凝聚时代精神

吴镇山

2020 年 3 月 17 日早上 7 点, 83 岁的老党员游添稳早早起床, 坐一小时公交车来到石岩街道站。下车后走路半小时, 他准时坐到了石岩街道老年大学的教室。差不多同一时间, 72 岁的钟卫国也来到了教室。他是从惠州市开车赶来的。按照石岩街道党工委的部署, 石岩街道长青老龄大学启动了年度党史学习教育。

石岩街道长青老龄大学成立于 2019 年, 截至 2021 年初已培养了超过 1000 人次的学员, 学员人数逐年递增, 从辖区党员覆盖到全体老年人。课程为什么如此有魅力? 办学的"秘诀"是什么? 石岩街道老干工作负责人介绍, 在石岩街道党工委的大力支持下, 石岩街道长青老龄大学始终坚持党建引领, 老有所学, 老有所乐, 老有所为。

一 全面覆盖, 让学习成为石岩老年人的新风尚

2019 年 1 月 29 日, 石岩街道党建服务中心召开老干部新春座谈会。有老干部提出: 石岩街道能不能办一所老年大学?

针对这个问题, 石岩街道党建服务中心也开始了紧锣密鼓的调研。如何提升老年人的生活质量, 增强老年人的自我管理意识? 如何让老年人发挥余热, 服务社会? 最重要的是, 如何让党的声音, 及时传递给辖区的老年人? 经过反复研究, 石岩街道党工委决定, 全区率先启动老年人大学的筹建工作, 在人、财、物上给予支持。

"要办一所覆盖辖区全部老年人的大学!"石岩街道党建服务中心经过

调研，为大学的服务对象做出定位了。当时，这在全国都属于创新性探索。攻坚克难，勇于进取，一块石头荡起层层涟漪，石岩街道党群服务中心忙了起来。

整合资源，改造功能。打造了大学的舞蹈室、会议室等功能房，还建立了课室。课室则分为普通课室和研究型学习课室，普通课室可容纳 40 人，研究型学习课室则可容纳 20 人。创新机制。石岩街道通过长青老龄大学，把街道全部"老"字口的机构——石岩老年人协会、离退休干部党支部、离任干部联谊会等整合到了一起。

在街道的号召下，退休老党员、老干部们纷纷响应。退休老干部胡建阳负责党课的教学工作，退休的文体中心主任老潘负责摄影课、体育课、音乐课等。

同时制定招生简章、《安全责任协议书》，布置上课场地。2019 年 3 月 8 日，石岩街道长青老龄大学第一期正式招生，推出 3 个班，共 192 个课时，一个班 20 人。

二 党建融合，先锋引领，斗志昂扬跟党走

石岩长青老龄大学的课程表，也促使石岩的老年人制订了"素质提升"日程表。曾群是一位性格内向的老人，退休前负责财务相关工作，退休后常待在家里。在课堂上，她接触唱歌、舞蹈，慢慢融入团体。朋友们都说，以前很少看她笑，很严肃，现在她总是笑容满面。

每天清晨都可以看到老年大学的学员们早早地在羊台山公园的广场上练太极。三八妇女节，舞蹈班的学员穿上旗袍，到春花灿烂的公园深处游玩。摄影班的学院们则用相机记录下"倩影"。一张张幸福满满的照片，既是大学阶段性成果的展示，也记录着老年人的欢乐生活。

上党课，听党史，传达党的声音，是石岩街道长青老龄大学的重要课

程。2021 年 3 月 9 日上午，石岩街道党建服务中心收到长青老龄大学学员的一封来信。石岩公学退休教师郭红林在大学的课堂上学习了习近平总书记关于巡视工作的重要论述，以及校长胡建阳所讲述的亲身经历。她主动写下 2000 字的长文，记录这份感动："今天的这堂课让我受到了教育。今后的一言一行，有没有对得起先烈们的付出？我们虽然老了退休了，做不了什么大事，但我们仍然可以用自己有限的余热，力所能及地去为社会做些义工服务，去传承先烈们大爱的付出。"

长青老龄大学加强对离退休老干部、老党员等的思想政治引领，把政治理论作为老年学校的必修课。打造"党建 + 教学"的模式，在各个专业班都设立党小组，党小组组长由党员班长兼任，对学员党组织设置、职责要求和组织领导等方面进行了规范和提升。通过党建引领和制度规范引导老年学员进行自我教育、自我服务、自我管理。

学校以党建引领为抓手，统领各项建设。学员们听党课的热情很高，从没有人玩手机，很多学员的家即便离学校很远，也专门赶来参加活动。

三　发挥正能量，服务社会，彰显共产党员的初心使命

2019 年，赣深客专、轨道 13 号线、石清大道三大重点交通项目同时在石岩落地，涉及动迁居民 5204 户 38191 人，总拆迁里程达 16.4 公里，征收土地 0.625 平方公里，清拆建（构）筑物 714 栋 66 万平方米。

尽管时间紧迫、类型复杂，但怀着以人民为中心的初心使命，长青老龄大学的学员们主动做调查、进社区，为拆迁工作的顺利开展出力。校长胡建阳立刻找到老同事谈心，做通居民的思想工作；退休的社区党支部书记张锦雄也参与到罗租社区居民的沟通工作中。

学校还成立了正能量长者服务队，组织老年人开展志愿活动。长青老

龄大学的课程越来越受欢迎，还办到了企业中。石岩街道的圣心集团与石岩街道联系，希望把长青老龄大学里精彩的党课带到企业为员工讲解。党课也在企业中引起了良好的反响。

四 凝聚更多力量，提供线上服务，开设线上课堂

石岩街道老年大学自开办以来，受到社会、干部、群众高度赞扬。学员廖元英感慨："有老年大学真好！来这里真好！感觉大家的心态都很好。这里充满活力，仿佛让人回到青春年少的时候。"

除了课堂上，工作人员还在课外积极动员学员参加讲座、巡展、重阳登高等活动。2019 年 12 月 3 日，长青老龄大学与街道大学联动，把主题为"我和我的祖国"的老干部书画摄影诗词作品巡展带到石岩展出，老干部、老年大学学员等书画、摄影、诗词爱好者大饱眼福，畅享了精神食粮。老年大学学员张烨、钟凯琪夫妇感慨说："这次巡展活动展出了 100 多幅优秀作品，热情地歌颂了建国 70 年的壮丽辉煌，也激发了我们老同志爱党爱国的热情。非常好看！非常有意义！"

点 评

传承红色基因、坚定理想信念，这是石岩街道长青老龄大学发展的原动力。辖区老年人的文化水平各不相同，兴趣爱好也不一样，如何办出特色？退休老年人如何继续接受党的教育，退休不褪色，舞出新生活？把党建工作融入老年人教育，石岩街道的办学做了示范性的实践探索。学校用真心与真情去做党的宣传，老年人不管路途多么遥远，都赶到课堂。随着辖区老年人的增多、课程的持续优化，以及教学成果的积累，长青老龄大学将越办越好。

新路径走出别样风采，"银河护卫队"闪耀茅洲河畔

黄　芳

三月春风拂面，茅洲河面波光粼粼，鱼儿跃、白鹭飞，岸边碧道花团锦簇，每天清晨和傍晚来碧道上散步的市民熙熙攘攘。茅洲河曾是深圳污染最严重的河流之一。在成功治水、打好打赢污染防治攻坚战中，离不开松岗街道碧头社区长青老龄大学学员们的身影。这就是大学的特色环保组织——一支身穿红马甲的"银河护卫队"。

他们每天早晚都在巡视茅洲河绿道，用自己的脚步守护"母亲河"。同时，也在社区长青老龄大学搭建的"舞台"上，演绎出发挥老年人余热参与社区基层治理、实现自我价值的新篇章。

一　立足基层难题，开展特色公益行动

松岗街道长青老龄大学将课堂分为公益型、知识型、社交型、休闲娱乐型。知识型、社交型、休闲娱乐型课程侧重老年人幸福感的增强，以及健康生活的提升，是老有所乐，老有所知。公益型的课程，更侧重对基层治理的探索，包括环境、交通等方面，实现真正意义上的老有所为。"银河护卫队"就是学校的成果之一。

茅洲河是深圳地区第一大河，它的河流长度最长、流域面积最大、支流数量最多、流域人口最多，其中碧头段有4.2公里。

"银河护卫队"的队长蔡稳胜回忆说，早年的茅洲河也是河水清澈，有鱼有虾，还有许多居民游泳戏耍。从20世纪90年代初开始，流域内经济社会快速发展，人口快速增长，流域污染负荷也远超环境承载力，一度成为

珠三角地区污染最严重的河流之一，住在河流附近的居民在热天或下雨天，都会饱受恶臭之苦。

2016 年，深圳打响了水污染治理攻坚战，举全市之力治水。经过系统治理，现在已呈现"鱼翔浅底，白鹭栖息"的优美环境。"能在我有生之年再次看到养育我的茅洲河变得如此清澈真的打心眼里高兴，我深深知道这个成果来之不易，我就想着要尽自己的微薄力量去守护她，让我的子孙后代不要再饱受河水的恶臭之苦。"蔡稳胜说。

二　党建引领凝聚力量，动员老年人参与社区治理

碧头社区书记蔡植森介绍，自 2018 年以来，宝安区大力推动现代化社区治理体系建设，碧头社区按照有关要求，积极打造共建共治共享的社区治理格局，建立多层次的党建平台和组织网络，推动全社会各领域共谋社区发展，鼓励居民参与社区事务。在工作中，蔡植森发现积极参与社区活动的居民当中有不少退休居民，他们闲暇时间充裕，身体依然健朗，平常多在公园、小区散步或在家中帮忙带娃。由此，碧头社区党委开始思考如何动员这群"老伙伴"参与到社区事务中。

社区设立的长青老龄大学，不仅成为社区老年人学习交流的新阵地，更是社区老年人活动的凝聚中心。碧头社区委员兼社区长青老龄大学校长蔡凤梅介绍，自社区长青老龄大学设立至今，累计开展活动 50 余场，其中包含健康教育活动、手工活动、社工宣传周活动、健康讲座活动、老年人生日会活动等，既促进了社区内老年人的互动，扩大了老年人的生活圈子及人际关系网络，又增加了老年人的生活趣味，提高了老年人的生活质量。

科学设置课程，创新教学模式，也是长青老龄大学的一大亮点。长青老龄大学累计开设党课教育实践活动 10 余场，参与老年人近 100 人次。以

课堂为主场，通过党课教育、党史教育的方式，提升了老年人的政治觉悟和思想觉悟；以实践为主线，动员辖区内 30 名退休的党员、群众组建了志愿服务队"银河护卫队"。

三 守护"母亲河"人人有责，披上马甲老翁变"战士"

碧头社区"银河护卫队"由平均年龄超过 60 岁的老党员、退休居民组成。因为他们基本都是白发苍苍，所以被称作"银河护卫队"。蔡稳胜担任"银河护卫队"的队长，今年 74 岁，已有 26 年党龄。

"银河护卫队"的主要职责是巡河、护河、宣讲茅洲河的故事，活动方式包括统一组织和个人自发两种。每月由社区义工组织引导高龄老人与低龄老人以结对子的方式在茅洲河边开展巡河行动，大家穿上义工红马甲，提着钳子和垃圾袋等工具，沿着碧道对河道的白色垃圾进行清理，对环卫死角进行整治，同时劝诫不文明行为，倡导更多的居民群众注重保护茅洲河环境。此外，社区长青老龄大学还组织会议讨论志愿服务的改进措施，提高银河护卫队的凝聚力，推动碧头社区"银河护卫队"的建设与发展。

四 新路径成就老年新生活，弘扬正能量传承传统美德

社区基层治理需要多方协同参与，长青老龄大学起到了示范带动作用。"银河护卫队"模式是让老党员在退休后有路径参与到社区基层治理中，是党员到党和人民最需要的地方实实在在做贡献的一种形式，也是老党员继续发挥余热，起到党员先锋模范作用的一种体现。"银河护卫队"得到省委书记李希的表扬，在中央、省、市媒体多次进行宣传，并荣获深圳市市长质量银奖。

"银河护卫队"不仅给队员的老年生活增添了色彩，体现了价值，在开展巡河护河的过程中，对茅洲河的历史变迁进行讲述，身体力行地践行志愿服务，还树立了文明新风尚，潜移默化地影响着下一代，将保护环境、向善向美的传统美德传承下去。

点 评

老有所养、老有所医、老有所教、老有所学、老有所为、老有所乐是当下创建和谐社会的目标。随着中国人民健康水平的不断提高，60～70岁这个年龄层是一个庞大的人群，他们拥有丰富的经验或高超的技术，有的依然"年富力强"，对自我实现的需求越来越高。社区长青老龄大学无疑成为老年人实现自我价值的新阵地。学校通过系统规范的体系，科学引导，积极探索不同的路径，汇聚和激发老年人的力量，让他们在发挥余热的过程中实现自我价值，让夕阳持续温暖大地。

"红枫叶" 铺满社区爱心路

胡四民　陈伊琳　王娅菲

初升的太阳照进窗台，66 岁的邹琳吃过早餐，便戴上红袖章，拎着血压计出门了。穿过一条小路，邹琳熟门熟路地拐进了一扇玻璃门，这里是高龄老人老张的家。

老张今年 85 岁，子女都在外地。几年前的一场事故，让老张的身体大不如前，多数时间都要卧床休息。除了晚间有钟点工照顾，一天大多数时光，只能由老伴独自照料。在一次上门走访中，邹琳知道了老张家的情况，随后便成了他家的常客，隔三岔五过来帮忙收拾家务，量量血压。

"我们在很多地方生活过，在这里感到最暖心……"老张每次都会握着邹琳的手，一再说着感谢的话。

类似邹琳这样的志愿者，在横岗街道怡锦社区"红枫叶老年志愿者协会"就有 198 名。"红枫叶"老年志愿者协会成立于 2013 年，通过组织社区老年人，采取"公益慈善服务""岗位式志愿服务""关心下一代活动"等方式发挥老年人"以老帮老、助人自助"的作用，拉近邻里之间的距离，促进社区新风形成，助力打造"邻里关照一家亲，友爱互助唱和谐"的文明、幸福新型社区。

一　"低龄老人"服务"高龄老人"

作为一个老年互助组织，"红枫叶"的核心就是低龄老人照顾高龄、需要帮助的老人。"红枫叶"队员几乎都是低龄老人，最初的服务对象是社区的高龄老人、空巢老人、孤寡老人、体弱多病的老人和贫困老人。

怡锦社区党委以党员为核心，依托社区长青老龄大学的"圈子"，发动学校里的"随迁老人"、老教师、老干部、老工人等群体中的"年轻"老人成为"红枫叶"的首批志愿者，采取"以老助老"的方式，让低龄老人帮助高龄老人，解决部分高龄老人的生活照料问题，探索从家庭养老转向老年群体互助养老的社区养老模式。

"刚开始我们也是抱着试一试的想法，或许大家不会接受这个理念，或许家里人会有反对意见……但不尝试本身就是失败，"怡锦社区长青老龄大学校长曾德宏说，"当时社区一提出来，我们就认为可以试一试，至少来到长青老龄大学的老年人，都是思想较开放、态度较积极的老年人，所以我们就开始行动。"

通过在学校骨干老师和学员中摸底，以及到各花园小区走访了解，社区党委发现积极响应的低龄老人还不少。"我们本来就觉得孤单，时间也比较充足""正好我们几个一起学习，学习之余一起去看望高龄老人，给他们表演节目""这个理念好，我们现在就倡导这个模式，等我们高龄了，我们自己也是受益者"大家支持的声音此起彼伏。于是，在社区和学校的组织下，"红枫叶"的首批志愿者和社区工作人员一起，对各小区（片区）的高龄老人、空巢老人、孤寡老人、体弱多病老人和贫困老人进行详细摸排，积极了解、掌握他们的生活现状和需求并登记造册，灵活实施"一帮一"或"多帮一"形式的结对帮扶。8 年来，"红枫叶"老年志愿协会共计开展帮扶活动近万次，惠及辖区老人 674 人。

二 "邻帮邻"如同"一家人"

"来来来，今天给大家讲，一个老人前两天被网络诈骗的案例，我们都很容易中招的……"每个周三上午，中海怡美山庄的老人们三三两两聚拢在小区广场，在长青老龄大学学员、"红枫叶"队长黄巧珍的带领下，学习

"急救""防诈骗""网上购物小技巧"等知识。

一场精彩的演讲吸引了在场老人们的注意力，"好在我们有老龄大学这样的学习途径，大家一起了解最新诈骗知识，不然防不胜防啊，"一旁的队员阿姨张伏兰说，"这些案例我每次都会认真记下来，也给老家的和原来单位的姐妹们发过去，大家一起学习"。

"人到老年，失落、自卑等各种复杂情绪叠加起来的感受，年轻人无法理解。拥有相同境遇的人，互相之间的关怀、安慰才会更受用。"黄巧珍经常组织大家讲讲生活趣事、烦心事，一起出出主意，想想办法，交流怎么吃，怎么玩，不开心的事儿也就淡了。

当然，和每一任队长一样，黄巧珍会随身揣着笔记本，随时记录下小区老人们的爱好、身体状况和对志愿服务的期待。之后还和长青老龄大学的老师们及社区的工作人员交流，从而优化学习安排，针对性地解决一些问题，在细微中给予老年人群体更多的温暖。

"红枫叶"老年志愿者队伍是依托社区长青老龄大学师生组成，他们不仅成立了"红枫叶"老年志愿者协会，还从最初的 1 个服务队，发展到现在的 7 个服务小分队，成为社区党委和社区长青老龄大学充分发挥"你有困难我来帮，我有困难他来帮"志愿服务精神的一支特别队伍，唱响了互帮互助的"大合唱"。

三 "手拉手"呵护"小幼苗"

"在广袤的宇宙世界里，有七个行星是我们生活的地球的邻居，他们分别是：金星、木星、土星……"多年来，社区长青老龄大学的老党员教师、"红枫叶"队员李星民一直在社区"四点半"学校担任义务老师，生动有趣的科普课堂上总能看到他的身影，他也被孩子们亲切地称为"李爷爷"。

从贵州省科协领导岗位退休后的李星民，和老伴一起随子女在怡锦社区定居。听说社区有个长青老龄大学，他便主动申请到学校义务讲课，"红枫叶"志愿服务队伍成立后，他第一时间报名申请入队。在3000多个志愿服务的日子里，李星民带着老年学员们一起加入关心下一代事业，陪伴了一批又一批怡锦少儿。由他和学员们牵头组织的年度科普夏令营，受到周边孩子的热捧，年年爆满。

李星民还是辖区"怡锦绿道巡逻"的发起人。每逢假期，李星民都会带着两个孙子沿着绿道捡拾垃圾，你拿袋子、我捡垃圾，分工协作，默契十足。"以前我特别怕老，怕被人觉得没用了。"说起当初加入长青老龄大学和"红枫叶"的初心，李星民坦言："刚退休的时候，特别不自在。一下子觉得自己是老人，不被人需要了。"很长一段时间，他都无法从这种失落中走出来，情绪很低落。"是长青老龄大学和'红枫叶'的平台，让我的人生走上了新的舞台，给他人带去了帮助，也让自己走出了思想的困境。"

近年来，李星民获评"龙岗区优秀党员志愿者"2次、"横岗街道最美党员"2次，连年获评"社区优秀志愿者"，成为学校里的"志愿明星"。

四 "心连心"浇灌"文明花"

洪素英是怡锦社区长青老龄大学的广场舞老师，也是居恒地悦山湖小区的"红枫叶"志愿分队队长。广场舞虽受广大中老年人的喜爱，但课余的"广场狂欢"总是伴随着"噪声扰民""抢占地盘"等问题。

为解决广场舞引起的矛盾和问题，洪素英走街串巷，挨家逐户上门征集意见，并汇集学校学员和小区爱好者牵头组建了怡锦社区广场舞协会，制定了怡锦社区广场舞公约，带领大家向小区的中老年居民宣传"文明健身理念"，让大家都能够接受广场舞在公约约束下健康地存在，提倡更多的人在广场舞中收获健康和快乐。

和洪素英一样，长青老龄大学众多老师带领学员们热心主动参与社区基层治理，以身作则引导居民改变不文明习惯，定期开展交通劝导、垃圾分类、健康教育等志愿服务活动，不仅成为文明家园创建的中坚力量，还成为居民自治的典范。

8年来，这支源自长青老龄大学的"红枫叶"老年志愿服务队累计服务8000多个小时，开展志愿服务活动1000多场次，慰问老人2000多人次，服务青少年1万多人次。协会先后荣获"深圳市社区老年志愿者服务队规范化建设先进单位""深圳市社区老年志愿者服务队先进单位"；2015年，中央电视台"走进深圳、创新基层"宣传片拍摄组重点拍摄了"红枫叶"志愿者的教学和服务场景；2019年，"红枫叶"老年志愿服务队的事迹荣登"学习强国"平台；2020年，协会荣获第三届深圳党建引领基层治理活动最具群众获得感案例。

"社区长青老龄大学这个平台，培育出了'红枫叶'老年志愿服务队这样一支优秀的老年人队伍，我们非常重视和支持。"怡锦社区党委负责人曾德宏说，社区党委专门成立了"红枫叶"老年志愿服务工作指导小组，每两周组织召开"红枫叶"工作会议，利用社区长青老龄大学吸引广大老年人参加学习提升活动、壮大志愿服务队伍、参与志愿服务、解决基层治理问题等，引导社区老年人通过"红枫叶"成为社区编外"宣传员""服务员""安全员""巡查员""信息员"，为创建美好社区发挥余热。

点　评

什么是老年事业的可持续发展模式？"红枫叶"有"低龄老人"照顾"高龄老人"。什么是老年人的社会价值？"红枫叶"用互帮互助和参与基层治理成为文明和谐社区建设的推动者。什么是更好地发光发热？"红枫叶"用自己的言行，为关心下一代事业打造阳光明媚的港湾；怡锦社区长青老龄大学培育出的"红枫叶"品牌，为老年人抱团发展提供了平台，为"我们老了能做什么事"提供了值得参考的横岗答案。

爱心来储蓄，银龄互助暖空巢

张 丽

作为广东省宜居社区的大鹏新区大鹏办事处下沙社区，花草充盈，绿树成荫，社区环境优美，篮球场、羽毛球室、徒步绿道、党群服务中心、老年人活动中心……可谓"应有尽有"。

"住在这里就是两个字——开心。"来自黑龙江的张阿姨，一边招呼着姐妹们去上瑜伽课，一边主动聊起她在下沙社区满意的老年生活。"下午，我还和邻居们去上插花课和老年健康讲座呢。"

像张阿姨这样"身学数科"的社区老年朋友非常多，他们根据自己的时间，合理安排课程，每天都过得充实、美好。

"小朋友，倒垃圾要先做好垃圾分类呦！你看报纸、玻璃瓶要和塑料包装分开丢。"晚上6点半，下沙本地原村民林阿姨，准时到垃圾分类点"上岗"。"我们在社区长青老龄大学参与了很多活动，深深地感受到社区对我们老年人的关爱，我们也愿意把这些关爱传递出去，于是我就主动报名参加垃圾分类工作。"

在大鹏办事处下沙社区有一个"爱心超市"，大家在这里，通过参加一次次长青老龄大学活动"积分爱"，并储存到"爱心超市"，再让爱也产生"利息"温暖其他人。下沙社区长青老龄大学就这样，像有"魔法"一样，吸引着众多老人来，参加活动、储蓄爱心，银龄互助暖空巢。

一 摆脱枯燥，让生活丰富多彩起来

"我每天可忙了。"张阿姨主动说起她一天的行程，每天早晨8点半去上瑜伽课，下午，根据当天的课程安排，选择插画、健康讲座、看电影等活动。晚上，还要去社区广场跳广场舞，每天都活力满满。

现在的下沙老人们，个个都像张阿姨一样，生活充实、身心愉悦，但是，从前这里却是另外一个光景。

"以前我们没有搬家的时候，是住在村子里面，那时候我也喜欢跳舞，但是只能'压抑天性'，因为村子里没有跳舞的氛围，如果我自己跑出去跳，别人会笑话的。所以我们老年人的业余生活只能是打牌、种地。"下沙社区原村民曾阿姨说，村里统建上楼后，居民特别希望社区能牵头开展活动，让大家动起来、唱起来、跳起来、学习起来、健康起来，社区本身也有这个打算，于是"顺应民意"开始征集大家的意见。

根据社区长者需求，长青老龄大学以文娱类、生活技能类、健康养生类三大类课程为主，开设了书法、绘画、摄影、烘焙、舞蹈、瑜伽、健康讲座、长者红色音乐欢唱会、安全讲座、红色经典旅游、看电影和插花等几十门课程。各项特色老年大学课程雨后春笋般在社区落地开花。

"我们上课的地方可不能离家太远哦，我还要回家做家务，带孙子呢！"大家又提出了新的要求。"考虑到大家平时除了上课，还有很多家里的事情要做，于是我们就在下沙社区的每个小区开设了长青老龄大学服务站，让大家一下楼就能上课，最远的距离5分钟也能走到。"下沙社区长青老龄大学工作人员陈爱红说，从此，社区开始了"一中心多站点"的社区分散办学模式。

为了更好地服务老人，社区长青老龄大学还进行1＋N的服务，即1名党员＋N个志愿者，根据上课老人的数量，一起为老人服务。这一举措吸引了一大批关心社区、热爱志愿服务活动的居民自发参与进来，形成人人参与、服务老人的社区基层治理"下沙模式"，得到老年朋友们的大力支持。

二 老有所为，让小爱汇聚成大爱

超市大家都经常去，可是你有没有听说过爱心超市呢？

说起下沙社区长青老龄大学的办学特色之一，那就是"爱心超市"。下沙"爱心超市"像银行一样可以存取，它存储的不是金钱，是比钱还要有价值的东西——爱，然而支取的东西却比金钱还要实用、温暖。

"下沙'爱心超市'融入'党建＋N'的理念，在发挥党建引领强大能量的同时，为构建文明社区、爱心社区、和谐社区发力。"据陈爱红介绍，"爱心超市"在原来志愿者服务队的基础上扩宽平台，从而吸收更多的爱心人士，特别是老年朋友加入志愿者队伍，参与社区各方面工作，让大家老有所为、老有所用。

"爱心超市"按照"存储爱心·支取帮助"的服务理念，针对老年朋友，特别设置了"垃圾分类""行走大鹏""银龄互助"等老年专属志愿服务岗位，让大家积极认领。大家认领服务岗位后，只要在"爱心超市"开户，就能获得一张"爱心存折"，用于存储爱心和兑换爱心积分。

"爱心超市"建立积分管理制度，每周五开展积分兑换活动，届时大家便可利用"爱心存折"上的积分兑换日用品。同时，社区还会对积分高者进行嘉奖，将得高分者选树为志愿者典型。

"我特别喜欢社区的爱心超市！我每天都往爱心超市'存款'。"据下沙63岁的本村村民曾阿姨介绍，每天晚上6点半，她和几个老姐妹，或者到垃圾分类点做垃圾分类志愿者，或者参加行走大鹏活动，在小区巡逻维护小区整洁及安全。每次为社区做完志愿服务，都会以积分的形式，存入爱心超市。

用这些爱心积分，曾阿姨即可以参加积分抵扣课时的老年大学瑜伽班等，还可以定期将积分"兑现"，领取社区提供的米、面、油等生活用品。

三 银龄互助，实际行动暖空巢

"我们下沙社区宜居，所以有很多90多、100多岁的高龄老年人需要照顾。"曾阿姨说，这些老人，白天都"空巢"在家，"我现在60多岁还算年轻，就参加了社区组织的银龄互助活动。"

"每天下午，我和我的姐妹们分别去各自服务的老人家里，陪他们说说话，或者用轮椅把他们推出来，大家一起晒晒太阳。"曾阿姨说，因为这些老年人，都是原村民，所以不会讲普通话，只有与他们这些土生土长的本地人才能聊得来，他们更能揣摩老人的心理，力所能及地为需要帮助的老人解决困难。

"组织老年人开展互帮互助、以老助老的志愿服务活动，鼓励健康、低龄老年人帮扶空巢、高龄、病残、失能老年人，并以此作为老年人实现自我管理、自我服务的重要平台，对家庭赡养和居家养老服务工作也是一项有效的补充。"陈爱红说，这样不仅有效地发挥低龄老人"年龄相近、性情相投"的优势，还可以通过探视及时掌握帮助对象的健康和生活状况，老人之间相助提供生活照顾、心理慰藉等服务，是解决空巢老人生活中的实际困难的一条好途径。就是这样一支银龄志愿者队伍，身体力行地帮助需要的老人解决生活和精神上的困难，将孝道和爱传承下去，这也是老有所为的更好体现。

点 评

下沙社区长青老龄大学还计划开设"下沙长者之家"，以老年大学为"圆心"，社区老年人充盈晚年生活、实现自我价值的"同心圆"被越画越大。下沙社区正不断探索，逐渐打造出独具自身特色的长青老龄大学发展道路。

老讲师团热心传帮带，精神火炬传递下一代

蔡 洁

暖暖的阳光洒满一地，坐落在红荔路上的市公安局老干部活动中心的院落内，一株株月季花开得热烈而温馨，齐人高的桂花树散发出的阵阵幽香扑鼻而来，沁人心脾。疫情过后，根据市长青老龄大学的部署，深圳公安长青老龄大学已经开课了。学员们兴趣盎然地走进窗明几净的教室，享受属于自己的美好时光。而在老党员活动室里，深圳公安长青老龄大学的11名讲师团成员聚在一起，激动而兴奋，边研讨宣讲选题边进行"说课"。别看他们的平均年龄为69岁，但精气神如同后生小伙。也就是这支"小"队伍，给我们带来许多薪火相传的故事。

一 言传身教传帮带，献了青春献白发

时间定格在2018年。这一年，市公安局实行辅警改革，全国公开招聘辅警，着力打造公安执法重要组成力量，为全国辅警管理改革提供了"深圳经验"。次年，成立不久的深圳公安长青老龄大学讲师团提出倡议，表示要以使命担当为己任，结合辅警热情高经验少、年纪轻阅历浅的特点，对症下药，扬己所长，彰显警队"老师傅"特色，以过往成功的案例和方法，以自身丰富的经验和阅历，耳提面命，传承警队红色基因，弘扬人民公安的优良传统作风，言传身教传帮带，引导警队新人系好职业生涯的"第一粒纽扣"。

市公安局党委高度重视，市局党委委员、政治部主任许虎在深圳公安长青老龄大学挂牌时提出："不仅要将公安长青老龄大学打造为老干部们的

精神家园，还要充分发挥老干部的余热，服务公安事业，服务社会。"讲师团先后走进 7 所公安分局 22 个基层单位，开展了以"腾飞中国、辉煌 70 年"为主题的爱国主义教育宣讲活动，为辅警们上了一堂高质量的思想政治课。在 22 场宣讲中，市局政治部副主任邓步高每次都必到现场，参与其中。他深有感触地说："讲师团成员都是公安的老前辈，他们为了公安事业，献了青春献白发，是我们学习的榜样。"

2020 年，疫情防控进入常态化后，深圳公安长青老龄大学老警官讲师团又分别走进福田、罗湖、宝安、南山和盐田 5 个区的 9 所中小学校，为 3000 余名师生送去爱国主义教育主题宣讲。76 岁的罗觉强是讲师团成员，曾经担任过市公安局办公室主任，他 1964 年加入中国共产党，在军营和警队多次立功受奖。他说："每次走进校园，我都感到责任重大，使命光荣。往大处讲，青少年关系着党和国家前途命运，关系着中国特色社会主义事业兴旺发达，是社会主义精神文明建设的基础工程。往小处看，关系着千家万户切身利益。所以，我们无论是开展爱党爱国主题教育，还是开展法制、交通、防火、禁毒等专题教育，对青少年学生的成长成才都有帮助。"

两年多的时光转眼即逝，讲师团带给我们一路繁华，一路风景。

二　补信念之"钙"，补意志之"铁"

午饭时间快到了，87 岁高龄的老领导梁达均戴着老花眼镜，还在逐字逐句审读自己的宣讲稿。讲师团尚未成立时，作为市委原常委、政法委书记、公安局局长，他就经常深入基层所队，以自己的从警生涯为切入点，结合成长经历，教育广大青年民警要坚定信仰，对党忠诚，始终把政治稳定、治安稳定和人民群众根本利益装在心中。讲师团成立后，他更是满腔热情地参加宣讲活动。在选题会上，他语重心长地对大家说："打铁先硬自身，我们要加强政治理论和党史的学习，要与时俱进。只有这样，才能常学常新，才能增强老党员的政治坚信，加固红色根基。"

老领导的率先垂范，让讲师团的全体成员始终把"革命理想高于天"的思想教育作为首务，坚定离退休老党员的政治定力，不忘初心，牢记使命，执着追求奋斗目标。深圳公安长青老龄大学校长肖广认为，讲师团在政治部离退处的协调下，依托长青老龄大学的平台，把教育宣讲列为学校工作主体，细化宣讲提纲，分配宣讲任务，制定可检验的宣讲目标，使宣讲工作在组织、人员、方法、目标、校验成果各方面形成"一条龙"，有力保障了宣讲教育的成功实施。

讲师团其他成员表示，在宣讲备课过程中，自身也加强了学习，思想政治水平得到了提升，对当好老师傅，做好传帮带很有益处。龙华分局辅警黄明反映：听君一席话，胜读十年书。前辈"老师傅"有的放矢的宣讲，犹如为我们补信念之"钙"，补意志之"铁"，太及时了。

三 授人以鱼不如授人以渔

如果说宣讲活动对加大民警思想建警工作力度，夯实深圳公安政治建警根基发挥了积极作用，那么，开展公安业务知识的传帮带，能够在深层次上为基层民警解惑。

林寅曾在宝安分局多个派出所担任过所长，有着丰富的基层公安工作经验。他每到一处任职，都能使辖区刑事警情迅速下降，治安状况持续好转。由于工作出色，他曾获得"深圳市劳动模范"等诸多荣誉。他与民警一起化装侦查，抓获贩卖枪支嫌疑人，破获过涉黑案件，荣立个人一等功一次、二等功两次、三等功一次。

传奇的个人经历，加上善于总结，让林寅的宣讲蕴含着满满的正能量。每次他都以自己参与侦破的案件作为铺垫，系统讲授长期总结的经验和方法，如针对涉黑案件，要"以无规律的行动打击有规律的违法犯罪"；处理治安案件时，要"换位思考，将心比心"；在发现线索展开侦查时，强调"一切依靠人民，科技手段与传统方法并重"等。同时，他还通过身边人、身边事深入阐述什么是以人民为中心的从警理念。他讲到，"不忘初心、牢记使命"是公安工作的根本出发点，"实现社会效果和法律效果的有机统一"是公安工作的追求，"不错过任何蛛丝马迹，要将违法犯罪人员绳之以法"是人民警察的责任。他还寄语新警，希望他们加强学习，用理论武装头脑，牢记从警初心，筑牢底线，遵守规矩，用青春和热血奉献警营。

根据各分局反馈，已入职的辅警经过历练，在维护治安、预防发案、打击犯罪和密切警民关系上做出了可喜成绩。而这一切，也都离不开深圳公安长青老龄大学的努力。

出身公安世家、曾在龙岗公安分局基层所队担任领导的李安岗说："深圳公安长青老龄大学讲师的岗位不同寻常，增强了我作为人民警察的荣誉感、归属感和幸福感，我要继续发光发热，把自己积累的公安业务知识毫无保留地传授给青年民警、辅警，为深圳特区公安事业做出新的贡献。"

"我们是特区建设的参与者、亲历者，有责任、有义务去弘扬深圳经济特区孺子牛精神和警队开拓创新精神，将深圳经济特区建立40周年的沧桑巨变、将中国领先世界的巨大成就告诉年轻一代。同时，把自己从警的经验教训讲出来，让青年民警、辅警少走弯路，在各自的岗位上建功立业。"退休前在特警支队任职的张中方如是说。

点 评

11人，平均年龄69岁，这是深圳公安长青老龄大学讲师团的"班底"。出教室，进课堂。他们虽不是专业教师，却把党的初心使命融入自身的血液，化为赓续不断的红色基因，立德树人，教育下一代要做有理想信念和家国情怀的新时代奋斗者，做德智体美劳全面发展的社会主义事业接班人。他们把人生最美好的年华献给了崇高的公安事业，春去秋来，用行动践行初心使命。虽然他们离开挚爱一生的岗位，仍把燃烧的"火炬"传到年轻民警、辅警手里，使他们在从警路上汲取经验与智慧，筑牢思想之基，把稳信仰之舵，让公安精神和初心薪火代代相传。

后　记

　　本书以深圳市长青老龄大学体系标准化建设工作为基础，指引篇提出老年教育在应对人口老龄化中理论层面的思考，回眸篇回顾深圳老年教育的发展历程，创新篇阐述深圳市长青老龄大学开展体系标准化建设的积极探索，实践篇通过具体案例展示长青老龄大学体系标准化建设的实际成效。

　　深圳市各区长青老龄大学和深圳市公安局、深圳市中级人民法院、深圳海关长青老龄大学参与了本书实践篇的编写。本书编撰工作主要由倪赤丹、迅蕾、毛运浩、牛耿、胡晓乐、靳小、韩文嘉负责。

深圳市长青老龄大学

图书在版编目（CIP）数据

新时代　乐长青：深圳老年教育体系标准化建设创
新实践／深圳市长青老龄大学主编．--北京：社会科
学文献出版社，2021.6（2023.2重印）
　ISBN 978 - 7 - 5201 - 8498 - 4

Ⅰ.①新…　Ⅱ.①深…　Ⅲ.①老年教育-教育体系-
标准化-研究-深圳　Ⅳ.①G777 - 65

中国版本图书馆 CIP 数据核字（2021）第 102394 号

新时代 乐长青
——深圳老年教育体系标准化建设创新实践

主　　编／深圳市长青老龄大学

出 版 人／王利民
责任编辑／谢蕊芬　胡庆英　张小菲
文稿编辑／孟宁宁　庄士龙
责任印制／王京美

出　　版／社会科学文献出版社·群学出版分社（010）59366453
　　　　　地址：北京市北三环中路甲 29 号院华龙大厦　邮编：100029
　　　　　网址：www. ssap. com. cn
发　　行／社会科学文献出版社（010）59367028
印　　装／唐山玺诚印务有限公司

规　　格／开本：787mm×1092mm　1/16
　　　　　印 张：18.75　字 数：255 千字
版　　次／2021 年 6 月第 1 版　2023 年 2 月第 3 次印刷
书　　号／ISBN 978 - 7 - 5201 - 8498 - 4
定　　价／128.00 元

读者服务电话：4008918866